심우철 지음

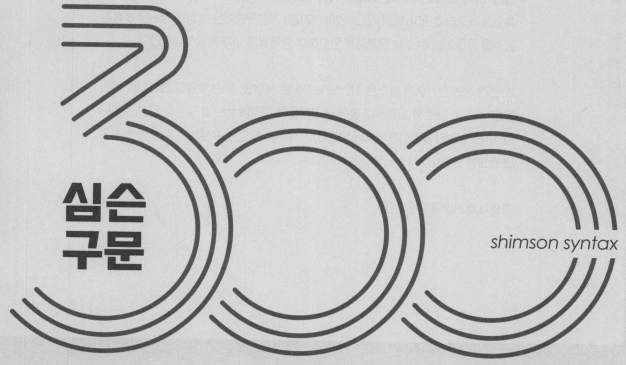

심슨
구문

300

shimson syntax

인사혁신처에서 발표한 바에 따르면, 2025년부터 공무원 9급 시험의 영어 과목이 큰 변화를 맞이하게 됩니다. 지식 암기 중심의 기존 시험 방식에서 벗어나, 현장 직무와 관련된 능력을 평가하는 방향으로 출제 기조가 바뀌면서 이제는 새로운 전략과 대비가 절실한 시점입니다.

개편된 시험의 골자는 단순 암기 학습을 지양하여 전반적인 영어 시험의 난도가 이전에 비해 쉬워지고, 이에 따라 학습 범위 또한 좀 더 줄어들었다는 것입니다. 유형 면에서는 시험이 제법 다른 모양새를 갖추고 있지만 난도나 범위 면에서는 확실히 시험이 수월해졌다고 볼 수 있습니다. 다만 독해 문항의 비중이 늘어나 이전보다 더 시간 싸움이 관건이 되었으며, 이를 위해 무엇보다도 빠르고 정확한 해석(구문) 능력을 길러야 합니다.

이제 문법, 구문, 독해 모든 영역에서 새로운 학습 전략과 체계적인 가이드가 필요합니다. 이에 2025년 출제 변화에 완벽하게 대응할 수 있도록 기존의 커리큘럼과 교재들을 개정하였으며, 특히 『심슨 영어 300제』 개정판에서는 수험생 여러분의 실전 감각을 극대화할 수 있는 문제들을 엄선하여 영역별로 교재에 담아냈습니다.

28년간 강의 현장에서 쌓아온 저만의 노하우를 녹여낸, 학습 효율을 최대치로 끌어올릴 수 있는 새로운 교재들을 통해 여러분들의 합격에 반드시 도움을 드릴 것입니다. 변화에 대한 두려움을 잠시 접어두고, 지금 할 수 있는 최선의 노력을 통해 최고의 결과를 만들어 봅시다.

끝까지 여러분을 응원하며,

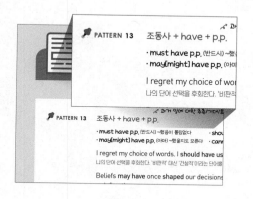

심슨 구문 요약 노트

공무원 시험에 자주 등장하는 영어 문장들을 대표 패턴으로 분류하여 정확한 해석 방법을 제시한 『심슨 구문』 교재의 63가지 패턴들을 예시 문장들과 함께 요약하여 정리하였습니다. 기본서 학습을 완료한 학습자들은 요약 노트를 간편하게 복습한 후 DAY 별 학습으로 넘어갈 수 있으며, 보다 상위 레벨의 학습자들은 DAY 별 학습 전 주요 구문 패턴들을 미리 훑어볼 수 있습니다.

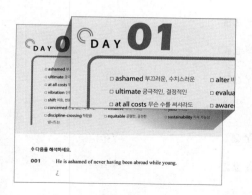

하루에 10문제씩 30 DAY 구문 완성

1 DAY에 10문제씩, 총 30 DAY 300문제를 다양한 구문 패턴이 포함된 문장들로 엄선하여 수록하였습니다. 이를 통해 실제 시험에서 아무리 어려운 문장을 만나더라도 빠르고 쉽게 문장 해석을 할 수 있습니다. 또한, DAY 상단에 제공된 주요 핵심 어휘들을 미리 학습하여, 본격적인 해석 연습을 하는 동안에는 문장의 구문 분석과 의미 파악에 더 집중할 수 있습니다.

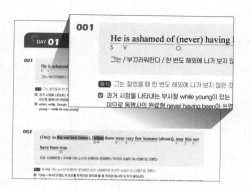

구문분석집

DAY 별 출제 문장들의 구문을 한눈에 파악할 수 있도록 모든 문장들을 도식화하여 수록하였습니다. 단순 도해뿐만 아니라 직독직해·해석·핵심 포인트 해설을 추가로 구성하여 최대의 복습 효과 또한 누릴 수 있습니다. 이뿐만 아니라 출제 문장들의 대표 구문 패턴 번호를 심슨 구문 요약 노트의 패턴 번호와 연동 수록하여 해석이 잘 안되는 구문의 경우 요약 노트에서 그 해석 방법을 한 번 더 살펴볼 수 있습니다.

Contents
목 차

심슨 구문
요약 노트

PATTERN 01 - 63

심슨 구문 요약 노트

PATTERN 01   전치사 + 명사 = 형용사구/부사구 [부가 정보]

✍ 수식어구이므로 괄호 치고 없는 셈 치자!

co-workers (**with** shared responsibilities) (**at** work)
직장에서 공동의 책임을 진 동료들

PATTERN 02   명사 of 명사 = 명사구

① ~의   the advancement **of** the space industry 우주 산업의 발전
② ~ 중에   one **of** the main differences 주요 차이점 중 하나
③ ↻   billions **of** other galaxies 수십억 개의 다른 은하
④ 동격   the continent **of** Asia 아시아라는 대륙

PATTERN 03   A, (B,) and/or C = 하나의 단위(구)

명사, 명사, and[or] 명사 = 명사구 / 형용사, 형용사, and[or] 형용사 = 형용사구

feelings like <u>fear, anger, and happiness</u> 두려움, 분노, 그리고 행복과 같은 감정들 (명사구)

PATTERN 04   형용사 + 명사 / ┌ 명사 + 형용사 = 명사구
                              └ 명사 + to RV/RVing/p.p./관계사절 = 명사구

a **shocking** <u>incident</u> 충격적인 사건 (명사구)

a <u>personal note</u> **written** by your own hand 자필로 작성된 개인 메모 (명사구)

PATTERN 05　　to RV

※ 완료형: to have p.p. / 부정형: 부정어(not, never) + to RV / 의미상 주어: [for + 목적격] + to RV

① to RV하는 것

To specifically **target** readers is harmful to fiction writers.
특별히 독자를 겨냥하는 것은 소설 작가에게 해롭다.

② to RV하는/to RV할

The ability **to store** cereal grains began to encourage people to stay in one place.
곡물을 저장하는 능력은 사람들이 한 장소에 머무는 것을 촉진하기 시작했다.

③ to RV하기 위해

Elections are held **to choose** a person for a particular office.
선거는 특정한 직위에 맞는 사람을 선택하기 위해 치러진다.

PATTERN 06　　RVing

※ 완료형: having p.p. / 부정형: 부정어(not, never) + RVing / 동명사의 의미상 주어: [소유격] + RVing / 분사구문의 의미상 주어: [주격] + RVing

① RV하는 것(동명사)

Having many options is not always a blessing.
많은 선택지가 있다는 것이 항상 축복은 아니다.

② RV하는(현재분사)

There are more pandas **living** in China than in any other country.
다른 어떤 나라보다 중국에서 서식하는 판다의 수가 많다.

③ 분사구문

Grabbing his board, he ran into the waves.
서핑보드를 움켜쥐고서 그는 파도를 향해 달려갔다.

심슨 구문 요약 노트

PATTERN 07 p.p.

① p.p.되어진(분사)

South Africa is a nation **comprised** of various racial groups.
남아프리카 공화국은 다양한 인종으로 이루어진 나라이다.

② 분사구문

Attacked by the storm, the coastal town suffered massive damage.
폭풍의 공격을 받아 그 해안 마을이 막대한 피해를 입었다.

PATTERN 08 be동사 + RVing

① RV하는 중이다

She **is reading** a new book about ancient history.
그녀는 고대 역사에 관한 새로운 책을 읽고 있다.

② RV하는 것이다

The key to happiness **is appreciating** the little things.
행복의 열쇠는 작은 것들에 감사하는 것이다.

PATTERN 09 be동사 + p.p. ~되어지다/~당하다

The hallway **is decorated** with awards from his years of service.
그 복도는 그가 수년간 근무하며 받은 상들로 장식되어 있다.

Britain and France **were invaded and occupied** by foreign forces (Normans, Germans).
영국과 프랑스는 외세(노르만족, 독일군)에 의해 침략당하고 점령당했다.

📌 PATTERN 10　have/has + p.p. ~해 왔다

Digital transformations **have** significantly **impacted** various industries for decades.
디지털 전환은 수십 년 동안 다양한 산업에 큰 영향을 미쳐 왔다.

The President of France **has made** multiple official visits to Italy since 2020.
프랑스 대통령은 2020년 이후 여러 차례 이탈리아를 공식 방문해 왔다.

📌 PATTERN 11　had + p.p. ~해 왔었다/~했었다

In ancient civilizations, people **had relied on** barter systems before money was invented.
고대 문명에서, 화폐가 발명되기 전에 사람들은 물물교환 시스템에 의존했었다.

One day, Laura learned that her mother **had been diagnosed** with a serious illness.
어느 날 Laura는 어머니가 중병 진단을 받았다는 것을 알게 되었다.

📌 PATTERN 12　조동사 + RV

· **must** (반드시) ~해야 한다　　· **should** (당연히) ~해야 한다
· **may** 아마 ~일지도 모른다　　· **can** ~할 수 있다

We **must not be** over-optimistic. We **should keep** a balanced perspective.
우리는 지나치게 낙관적이어서는 안 된다. 우리는 균형 잡힌 시각을 유지해야 한다.

Not many mathematicians **can work** alone; they need to talk about what they are doing.
혼자서 작업할 수 있는 수학자는 많지 않다. 그들은 자신이 하는 일에 대해 이야기할 필요가 있기 때문이다.

심슨 구문 요약 노트

PATTERN 13

✏️ 과거 일에 대한 추측/기대/후회/충고 등을 나타낸다!

조동사 + have + p.p.

· must have p.p. (반드시) ~했음이 틀림없다　　· should have p.p. (당연히) ~해야 했는데 (하지 않았다)

· may[might] have p.p. (아마) ~했을지도 모른다　　· cannot have p.p. ~했을 리가 없다

I regret my choice of words. I **should have used** 'constructive' instead of 'critical.'
나의 단어 선택을 후회한다. '비판적' 대신 '건설적'이라는 단어를 사용했어야 했다.

Beliefs **may have** once **shaped** our decisions and actions, but experiences often redefine them.
신념이 한때는 우리의 결정과 행동에 영향을 미쳤을지 모르지만, 경험은 종종 신념을 재정의한다.

PATTERN 14

V + to RV　to RV하기를 V하다

Further, a female elephant **will refuse to fight** if separated from her young.
또한 암컷 코끼리는 새끼와 분리되면 싸우기를 거부할 것이다.

Employees **want to be compensated** fairly for their work.
직원들은 업무에 대해 공정하게 보상받기를 원한다.

cf. 자동사 + to RV
· appear/seem to RV　to RV인 것 같다, to RV처럼 보인다
· prove/turn out to RV　to RV인 것으로 판명되다
· come/get to RV　to RV하게 되다
· happen to RV　우연히 to RV하다

She **appeared to have** trouble with her homework.
그녀는 숙제하는 데 어려움을 겪는 것 같았다.

Listeners **get to know** the artist's life story through this podcast.
청취자들은 이 팟캐스트를 통해 예술가의 인생 이야기를 알게 된다.

PATTERN 15 각종 동사구

'자동사 + 전치사', '타동사 + 부사'와 같이 동사를 포함한 두 개 이상의 단어로 구성된 동사구는 뜻과 함께 암기해 두어야 한다!

- **result in** ~을 낳다, 야기하다
- **turn on** ~을 켜다, 틀다
- **take care of** ~을 돌보다
- **use up** ~을 다 써버리다
- **tell apart** ~을 구별하다

- **result from** ~에서 기인하다
- **turn off** ~을 끄다, 잠그다
- **take up** ~을 차지하다
- **rule out** ~을 제외하다
- **bring about** ~을 유발하다

The partnership between Jobs and Wozniak **resulted in** the creation of Apple.
Jobs와 Wozniak의 협력은 Apple의 탄생을 낳았다.

The creation of Apple **resulted from** the partnership between Jobs and Wozniak.
Apple의 탄생은 Jobs와 Wozniak의 협력에서 기인했다.

Water has no calories, but it **takes up** space in your stomach.
물은 칼로리는 없지만 위에서 공간을 차지한다.

The rise in digital media will inevitably **bring about** a shift in traditional advertising methods.
디지털 미디어의 부상은 필연적으로 전통적인 광고 방식에 변화를 가져올 것이다.

PATTERN 16 S + V S가 V하다

「S + V + 부사(구)」 형태처럼 1형식 문장에서 동사 다음에 부사(구), 특히 전명구가 오는 경우 중요 정보일 가능성이 높으므로 해석에 유의하자!

※ 대표적인 1형식 동사: occur, happen, take place, appear, disappear, come, leave, arrive, go

<u>Tornadoes</u> typically <u>occur</u> in the spring and early summer in the Midwest.
S   V
토네이도는 일반적으로 중서부 지역에서 봄과 초여름에 발생한다.

<u>The sun</u> <u>disappeared</u> behind the clouds.
S   V
해가 구름 뒤로 사라졌다.

심슨 구문 요약 노트

🖊 명사 보어는 주어와 동격 관계를 나타내며, 형용사 보어는 주어의 상태를 설명한다!

📌 **PATTERN 17** **S + V + SC** S는 SC이다

※ 대표적인 2형식 동사: be, become, get, turn, grow, go, come, run, fall, remain, keep, look, smell, taste, sound, feel, seem, appear, prove, turn out

<u>A pet's continuing affection</u> <u>becomes</u> <u>essential</u> for those recovering from trauma.
S ㅤㅤㅤㅤㅤㅤㅤㅤㅤㅤㅤ V ㅤㅤㅤ SC
반려동물의 지속적인 애정은 트라우마에서 회복 중인 사람들에게 필수적이게 된다.

<u>Utter transparency</u>, for governments, <u>remains</u> <u>an aspiration</u> rather than a realized goal.
S ㅤㅤㅤㅤㅤㅤㅤㅤㅤㅤㅤㅤㅤㅤㅤㅤㅤㅤㅤㅤㅤ V ㅤㅤㅤ SC
정부에 있어, 완전한 투명성은 실현된 목표라기보다는 열망으로 남아 있다.

📌 **PATTERN 18** **S + V + O** S는 O를 V하다

<u>We</u> <u>discussed</u> <u>the project details</u> during our meeting.
S ㅤ V ㅤㅤㅤㅤㅤ O
우리는 회의 중에 프로젝트 세부 사항을 논의했다.

Sure, <u>he</u> <u>reviewed</u> <u>the literature</u> on inheritance of intelligence.
ㅤㅤㅤ S ㅤ V ㅤㅤㅤㅤ O
물론 그는 지능의 유전에 관한 문헌을 검토했다.

Upon hearing the distant howl of wolves, <u>we</u> <u>began</u> <u>to shiver</u> at the sense of dread.
ㅤㅤㅤㅤㅤㅤㅤㅤㅤㅤㅤㅤㅤㅤㅤㅤㅤㅤㅤ S ㅤ V ㅤㅤ O
멀리 늑대의 울부짖는 소리가 들리자, 우리는 공포감에 몸을 떨기 시작했다.

📌 **PATTERN 19** **S + V + IO + DO** S는 IO에게 DO를 V하다

※ 대표적인 4형식 동사: give, offer, send, teach, tell, show

<u>Your tips</u> surely <u>will give</u> <u>me</u> <u>more time</u> for reading.
S ㅤㅤㅤㅤㅤㅤ V ㅤㅤ IO ㅤ DO
당신의 조언은 확실히 내게 더 많은 독서 시간을 줄 것이다[당신의 조언 덕분에 내 독서 시간이 확실히 더 늘어날 것이다].

Then <u>she</u> <u>offered</u> <u>each participant</u> <u>the chance</u> to taste four varieties of cheese.
ㅤㅤㅤ S ㅤ V ㅤㅤㅤ IO ㅤㅤㅤㅤㅤ DO
그런 다음 그녀는 각 참가자에게 네 가지 종류의 치즈를 맛볼 기회를 제공했다.

PATTERN 20

↗ O + OC = (의미상) S + V

S + V + O + OC S는 O가 OC하도록/하는 것을 V하다

<u>Exercise</u> <u>keeps</u> <u>our body</u> <u>healthy</u>.
S   V   O   OC(형용사)
운동은 우리의 신체가 건강하도록 유지해 준다.

After their big argument, <u>he</u> <u>found</u> <u>some of her comments</u> <u>really hurtful</u>.
                       S   V   O   OC(형용사)
그들의 큰 말다툼 후에, 그는 그녀의 몇몇 말들이 정말로 상처가 된다는 것을 알았다.

<u>The awkward tension</u> in the air <u>made</u> <u>the conversation</u> <u>uncomfortable</u>.
S   V   O   OC(형용사)
공기 중의 어색한 긴장감이 대화를 불편하게 만들었다.

PATTERN 21

CIPARST 동사   **+ O +**   **that절/what절/if[whether]절/to RV**

┌ **Convince** 확신시켜 주다 ┐ O에게   ~을
│ **Inform** 알리다
│ **Promise** 약속하다
│ **Ask** 묻다
│ **Remind** 상기시키다
│ **Show** 보여 주다
│ **Tell** 말하다
└ **Teach** 가르쳐 주다 ┘

Gandhi <u>convinced</u> <u>the Indian people</u> <u>that</u> self-reliance and unity were vital for
        V   IO   DO(that절)
<u>achieving freedom</u>.

Gandhi는 인도 국민에게 자유를 얻기 위해서는 자립과 단결이 필수적이라고 설득했다.

A reporter <u>asked</u> <u>the renowned chef Gordon Ramsay</u> <u>what</u> he thought about
       V   IO   DO(what절)
<u>the latest food trend</u>.

한 기자가 유명 셰프 Gordon Ramsay에게 최신 음식 트렌드에 대해 어떻게 생각하는지 물었다.

Experts frequently <u>tell</u> <u>us</u> <u>to save</u> money for emergencies and future expenses.
                  V   O   to RV
전문가들은 우리에게 응급 상황과 미래의 지출을 위해 돈을 저축하라고 자주 말한다.

심슨 구문 요약 노트

PATTERN 22 지각동사 　　　　+ O + OC(RV/RVing/p.p.)

- see, watch, observe 보다 ┐ O가　OC하도록/하는 것을
- hear, listen to 듣다
- notice 알아채다
- feel 느끼다 ┘

She <u>felt the rain drop</u> on her face.
　　　V　O　　OC(RV)
그녀는 얼굴에 빗방울이 떨어지는 것을 느꼈다.

Through the car window, he <u>saw the city lights twinkling</u> in the distance.
　　　　　　　　　　　　　V　O　　　　　OC(RVing)
차창을 통해 그는 멀리서 도시의 불빛이 반짝이는 것을 보았다.

The librarian <u>noticed a book misplaced</u> on the wrong shelf.
　　　　　　　V　　O　　OC(p.p.)
사서는 책이 잘못된 선반에 놓여 있는 것을 알아챘다.

PATTERN 23 사역동사 　　　　+ O + OC(RV/p.p.)

- let 시키다·허락하다 ┐ O가　OC하도록/하는 것을
- have 시키다·요청하다
- make 시키다·강요하다 ┘

주의 사역동사 let은 목적어와 목적격 보어의 관계가 수동일 때 목적격 보어로 반드시 be p.p.를 써야 한다.

The heavy traffic <u>didn't let us reach</u> the airport in time.
　　　　　　　　　V　　O　OC(RV)
심한 교통 체증은 우리가 제시간에 공항에 도착할 수 없게 했다.

Wearing headphones <u>made her immersed</u> in the music.
　　　　　　　　　　V　O　　OC(p.p.)
헤드폰을 착용하는 것은 그녀가 음악에 더욱 몰입할 수 있게 했다.

PATTERN 24

준사역동사 help + O + OC((to) RV)

돕다   O가   (to) RV하는 것을

get + O + OC(to RV/p.p.)

시키다   O가 to RV하도록/p.p.되도록

Zebras' stripes <u>help</u> <u>them</u> <u>(to) confuse</u> predators and <u>stay</u> safe in a herd.
              V   O   OC((to) RV)   OC((to) RV)

얼룩말의 줄무늬는 그들이 포식자를 혼란스럽게 하고 무리에서 안전하게 지낼 수 있도록 돕는다.

To <u>get</u> <u>each day</u> <u>started</u> on a positive note, practice a short meditation or
   V   O   OC(p.p.)
mindfulness exercise.

매일 매일이 긍정적으로 시작되려면 짧은 명상이나 마음 챙김 운동을 실행해라.

PATTERN 25

COREAFP 동사 + O + to RV

Cause 야기하다   O가 to RV하도록
Compel 강요하다
Order 명령하다
Require 요구하다
Enable ~할 수 있게 하다
Expect 예상하다
Encourage 격려하다
Ask 요청[요구]하다
Allow 허가하다
Advise 조언하다
Force 강요하다
Permit 허락하다
Persuade 설득하다

The poor harvest <u>caused</u> <u>prices</u> <u>to rise</u> sharply.
                 V   O   OC(to RV)

그 형편없는 수확량은 가격이 급격하게 오르도록 만들었다.

We <u>encourage</u> <u>guests</u> <u>to bring</u> toys to donate to the children's hospital.
   V   O   OC(to RV)

저희는 방문객들이 어린이 병원에 기부할 장난감을 가져오도록 독려합니다.

🖈 PATTERN 26   분리·박탈 동사   + A(사람) + of + B

┌ **rob** 빼앗다   ┐   A에게서   B를
│ **deprive** 빼앗다
│ **clear** 치우다
│ **relieve** 덜어 주다
│ **cure** 없애다/치료하다
└ **strip** 빼앗다/벗기다 ┘

The pandemic **deprived** students **of** in-person learning opportunities.
전 세계적 유행병은 학생들에게서 대면 학습 기회를 빼앗았다.

The medication **relieved** the patient **of** her chronic pain.
그 약은 환자에게서 만성 통증을 덜어 주었다.

🖈 PATTERN 27   인지 동사   + A(사람) + of + B   ✐ of B 대신에 to RV나 that절을 쓰기도 한다!

┌ **convince** 확신시키다 ┐   A에게   B를
│ **inform** 알리다
│ **remind** 상기시키다
│ **assure** 보증하다
│ **warn** 경고하다
└ **notify** 통보하다 ┘

Please **inform** us **of** your preferred payment method for processing your order.
주문 처리를 위해 선호하는 결제 방법을 알려주세요.

The teacher **reminded** the students **of** their homework submission date.
선생님은 학생들에게 숙제 제출 날짜를 상기시켰다.

The doctor **assured** the patient **of** the safety of the procedure.
의사는 환자에게 그 절차의 안전성을 보증했다.

PATTERN 28 제공 동사 + A(사람) + with + B

┌ **provide** 제공하다 ┐ A에게   B를
│ **supply** 공급하다 │
│ **furnish** 제공하다 │
│ **present** 주다, 증정하다 │
│ **endow** 부여하다 │
│ **load** 싣다, 적재하다 │
└ **equip** 갖추게 하다 ┘

In particular, educators use assessment tools to **provide** students **with** timely feedback on their academic progress.
특히 교육자들은 학생들에게 학업 진도에 대한 시기적절한 피드백을 제공하기 위하여 평가 도구를 사용한다.

The hotel **furnished** the guests **with** complimentary breakfast and high-speed Internet access.
호텔은 손님들에게 무료 아침 식사와 고속 인터넷 접속을 제공했다.

PATTERN 29 금지·억제 동사 + A(사람) + from + RVing

┌ **keep** 못 하게 하다 ┐ A가   RV하는 것을
│ **prevent** 막다 │
│ **stop** 막다 │
│ **discourage** 그만두게 하다 │
│ **hinder** 방해하다 │
└ **prohibit** 금지하다 ┘

In the Sahara, the sandstorms **prevented** us **from seeing** the horizon, but it **didn't prevent** us **from imagining** the vastness of the desert.
사하라 사막에서, 모래 폭풍은 우리가 지평선을 보는 것을 막았지만, 사막의 광활함을 상상하는 것을 막지는 못했다.

The university **prohibits** students **from using** electronic devices during exams.
대학은 학생들이 시험 중 전자 기기를 사용하는 것을 금지한다.

심슨 구문 **요약 노트**

📌 PATTERN 30 명사 + <u>who(m) / which / that / whose+명사</u> + (S) + V

  ① ~하는 ② 그런데 그 명사

cf. what은 선행사를 포함한 관계대명사로 'the thing(s) which(~하는 것)'의 의미로 쓰인다.

  선행사가 사물·동물일 때 소유격 관계대명사 whose를 대신하여 of which로 쓸 수 있다. 「선행사(명사1) + 명사2

  + of which + V」/「선행사(명사1) + of which + 명사2 + V」

She is <u>the woman</u> **who** won the marathon last week.

그녀는 지난주 마라톤에서 우승한 여성이다.

<u>The movie</u>, **which** I watched last weekend, had <u>an unexpected plot twist</u> that

left me speechless.

내가 지난 주말에 본 영화에는 내 말문을 막히게 만든 예상치 못한 줄거리 반전이 있었다.

From time to time we must look up <u>words</u> **whose meanings** we do not know.

때때로 우리는 의미를 모르는 단어를 찾아봐야 한다.

📌 PATTERN 31 ✎ 전치사 뒤에 올 수 있는 관계대명사로는 which와 whom만 있다!

  명사 + 전치사 + 관계대명사 + S + V

  ① ~하는 ② 그런데 그 명사에서(는)

With escalating tensions, diplomatic negotiations reach <u>a breaking point</u> at which

conflicts erupt into full-scale wars.

긴장이 고조되면서 외교 협상이 한계점에 도달하는데, 그곳에서 분쟁이 전면전으로 번진다.

Upon fulfilling the promise, the frog changes into <u>a prince</u> with whom she finds

true love and happiness.

약속을 이행하자마자, 개구리는 왕자로 변하는데, 그 왕자와 함께 그녀는 진정한 사랑과 행복을 찾는다.

PATTERN 32

명사 + <u>when / where / why / how</u> + S + V
① ~하는 ② 그런데 그 명사에서(는)

주의 관계부사 how는 선행사 the way와 함께 쓸 수 없으며, 둘 중 하나는 생략해야 한다.

Do you remember <u>the day</u> **when** we first met?
넌 우리가 처음 만났던 그날을 기억하니?

I'm trying to find out <u>the reason</u> **why** he hasn't responded to my emails yet.
나는 그가 아직 내 이메일에 답장하지 않은 이유를 알아내려고 하고 있다.

Half the students attended a lecture in <u>a seminar room</u> **where** there were no windows, only artificial lighting.
그 학생들의 절반은 세미나실에서 강의를 들었는데, 그 세미나실에는 창문이 없고 인공조명만 있었다.

PATTERN 33

명사 +
- **who** 누가·누구
- **whose+명사** 누구의 명사
- **which** 어느 것
- **which+명사** 어느·어떤 명사
- **what** 무엇
- **what+명사** 무슨·어떤 명사

+ (S) + V ☞ 간접의문문은 명사절로서 문장의 주어, 목적어, 보어 자리에 오며, 보통 명사 뒤에 오지 않는다!

<u>Understanding</u> **who** your true friends are, **whose opinions** matter most, and **what** your strengths are will result in personal growth.
진정한 친구가 누구인지, 누구의 의견이 가장 중요한지, 자신의 강점이 무엇인지 이해하는 것은 개인의 성장으로 이어질 것이다.

This novel, with its intricate plot twists, keeps the reader guessing <u>about</u> **which characters** will survive until the end.
복잡한 줄거리의 반전이 있는 이 소설은 어떤 등장인물이 끝까지 살아남을지에 대해 독자가 계속 추측하게 만든다.

심슨 구문 요약 노트

PATTERN 34 명사 + when / where / why / how / how+형·부 + S + V

언제 / 어디서 / 왜 / 어떻게 / 얼마나 형·부하는지

cf. 의문사 + to RV: 「의문사 + to 부정사」는 하나의 명사구를 이루며, 의문사의 뜻을 살려 명사처럼 해석한다.
(단, 「why to RV」는 불가하다.)

Mary <u>wondered</u> **where** her son lost his wristwatch.
Mary는 자신의 아들이 어디서 손목시계를 잃어버렸는지 궁금했다.

We'll have to raise the question <u>about</u> **why** margarine is dyed the color of butter.
우리는 왜 마가린이 버터 색으로 염색되는지에 대해 의문을 제기해야 할 것이다.

Can you show me **how to use** it correctly?
어떻게 그것을 올바르게 사용하는지를 알려 주실 수 있나요?

PATTERN 35 who(m)ever / whichever / whatever + (S) + V

~하는 사람이면 누구든(지 간에) / ~하는 것이면 어느 것이든/무엇이든(지 간에)

who(m)ever	명사절	~하는 사람이면 누구든 (= anyone who(m))
	부사절	~하는 사람이면 누구든지 간에 (= no matter who(m))
whichever / whatever	명사절	~하는 것이면 어느 것이든/무엇이든 (= anything that)
	부사절	~하는 것이면 어느 것이든지/무엇이든지 간에 (= no matter which / no matter what)

cf. 복합관계형용사 whichever/whatever: 「whichever/whatever + 명사 + (S) + V」의 형태로 쓰인다.

In a competitive market, **whoever** innovates first can gain a significant advantage.
경쟁이 치열한 시장에서는 먼저 혁신하는 사람이면 누구든 상당한 이점을 얻을 수 있다. (명사절)

Whichever they choose, we must accept their decision.
그들이 선택하는 것이면 어느 것이든지 우리는 그들의 결정을 받아들여야 한다. (부사절)

Whatever the current trend may be, she prefers timeless fashion items that never go out of style.
현재 유행이 무엇이든지 간에, 그녀는 유행을 타지 않는 시대를 초월한 패션 아이템을 선호한다. (부사절)

PATTERN 36

whenever / wherever / however+형·부 + S + V

~할 때면 언제든(지 간에) / ~하는 곳이면 어디든(지 간에) / 아무리 형·부해도

whenever		~할 때면 언제든(지 간에) (= no matter when)
wherever	부사절	~하는 곳이면 어디든(지 간에) (= no matter where)
however		아무리 형·부해도 (= no matter how) * 「however + 형·부 + S + V」의 형태로 사용됨

Remember, **whenever** fear takes hold, it can cloud your judgment and limit your potential.
두려움에 사로잡힐 때면 언제든 판단력이 흐려지고 잠재력이 제한될 수 있다는 것을 기억해라.

Wherever structural weaknesses exist, materials are vulnerable to deformation.
구조적 약점이 존재하는 곳이면 어디든 물질은 변형에 취약하다.

However tired you may be, you must do it today.
아무리 네가 피곤해도, 너는 오늘 그것을 해야 한다.

PATTERN 37

no matter who(m) / no matter which / no matter what

~하는 사람이면 누구든지 간에 / ~하는 것이면 어느 것이든/무엇이든지 간에

He treats everyone with respect, **no matter who** they are or **what** their background is.
그는 상대방이 누구든, 배경이 무엇이든지 간에 모든 사람을 존경심을 갖고 대한다.

No matter which factor you focus on, social isolation and loss of roles are significant contributors to the elderly's mental decline.
어떤 요인에 초점을 맞추든 간에 사회적 고립과 역할 상실은 노인의 정신적 쇠퇴의 중요한 원인이다.

심슨 구문 요약 노트

PATTERN 38   동사/형용사 + <u>that</u> + S + V
명사절 접속사: ~라는 것/사실

The latest studies <u>indicate</u> that what people really want is a mate that has qualities like their parents.
최근의 연구는 사람들이 진정 원하는 것(사람)은 자신들의 부모들과 같은 특징을 지닌 배우자라는 것을 보여 준다.

You gradually become <u>aware</u> that you are a unique person with your own ideas and attitudes.
당신은 자신만의 생각과 태도를 가진 독특한 사람이라는 것을 점차 깨닫게 된다.

PATTERN 39   명사 + <u>that</u> + (S) + V
① 관계대명사: ~하는 / 그런데 그 명사

명사 + <u>that</u> + S + V ☞ that 앞에 idea, belief, thought, news, rumor, fact,
② 동격: ~라는   possibility, evidence와 같은 단어가 나오면 that 이하는 앞의 명사에 대한 동격의 that일 수 있다!

There are more than <u>a thousand radio stations</u> that play country music 24 hours a day.
하루 24시간 컨트리 음악을 틀어 주는 라디오 방송국이 천 개가 넘는다. (관계대명사 that)

Despite ongoing debate, <u>Freud's foundational idea</u> that early childhood experiences shape adult behavior continues to influence psychology.
계속되는 논쟁에도 불구하고, 어린 시절의 경험이 성인 행동을 형성한다는 Freud의 근본적인 생각은 심리학에 계속 영향을 미치고 있다. (동격의 that)

PATTERN 40   동사 + (that) + S + V
접속사: ~라는 것/사실

The environment ministry <u>said</u> (that) only 26 percent of the country was below sea level.
환경부는 국토의 26%만이 해수면 아래에 있다는 것을 말했다.

PATTERN 41   명사 + (that) + S + V

목적격 관계대명사: ~하는 / 그런데 그 명사

The scientist documented <u>the findings</u> (that) she discovered during her research project.
목적격 관계대명사

그 과학자는 연구 프로젝트 중에 발견한 연구 결과를 기록했다.

PATTERN 42   명사 + [관계대명사/관계부사 + (S) + V1 ~] + V2
            S   V

<u>One of the tasks</u> [that we were given] <u>was</u> to make a list of the most important
S   V
events of our lives.

우리에게 주어진 과제 중 하나는 우리 인생에서 가장 중요한 사건의 목록을 작성하는 것이었다.

<u>The park</u> [where my family likes to go for walks] <u>has</u> beautiful flowers and tall
S   V
trees.

우리 가족이 산책하기를 좋아하는 그 공원은 아름다운 꽃들과 큰 나무들을 갖고 있다.

PATTERN 43   명사 + [(that) + S + V1] + V2
            S   목적격 관계대명사 that 생략   V

<u>The first thing</u> [[that] I noticed upon tasting the soup] <u>was</u> that it lacked salt.
S   V
수프를 맛보자마자 가장 먼저 알아챈 것은 소금이 부족하다는 것이었다.

심슨 구문 요약 노트

📌 **PATTERN 44** 접속사 + S + V ~, // S + V ✐ 문장 맨 앞에 접속사가 나오면 콤마(,)에서 끊고, 문장 중간에
S + V ~(,) // 접속사 + S + V 접속사가 나오면 접속사 앞에서 끊어 해석하자!

When I entered the subway, // the thermometer that I had registered 32℃.
내가 지하철에 들어섰을 때 내가 가지고 있던 온도계는 32℃를 기록했다.

Old phones had rotary dials, // **while** today's phones have touchscreens.
오늘날의 전화기에는 터치스크린이 있지만 예전 전화기에는 회전식 다이얼이 있었다.

📌 **PATTERN 45** To RV, S + V → to 부정사의 부사적 용법(목적)
to RV하기 위해

To make their dream come true, they decided not to waste money.
꿈을 이루기 위해, 그들은 돈을 낭비하지 않기로 결심했다.

📌 **PATTERN 46** To RV + V → to 부정사의 명사적 용법(주어)
to RV하는 것은

To be courageous in all situations **requires** strong determination.
모든 상황에서 용기를 내는 것은 강한 결단력이 필요하다.

PATTERN 47

<u>RVing/p.p. ~</u>, S + V → 분사구문

RV하다/p.p.되어지다 그런 S가 V하다

cf. (Being) + 형/전+명, S + V: 형용사/전+명하다, 〈그런〉 S가 V하다

<u>Spending</u> an enormous amount of computing time, a robot might finally recognize the object as a table.

엄청난 양의 연산 시간을 소비하였다, 〈그런〉 로봇은 마침내 그 물체를 테이블로 인식할 수 있었다.

<u>Surprised</u> by the sudden rainstorm, Sarah quickly ran to find shelter under the nearest tree.

갑작스러운 폭풍우에 놀랐다, 〈그런〉 Sarah는 재빨리 가장 가까운 나무 밑에 대피소를 찾아 달려갔다.

PATTERN 48

<u>RVing + V</u> → 동명사(주어)

RV하는 것은

<u>Being</u> aware of the health benefits of sports will ensure a healthy lifestyle.

스포츠의 건강상의 이점에 대해 아는 것은 건강한 생활을 보장할 것이다.

PATTERN 49

be + to RV

✍ S가 사물인 경우 ① 'to RV하는 것이다'로, S가 사람인 경우 ② 'be to 용법 (예정·의무·의도·가능·운명)'으로 해석한다!

① to RV하는 것이다 (90%) ② be to 용법 (10%)

The objective of some taxes on foreign imports <u>is to protect</u> an industry that produces goods vital to a nation's defense.

외국 수입품에 대한 일부 세금의 목적은 국가의 방위에 필수적인 상품을 생산하는 산업을 보호하는 것이다. (to 부정사의 명사적 용법 - 보어)

You <u>are to pay</u> your debt as soon as possible.

당신은 가능한 한 빨리 빚을 갚아야 한다. (be to 용법 - 의무)

심슨 구문 요약 노트

PATTERN 50   **명사 + to RV**   ↗ 명사가 way, effort, ability, time, possibility, opportunity, tendency, right이면 to RV는 주로 앞에 온 명사를 수식한다!

① 앞의 명사를 수식: to RV하는 ② 목적: to RV하기 위해

Berendt highlights that <u>the brain's ability</u> **to learn** is closely tied to <u>its ability</u> **to adapt**.

Berendt는 뇌의 학습 능력은 적응 능력과 밀접한 관련이 있다고 강조한다. (형용사적 용법 - 명사 수식)

However, if you are enjoying desserts **to reward** yourself, try to find non-food rewards to celebrate achievements.

하지만 당신은 스스로에게 보상하기 위해 디저트를 즐기고 있다면 음식이 아닌 다른 보상을 찾아 성과를 축하해 보도록 해라. (부사적 용법 - 목적)

PATTERN 51   **감정·판단의 표현 + to RV**

이유·원인: to RV하게 되어서

~ to RV

① 목적: to RV하기 위해 ② 결과: 그 결과 to RV하다

He was <u>grateful</u> **to have** any opportunity to advance.

그는 발전할 수 있는 기회를 얻게 되어 고마워했다. (이유·원인)

"Grand slam" is used **to describe** the achievement of winning all four major tennis tournaments in a calendar year.

"그랜드 슬램"은 한 해에 4대 주요 테니스 대회에서 모두 우승하는 업적을 지칭하기 위해 사용된다. (목적)

Emily turned the corner **to see** a stunning view of the city skyline illuminated by the setting sun.

Emily는 모퉁이를 돌았더니 석양에 비친 도시 스카이라인의 멋진 풍경을 보게 되었다. (결과)

📌 PATTERN 52   기타 to RV 중요 구문

· **only to RV** ~했지만 결국 to RV하다
· **so as to RV / in order to RV** to RV하기 위해
· **so 형/부 as to RV** 형/부해서 그 결과 to RV하다
· **too 형/부 to RV** 너무 형/부해서 to RV할 수 없다

We promise to exercise daily, **only to find** ourselves making excuses not to go to the gym.
우리는 매일 운동을 하겠다고 다짐하지만, 결국에는 자신이 헬스장에 가지 않으려고 핑계를 대고 있는 것을 발견하게 된다.

Communities are changing their habits **in order to protect** the environment.
공동체들은 환경을 보호하기 위해 그들의 습관을 바꾸고 있다.

Some truths about relationships are **too** <u>devastating</u> **to face** head-on, such as betrayal by a close friend.
친한 친구의 배신과 같이 관계에 관한 어떤 진실은 너무 치명적이라서 정면으로 마주할 수가 없다.

🔖 앞의 명사를 수식한다!

📌 PATTERN 53   명사 + RVing/p.p.
RV하는/p.p.되어진

<u>Economic trouble</u> **affecting** Asian countries will begin to better by the first half of 1999.
아시아 국가들에 영향을 미치는 경제적 어려움은 1999년 상반기쯤에는 나아지기 시작할 것이다.

Nine-tenths of <u>the woods</u> **consumed** in the Third World are used for cooking and heating.
제3세계에서 소비되는 목재의 10분의 9는 요리와 난방에 사용된다.

심슨 구문 요약 노트

🖋 동명사로 해석한다!

📌 **PATTERN 54**

전치사/동사 + RVing
RV하는 것

Color is the most important factor <u>in</u> **judging** the quality of a diamond.
다이아몬드의 질을 판단하는 것에 있어 색깔은 가장 중요한 요소이다.

They <u>avoided</u> **going** to the beach due to the bad weather forecast.
그들은 나쁜 날씨 예보 때문에 그 해변에 가는 것을 피했다.

🖋 분사구문으로, 앞에 '그러면서'를 붙여서 해석한다!

📌 **PATTERN 55**

콤마(,) + RVing/p.p.
그러면서 RV하다/p.p.되다

Onlookers just walk by a work of art, **letting** their eyes record it.
구경꾼들은 단지 예술 작품 옆을 지나갈 뿐이고, <그러면서> 눈이 그것을 기록하게 한다.

Many Russian composers wrote symphonic masterpieces, **influenced** by the folk melodies and rhythms of their homeland.
많은 러시아 작곡가들은 교향곡 명곡들을 작곡했고, <그러면서> 고국의 민속적인 선율과 리듬에 영향을 받았다.

PATTERN 56

<u>It</u> + be동사 + 형·명 + <u>to RV/that절</u> → 가주어-진주어 구문
가주어   진주어

↳ to RV/that절 앞에서 <뭐가?>라는 추임새를 붙여 주면 직독직해가 된다!
(직독직해: '그것(it)은 형/명이다 <뭐가?> to RV가/that절 이하가')

<u>It is</u> dangerous <u>to go</u> out too late at night.

그것은 위험하다 <뭐가?> 너무 늦은 밤에 외출하는 것이 (너무 늦은 밤에 외출하는 것은 위험하다.)

Mr. and Mrs. Hill built an extensive library, but <u>it was</u> a shame <u>that</u> they never had the time to read most of the books.

Hill 부부는 대규모의 도서관을 지었지만, 그것은 아쉬웠다 <뭐가?> 자신들이 대부분의 책을 읽을 시간을 갖지 못한 것이 (Hill 부부는 대규모의 도서관을 지었지만, 자신들이 대부분의 책을 읽을 시간을 갖지 못한 것이 아쉬웠다.)

cf. It + be동사 + [강조 내용(명사/부사(구/절))] + that절 → It ~ that 강조 구문

<u>It was</u> [in 1876, with the invention of the telephone], <u>that</u> real-time voice communication over long distances became possible.

원거리 실시간 음성 통신이 가능해진 것은 바로 1876년 전화기의 발명으로 인해서였다.

PATTERN 57

S + make/find/think/Keep + <u>it</u> + 형·명 + <u>to RV/that절</u> → 가목적어-진목적어 구문
                                 가목적어   진목적어

↳ to RV/that절 앞에서 <뭐가?>라는 추임새를 붙여 주면 직독직해가 된다!
(직독직해: 'S가 V한다 그것이 형·명하도록 <뭐가?> to RV가/that절 이하가')

Your immune system <u>makes it</u> possible for you <u>to fight off</u> infections and then <u>to recover</u> quickly.
                                             의미상 주어(for + 목적격)

여러분의 면역 체계는 만든다 그것이 가능하도록 <뭐가?> 여러분이 감염을 물리치고 빠르게 회복하는 것이 (여러분의 면역 체계는 여러분이 감염을 물리치고 빠르게 회복하는 것이 가능하도록 만든다.)

Parents of a newborn might <u>find it</u> difficult <u>to sleep</u> soundly during their child's first year.

신생아 부모들은 알게 될지도 모른다 그것이 어렵다고 <뭐가?> 아이가 태어난 첫해 동안 깊이 수면을 취하는 것이 (신생아 부모들은 아이가 태어난 첫해 동안 깊이 수면을 취하는 것이 어렵다는 것을 알게 될지도 모른다.)

I think <u>it</u> certain <u>that</u> our team will win the game.

나는 생각한다 그것이 확실하다고 <뭐가?> 우리 팀이 이 경기에서 승리할 것이 (나는 우리 팀이 이 경기에서 승리할 것이 확실하다고 생각한다.)

심슨 구문 요약 노트

📌 **PATTERN 58**   **A, B, and C / A, B, C, or D / A and B / A, B(동격)**

↳ 명/형/부/to RV/RVing/V/구/절이 and/or와 같은 등위접속사 및 상관접속사를 중심으로 병렬 구조를 이룬다!

She <u>entered the room</u>, <u>turned on the lights</u>, <u>grabbed a book</u>, **and** <u>sat down on the couch</u>.
그녀는 방에 들어와 불을 켜고는 책을 집어 들어 소파에 앉았다.

There is no indication that the new tax reforms are impacting <u>GDP growth</u>, <u>public debt</u>, **or** <u>other economic indicators</u>.
새로운 세제 개혁이 GDP 성장률, 공공 부채 또는 기타 경제 지표에 영향을 미치고 있다는 징후는 없다.

In the 1960s, <u>NASA</u>, <u>a leading space exploration agency</u>, struggled with technical setbacks during the development of the Apollo program.
1960년대에는 선도적인 우주 탐사 기관인 NASA가 Apollo 프로그램을 개발하는 과정에서 기술적 문제로 고심했다.

The Pulitzer Prize, the pinnacle of literary accomplishment, is awarded, **not** <u>for a lifetime of writing</u>, **but** <u>for a singular work, a piece</u>.
문학적 성취의 정점인 퓰리처상은 평생의 작품이 아니라 단 하나의 작품, 즉 한 편의 글에 수여된다.

🖋 비교 대상 중 B를 먼저 잡으면 A가 잡힌다!

📌 **PATTERN 59**   **A + more[as] + than[as] + B**

⎡ 사람/장소   ⎤   ⎡ 사람/장소   ⎤
⎣ 동명사/명사+관계사 ⎦   ⎣ 동명사/명사+관계사 ⎦

cf. A + V + 배수사 + more[as] ⋯ than[as] + B: A는 B보다 ~배 더[만큼] ⋯한/하게 V하다

<u>Convincing a cat to wear a hat</u> is **as successful as** <u>teaching a fish to fly</u>.
고양이에게 모자를 쓰도록 설득하는 것은 물고기에게 나는 것을 가르치는 것만큼이나 성공적이다.

<u>Primates that live in large social groups</u> generally exhibit **larger** brain sizes **than** <u>those that are solitary</u>.
대규모 사회 집단에서 지내는 영장류는 일반적으로 군거하지 않는 영장류보다 뇌 크기가 더 크다는 특징을 보인다.

<u>Drivers who followed speed limits</u> had nearly **twice as few** accidents **as** <u>those who frequently sped</u>.
제한 속도를 준수한 운전자는 과속을 자주 하는 운전자보다 사고가 거의 두 배나 적었다.

PATTERN 60

<u>the + 비교급 + S1 + V1</u> ~, <u>the + 비교급 + S2 + V2</u> ~
더 비교급하면 할수록   더 비교급한다

cf. S나 V 또는 둘 다 생략된 경우가 많은데, 대개 S는 'it/they'가, 동사는 'be동사'가 생략된다.

The more similar two people are, **the better** they will communicate.
두 사람이 더 비슷할수록 그들은 의사소통이 더 잘 될 것이다.

With economic disparity, **the more unequal** a society's wealth distribution (is),
the wider the income gap tends to be.
경제적 격차로 인해 사회의 부의 분배가 불평등하면 불평등할수록 소득 격차는 더 커지는 경향이 있다.

PATTERN 61

<u>with + O + OC</u> O가 OC한 채로/하면서 → 동시동작 구문
형용사/전치사구/RVing/p.p.

They walked closely together **with their arms <u>locked</u>**.
그들은 팔짱을 낀 채로 바짝 붙어 걸었다.

With territorial boundaries <u>erased</u>, a new era of global cooperation and cultural
exchange began to flourish.
영토의 경계가 사라지면서 글로벌 협력과 문화 교류의 새로운 시대가 열리기 시작했다.

PATTERN 62

명사-RVing + 명사 heart-warming stories 마음이 따뜻해지는 이야기
명사를 RV하는

명사-p.p. + 명사 computer-generated images 컴퓨터에 의해 생성된 이미지
명사에 의해 p.p.된

형용사-명사ed + 명사 cold-blooded reptiles 차가운 피를 가진[냉혈의] 파충류
형용사한 명사를 가진

PATTERN 63

콜론(:): S + V ~: A, B, and/or C → 앞 문장에 대한 보충, 부연
세미콜론(;): S + V ~; S + V ~
대시(—): S — ~ — V ~ / S + V ~ — ~

Most of us make at least three important decisions in our lives: where to live, what to do, and whom to do it with.
우리들 대부분은 우리의 삶에서 적어도 세 가지 중요한 결정, 즉 어디에 살지, 무엇을 할지, 그리고 누구와 그것을 할지에 대해 결정을 내린다.

Being parents is a journey of growth and change; consequently, there will be countless instances where you must learn and adapt quickly.
부모가 된다는 것은 성장과 변화의 여정이며, 따라서 빠르게 배우고 적응해야 하는 경우가 무수히 많을 것이다.

Neuroscientists — the scientists who study real brain functions — found our memories are often reconstructed rather than perfectly recalled.
신경과학자들, 즉 실제 뇌 기능을 연구하는 과학자들은 우리의 기억이 완벽하게 회상되기보다는 재구성되는 경우가 많다는 사실을 발견했다.

DAY 01
- 30

DAY 01

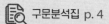 구문분석집 p. 4

□ **ashamed** 부끄러운, 수치스러운
□ **ultimate** 궁극적인, 결정적인
□ **at all costs** 무슨 수를 써서라도
□ **vibration** 진동, 동요, 떨림
□ **shift** 이동, 변동
□ **concerned** 관심 있는, 걱정하는
□ **discipline-crossing** 학문을 넘나드는

□ **alter** 바꾸다, 변경하다
□ **evaluate** 평가하다
□ **awareness** 인식, 의식
□ **justice** 정의
□ **prompt** 유발하다, 불러일으키다
□ **initiative** 계획, 주도권
□ **equitable** 공평한, 공정한

□ **fossil fuel** 화석 연료
□ **extraction** 추출, 적출
□ **consumption** 소비
□ **renewable** 재생 가능한
□ **agriculture** 농업
□ **yield** 수확량
□ **sustainability** 지속 가능성

♣ 다음을 해석하세요.

001 He is ashamed of never having been abroad while young.

002 Only in the earliest times, when there were very few humans about, may this not have been true.

003 The ultimate purpose of product advertising is to let people know about the product and make them buy it.

004   If others see how angry, hurt, or hateful you become when they tell you the truth, they will avoid telling it to you at all costs.

ℓ

005   The stronger the vibration of the sound, the greater the pressure difference between the high and the low, and the louder the sound.

ℓ

006   Lastly, in the 20th century, the shift in population from the countryside to the cities made schools more concerned with social problems.

ℓ

007   Along the way, his discipline-crossing influence has altered the way physicians make medical decisions and investors evaluate risk on Wall Street.

ℓ

008   Increased awareness of social justice issues has prompted community-driven initiatives and policy discussions aimed at creating a fairer and more equitable society.

ℓ

009   Growing concern about global climate change has motivated activists to organize not only campaigns against fossil fuel extraction consumption but also campaigns to support renewable energy.

ℓ

010   Agriculture is responsible for providing food for a growing population and as it becomes clear that yields cannot continue to rise without limit, the sustainability of agricultural practices becomes an increasingly important question.

ℓ

DAY 02

구문분석집 p. 7

□ generate 산출하다, 발생시키다
□ as far as ~ be concerned ~에 관한 한
□ cherish 소중히 하다
□ annually 매년, 해마다
□ consideration 고려 사항
□ profit 이윤, 수익
□ human-caused 인간이 초래한
□ neglect 무시; 무시하다, 방치하다
□ briefly 간결하게, 짧게
□ inescapable 피할 수 없는
□ frustration 좌절감

♣ 다음을 해석하세요.

011　　　The man who I thought was his father proved to be a perfect stranger.

ℓ

012　　　Note-taking is the best way to remember what you were taught or what you have read.

ℓ

013　　　The casino in Florida is believed to have generated more than $250 million dollars annually in profit.

ℓ

014   In general, parents feel a special kind of love for their own children that they do not feel for other children.

ℓ

015   One of the strange rules which the Spartans had, was that they should speak briefly, and never use more words than were needed.

ℓ

016   Each year, as many as two hundred towns in the United States just disappear from the map as far as the Postal Service is concerned.

ℓ

017   By 2040 the impacts of human-caused climate change will be inescapable, making it the big issue at the centre of life in 20 years' time.

ℓ

018   When I go for a walk to some place, I imagine who came there, what kinds of memories they cherished, what they did and talked about there, and so on.

ℓ

019   How much one can earn is important, of course, but there are other equally important considerations, neglect of which may produce frustration in later years.

ℓ

020   If the players, the coaches, the announcers, and the crowd all sound like they're sitting midcourt, you may as well watch the game on television — you'll get just as much of a sense that you are "there."

ℓ

□ consumer 소비자	□ emphasis 강조	□ heaven 창공, 하늘
□ throw away ~을 버리다	□ conservation 보존, 보호	□ refer to A as B A를 B라고 부르다
□ producer 생산자	□ sustainability 지속 가능성	□ revolution 혁명
□ gender equality 성평등	□ shelter 피난처, 은신처	□ occasion 경우, 때, 기회
□ representation 대표(성)	□ impending 임박한	□ conformity 순응
□ decision-making 의사 결정	□ unimpaired 손상되지 않은	□ uniformity 획일, 일치
□ paradigm 패러다임, 예, 전형	□ witness 목격하다, 증언하다	□ oblige 의무적으로 ~하게 하다
□ interact with ~와 상호 작용을 하다	□ exponential 기하급수적인	□ adorn 꾸미다, 장식하다

♣ 다음을 해석하세요.

021   She is proud of her son's being the brightest in the class.

ℓ

022   One of the most important lessons we can learn is to stop thinking and start doing.

ℓ

023   The sooner a consumer throws away the object he has bought and buys another, the better it is for the producer.

ℓ

024 The promotion of gender equality has resulted in greater representation of women in leadership roles and decision-making positions.

ℓ

025 Rather, he said, this method represents no less than a new paradigm for the way museums in major cities collect art and interact with one another.

ℓ

026 A greater emphasis on environmental conservation and sustainability has led to innovative solutions for protecting our planet and its resources.

ℓ

027 Noticing the dark clouds gathering in the sky, he felt a sense of urgency and thought he needed to find shelter before the impending storm arrived.

ℓ

028 The only way in which social life can continue is for each individual to keep unimpaired his or her own independence and self-respect as well as that of others.

ℓ

029　The first decades of the 17th century witnessed an exponential growth in the understanding of the Earth and heavens, a process usually referred to as the Scientific Revolution.

ℓ

030　The first impression given by the clothes many young people wear these days for any and all occasions is one of conformity and uniformity as if they felt obliged to adorn themselves in the same style.

ℓ

□ function 기능, 작용	□ labor cost 인건비	□ context 상황, 전후 관계, 맥락
□ knowledgeable 지식이 있는	□ enterprise 기업	□ intend 의도하다
□ broadcasting 방송	□ renewable 재생 가능한	□ disharmony 불화, 부조화
□ era 시대	□ pave the way for ~을 위한 기반을 마련하다	□ impose 강요하다, 부과하다
□ gradual 점진적인		□ proceedings (소송) 절차
□ transition 변화, 변천	□ sustainable 지속 가능한	□ stem from ~에서 비롯되다
□ hunting and gathering 수렵과 채집	□ environmentally friendly 환경친화적인	□ claim 주장
□ agriculture 농업	□ mistakenly 실수로	□ religious 종교의
		□ witchcraft 마술, 마법

♣ 다음을 해석하세요.

031   It being his free afternoon, Frank decided to take a drive in the country.

     ℓ

032   It is certainly believed that the function of the school is to produce knowledgeable people.

     ℓ

033   Just as printing opened a new age, so broadcasting has made possible a new era of international thinking and education.

     ℓ

034 It was the gradual transition from hunting and gathering to agriculture that opened up new possibilities for cultural development.

035 The recent increase in labor costs and taxes in Korea has forced both large enterprises and small and medium enterprises to move into China.

036 Greater investment in renewable energy sources has paved the way for a shift towards a more sustainable and environmentally friendly energy system.

037 They carefully planned their vacation, only to find out upon arrival that their hotel reservation had been mistakenly canceled by the booking agency.

038 In general, the context in which the words are spoken or the way in which they are said will tell us which of the possible speaker-meanings is intended.

039 Disharmony enters our relationships when we try to impose our values on others by wanting them to live by what we feel is "right," "fair," "good," "bad," and so on.

ℓ

040 The *Harry Potter* series of novels has been the subject of a number of legal proceedings, largely stemming from claims by American religious groups that the magic in the books promotes witchcraft among children.

ℓ

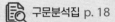
□ **adaptable** 적응할 수 있는
□ **creature** 생물체
□ **diminish** 줄다, 감소하다
□ **loss** 손실, 손해
□ **recognition** 인식, 인지
□ **diversity** 다양성
□ **adoption** 도입, 채택
□ **inclusive** 포용적인, 포괄적인
□ **marvel** 경탄하다, 놀라다
□ **elaborate** 정교한, 공들인
□ **touched** 감동한

□ **grateful** 감사하는
□ **deal with** ~을 처리하다
□ **negotiation** 협상
□ **mediator** 중재자, 조정자
□ **neutrality** 중립성
□ **advocate** 옹호자, 변호인
□ **partiality** 편파성
□ **cross over into** ~쪽으로 넘어가다
□ **guarantee** 보장, 보증; 보장하다
□ **competitive** (가격·제품 등이) 경쟁력 있는

□ **quotation** 견적(서), 시세
□ **realistic** 사실적인, 현실적인
□ **animated** 영상화된, 만화 영화로 된
□ **division** 분할, 구분
□ **resemblance** 유사성, 닮음
□ **religion** 종교
□ **productive** (~을) 가져오는, 생산적인
□ **beneficial** 유익한, 이로운
□ **liberty** 자유
□ **mankind** 인류

♣ 다음을 해석하세요.

041 The way to learn a language is to practice speaking it as often as possible.

ℓ

042 I want to know how many visitors our Website receives each day and which pages are visited.

ℓ

043 They have proven to be highly adaptable creatures, and their population has not diminished despite the loss of wooded areas.

044 The recognition of the value of diversity has encouraged the adoption of inclusive practices and policies in workplaces and educational institutions.

045 One of my most memorable experiences when I was in Venice was attending the annual carnival celebration and marveling at the elaborate masks and costumes.

046 Not only does the act of writing a note like this focus your attention on what's right in your life, but the person receiving it will be touched and grateful.

047 Although both deal with negotiation, a mediator needs to maintain neutrality and an advocate partiality in order to avoid crossing over into each other's role.

048 Of course, as is standard in the security business, we would require full guarantees for maintenance and service, and most importantly, a competitive quotation.

ℓ

049 A psychologist presented realistic animated scenes of fish and other underwater objects to Japanese and American students and asked them to report what they had seen.

ℓ

050 The division of Europe into a number of independent states, connected, however, with each other by the general resemblance of religion, language, and manners, is productive of the most beneficial consequences to the liberty of mankind.

ℓ

구문분석집 p. 21

□ elaborate 정교한, 공들인
□ civilization 문명
□ spark 촉발하다
□ progress 발전, 진보
□ standardize 표준화[획일화]하다
□ decipherment 해독, 판독

□ thoroughly 철저하게, 완전히
□ Egyptology 이집트학
□ blessing 축복
□ cursing 저주, 악담
□ sneer 조소, 비웃음
□ cold shoulder 냉대, 무시

□ attitude 태도, 마음가짐
□ with regard to ~에 관해서
□ signal 신호를 보내다; 신호
□ come to an end 끝나다
□ at any rate 아무튼, 어쨌든
□ statement 진술

♣ 다음을 해석하세요.

051   No sooner had I finished an elaborate car washing than the rain began to fall.

052   To keep children from going out on rainy days is usually difficult for their parents.

053   The huge growth in the understanding of civilization has sparked innovation and progress across the globe.

054   Spiders, though not generally popular, are true friends of man, and some scientists believe that human life could not exist without them.

ℓ

055   The more traveling there is, the more will culture and way of life tend everywhere to be standardized and therefore the less educative will travel become.

ℓ

056   The women were busy shopping for Christmas presents but had their shopping bags stolen because they left them in an unlocked car in the parking lot during lunchtime.

ℓ

057   Since the decipherment of the writing system in the third decade of the last century, the language has been among the most thoroughly researched areas of Egyptology.

ℓ

058 "The China that had been growing at 10 percent for 30 years was a powerful source of fuel for much of what drove the global economy forward," said Stephen Roach at Yale.

ℓ

059 Whether we receive from society blessing or cursing, a smile or a sneer, the warm hand or the cold shoulder, will altogether depend on our own attitude with regard to it.

ℓ

060 Another way to signal that a conversation is coming to an end is to use translation words like "Well" or "At any rate," or even statements like "It was really nice talking to you."

* translation words 전환하는 말

ℓ

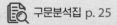
- □ reputation 평판, 명성
- □ character 인격, 성격
- □ effective 효과적인
- □ analysis 분석
- □ recognized 공인받은, 알려진
- □ technique (전문) 기술
- □ bring about ~을 가져오다, 초래하다
- □ ordinary 평범한, 보통의
- □ creativity 창의성
- □ millennial 밀레니엄 세대 (1980~2000년 사이에 태어난 세대)
- □ labor market 노동 시장
- □ debt 대출, 빚
- □ considerable 상당한, 중요한
- □ illegally 불법으로
- □ copyright 저작권
- □ reasonable (가격 등이) 합리적인, 적당한
- □ imaginative 상상력이 풍부한
- □ conflict 갈등, 다툼, 충돌
- □ settlement (식민) 개척, 정착
- □ transfer 옮기다, 이동하다
- □ bodily 통째로, 몽땅
- □ continent 대륙
- □ be on the lookout for ~을 세심히 살피다, 경계하다
- □ tense 긴장시키다
- □ skeletal muscle 골격근
- □ lash out at ~을 마구 몰아세우다 [비난하다]
- □ threat 위협

♣ 다음을 해석하세요.

061 Reputation is what you seem; character is what you are.

ℓ

062 Effective analysis and recognized techniques can bring about a great improvement.

ℓ

063 He finished talking with her at 2 o'clock, when she wanted him to stay a little longer.

ℓ

064 We often hear stories of ordinary people who, if education had focused on creativity, could have become great artists or scientists.

ℓ

065 Many of Millennials graduated from college into one of the worst labor markets the United States has ever seen, with a staggering load of student debt.

ℓ

066 I have had the opportunity to look over your scripts, and I feel that they show considerable promise, despite your youth and lack of experience in this genre.

ℓ

067 To prevent software from being copied illegally and protect the copyright, above all, software companies should lower the price of their goods to a reasonable price.

ℓ

068 When adults in their early 30s were asked to write imaginative stories, the most creative ones came from those whose parents had the most conflict a quarter-century earlier.

ℓ

069   The settlement of America was a unique experience in the history of man. Never before in recorded times had a whole culture — in this case, the culture of Western Europe — been transferred bodily to another and previously unknown continent.

070   Adrenaline travels all over the body doing things such as widening the eyes to be on the lookout for signs of danger, pumping the heart faster to keep blood and extra hormones flowing, and tensing the skeletal muscles so they are ready to lash out at or run from the threat.

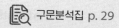
□ **force** 힘, 세력, 에너지
□ **elevate** 들어 올리다
□ **ignore** 무시하다
□ **inexpensive** 저렴한
□ **affordable** 구매할 수 있는
□ **practical** 실제의, 실용적인
□ **given** ~을 고려해 볼 때
□ **wonder** 놀랄 만한 일[것], 놀라움
□ **the majority of** 다수의, 대부분의
□ **quit** 그만두다, 중지하다
□ **account** 기사, 보고, 이야기

□ **notorious** 악명 높은
□ **import** 수입하다
□ **slave trade** 노예 매매
□ **enslave** 노예로 만들다
□ **plantation** 농장
□ **insight** 통찰력
□ **sympathy** 공감, 동정(심)
□ **characteristic** 특성, 특징
□ **frustrated** 좌절감을 느끼는
□ **stage fright** 무대 공포증
□ **address** 연설하다

□ **devote** (노력·돈·시간 따위를) 바치다
□ **overcome** 극복하다, 이겨내다
□ **handicap** 약점, 장애
□ **consequently** 결과적으로
□ **outstanding** 뛰어난, 탁월한
□ **grace** (신의) 은혜
□ **take part in** ~에 관여하다, 가담하다
□ **reveal** 알리다, 나타내다, 드러내다

♣ 다음을 해석하세요.

071 So great is the force of tornadoes that they elevate trains off their tracks.

072 Ignoring his advice, I wasted my time and continued to paint what I thought was popular.

073 The invention of the inexpensive microchip has made computers affordable to many people.

074 It is more likely that a small-to-medium-sized school would give them the benefits of both individual attention and practical learning.

075 Given the general knowledge of the health risks of smoking, it is no wonder that the majority of smokers have tried at some time in their lives to quit.

076 He should then read the schoolchildren what was said by the newspapers on one side, what was said by those on the other, and some fair account of what really happened.

077 The most notorious case of imported labor is of course the Atlantic slave trade, which brought as many as ten million enslaved Africans to the New World to work the plantations.

078   To read well is to read with insight and sympathy, to become one with your author, and to let him live through you, adding what he is to what you are without losing your own characteristics.

ℓ

079   A businessman who is frustrated by stage fright whenever he must address a conference may devote special efforts to overcoming this handicap and consequently may become an outstanding public speaker.

ℓ

080   Luck or the grace of Heaven may seem to take part in many happenings in life, but a little deeper looking into the causes of them reveals that one's own efforts were by far more responsible for them than most people imagine.

ℓ

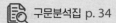 구문분석집 p. 34

☐ **profound** 심오한, 깊은

☐ **destruction** 파괴, 파멸

☐ **disfigure** 흉하게 만들다

☐ **recognition** 인식, 인지

☐ **stimulate** 자극하다

☐ **at best** 기껏해야

☐ **insignificant** 무의미한, 하찮은

☐ **monotonous** 단조로운, 지루한

☐ **attractive** 매력적인

☐ **aspect** 측면, 양상

☐ **cyberspace** 사이버[가상] 공간

☐ **anonymity** 익명성

☐ **disposable** 일회용의

☐ **agricultural** 농업의

☐ **depend on** ~에 의존하다

☐ **at the mercy of** ~에 좌우되는

☐ **unpredictable** 예측할 수 없는

☐ **emancipate** 해방하다

☐ **master** ~에 숙달하다, 정통하다

☐ **be employed in RVing** ~하는 데 시간을 쓰다

☐ **search after** ~을 찾다

☐ **lay up** ~을 저장하다, 비축하다

♣ 다음을 해석하세요.

081 Often what they seek is not so much profound knowledge as quick information.

082 Among them were some tulips, and out of one of these, as it opened, flew a bee.

083 He made possible an instrument of destruction with which the earth could be totally disfigured.

084   The recognition of the importance of early childhood education has led to investments in early childhood development programs and initiatives.

ℓ

085   What a person thinks on his own without being stimulated by the thoughts and experiences of other people is at best insignificant and monotonous.

ℓ

086   One of the most attractive aspects of cyberspace is that it offers the ability to connect with others in foreign countries while also providing anonymity.

ℓ

087   Online shopping means it is easy for customers to buy without thinking, while major brands offer such cheap clothes that they can be treated like disposable items.

ℓ

088   Farmers and agricultural workers who depend on seasonal harvests and weather patterns will soon find themselves no longer at the mercy of unpredictable environmental conditions.

ℓ

089   The function of the historian is neither to love the past nor to emancipate himself from the past, but to master and understand it as the key to the understanding of the present.

ℓ

090   When we are employed in reading a great and good author, we ought to consider ourselves as searching after treasures, which, if well and regularly laid up in the mind, will be of use to us on various occasions in our lives.

ℓ

DAY 10

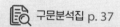 구문분석집 p. 37

□ regrettable 유감스러운, 안된
□ scary 무서운, 두려운
□ prompt (촉구하여) ~시키다
□ reassurance 안심
□ frightening 무서운, 놀라운
□ apply for ~에 지원하다
□ judge 평가하다, 심사하다
□ specialized 전문의
□ expertise 전문 지식[기술]

□ glacier 빙하
□ accelerate 가속하다
□ melt 녹다
□ overall 전체적인, 전반적인
□ incremental 점진적인, 증가하는
□ accomplishment 성취, 완성
□ overwhelmed 압도된
□ enormity 거대함, 막대함
□ profession 직업

□ literature 문학
□ intellectual 지적인, 지능의
□ sphere (활동) 영역, 범위
□ intensely 몹시
□ dialect 방언, 사투리
□ phrase 구(句), 어구, 말투
□ accommodate to ~에 순응하다
□ rapidly 빠르게
□ stand out 눈에 띄다

♣ 다음을 해석하세요.

091 Birds and bats appear to be similar, but they are different as night and day.

ℓ

092 He returned home a completely changed person after spending six months in a mental hospital.

ℓ

093 It is regrettable that few people should walk today because of the development of traffic facilities.

ℓ

094 The movie was too scary for the children to watch alone, prompting their parents to sit with them and offer reassurance during the frightening scenes.

ℓ

095 When you apply for a job in the future, you will not be judged by which university you graduated from, but rather by the specialized field of your expertise.

ℓ

096 In my hometown, nobody would buy a melon without feeling it and smelling it; and nobody would dream of buying a chicken without knowing which farm it came from and what it ate.

ℓ

097 Warm water from the Atlantic Ocean is able to flow directly towards the glacier, bringing large amounts of heat into contact with the ice and accelerating the glacier's melting.

ℓ

098   By breaking the overall goal into smaller, shorter-term parts, we can focus on incremental accomplishments instead of being overwhelmed by the enormity of the goal in our profession.

ℓ

099   The most important thing for you to do as a student of literature is to advise yourself to be an honest student, for in the intellectual sphere at any rate honesty is definitely the best policy.

ℓ

100   Some remain intensely proud of their original accent and dialect words, phrases and gestures, while others accommodate rapidly to a new environment by changing their speech habits, so that they no longer "stand out in the crowd."

ℓ

DAY 11

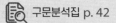 구문분석집 p. 42

- □ somnolent 나른하게 만드는
- □ concentrate 집중하다
- □ democratic 민주주의의
- □ ideal 이상, 이상적인 것
- □ demand 요구하다
- □ double 배로 늘리다, 두 배로 하다
- □ boundary 경계
- □ disappear 사라지다
- □ behavior 행동
- □ uniqueness 독특성, 고유성
- □ reproduction 복제(물)
- □ dawn 새벽

- □ weary 피곤한, 지친
- □ forgive 용서하다
- □ superficial 표면적인, 외견상의
- □ inadequate 불충분한, 부적당한
- □ cultivated 교양 있는
- □ layman 비전문가, 아마추어
- □ grasp 이해하다, 파악하다
- □ sparrow 참새, (북미산의) 멧새의 일종
- □ supposedly 아마
- □ impulse 충동
- □ imprudent 경솔한, 무분별한

- □ prioritize 우선순위를 매기다
- □ quality time 귀중한 시간
- □ nurture 키우다, 양성하다
- □ bond 유대(감)
- □ chase 쫓다, (돈·성공 등을) 좇다
- □ material 물질적인, 물질의
- □ possession 소유(물)
- □ meaningful 의미 있는
- □ enrich 풍요롭게 하다
- □ profound 뜻깊은

♣ 다음을 해석하세요.

101 Because of his somnolent voice, the students find it difficult to concentrate in his classes.

ℓ

102 The democratic ideals of the young country demanded direct responsibility to the people and a direct benefit to society.

ℓ

103　With processor and Internet-connection speeds doubling every couple of years, the boundaries for games are quickly disappearing.

ℓ

104　The most important thing you have to do if you want to improve your EQ is always to think about how your behavior affects other people.

ℓ

105　Therefore, the value of the original results not only from its uniqueness but from its being the source from which reproductions are made.

ℓ

106　No matter how near the dawn was or how weary the man, classes had to be prepared. The student might be forgiven for coming to class unprepared; the teacher never.

ℓ

107　The problems of today have become so complex that a superficial knowledge is inadequate to enable the cultivated layman to grasp them all, much less to discuss them.

ℓ

108 In California, the white-crowned sparrow has songs so different from area to area that Californians can supposedly tell where they are in the state by listening to these sparrows.

ℓ

109 He had spoken from impulse rather than from judgement, and as is generally the case with men who do so speak, he had afterwards to acknowledge to himself that he had been imprudent.

ℓ

110 If they had prioritized spending quality time together nurturing their bonds over chasing material possessions, they might have cultivated more meaningful experiences and connections that could have enriched their lives in profound ways.

ℓ

구문분석집 p. 46

□ health insurance 의료 보험	□ commit 맡기다, 약속하다	□ retain 유지하다, 보유하다
□ lay off ~를 해고하다	□ thoughtful 사려 깊은	□ permanent 영구적인
□ painful 괴로운, 아픈	□ principle 원칙	□ foundation 재단
□ circumstance 사실, 상황	□ assert 단언하다, 주장하다	□ make a loan 대출해 주다
□ in the face of ~에 직면하여	□ infringe 침해하다	□ give away ~을 거저 주다
□ uncooperative 비협조적인	□ tuition 등록금, 수업료	□ in terms of ~의 관점에서
□ Congress 의회, 국회	□ debt 빚, 부채	□ whereas ~에 반하여
□ impotent 무능력한	□ dean 학장	□ livelihood 생계, 살림
□ accomplish 완수하다, 이루다	□ contrary to ~과 반대로[달리]	□ attain 획득하다, 달성하다

♣ 다음을 해석하세요.

111 All but two of her employees work full-time, and receive benefits including health insurance.

112 Imagine what it must be like for a factory worker to arrive home to his family with the news that he's been laid off.

113 One of the most painful circumstances of recent advances in science is that each of them makes us know less than we thought we did.

114   In the face of an uncooperative Congress, the President may find himself impotent to accomplish the political program to which he is committed.

ℓ

115   However intelligent and thoughtful a person may be, he or she cannot make wise choices unless he or she knows the facts about his or her problem.

ℓ

116   Because the quality of air is becoming poorer and poorer, I think the time may soon come when we have to take an oxygen tank with us wherever we go.

ℓ

117   One principle asserts that social work clients have the right to hold and express their own opinions and to act on them, as long as doing so does not infringe on the rights of others.

ℓ

118   "The most important thing is not the free tuition, but the freedom of studying without the burden of debt on your back," says Ann Kirschner, university dean of Macaulay Honors College.

ℓ

119   Contrary to those museums' expectations, however, he has decided to retain permanent control of his works in an independent foundation that makes loans to museums rather than give any of the art away.

ℓ

120   Men are more likely to view the community in terms of production, whereas women see it, not only as a place where people can earn their livelihood, but also as a place where all can attain and enjoy the good life.

ℓ

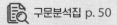

- □ familiar 잘 알려진, 익숙한
- □ barrier 장벽, 장애(물)
- □ potential 잠재력
- □ impose 부과하다, 지우다
- □ revolutionize 혁명을 일으키다
- □ treatment 치료법
- □ life expectancy 기대 수명

- □ glacial 빙하의
- □ debris 잔해, 부스러기
- □ afresh 새로이, 새롭게 다시
- □ discard 버리다, 처분하다
- □ notion 생각, 개념
- □ prejudice 편견
- □ flesh (사람·동물의) 살

- □ identify 공감하다, 동일시하다
- □ the aged 노인, 고령자
- □ sample 맛보다, 시식하다
- □ enthusiastically 열심히
- □ dramatically 급격하게
- □ project 투사하다, 비추다
- □ appropriate 적당한, 적합한

♣ 다음을 해석하세요.

121 They lived no less successful lives than those whose names have become familiar to the world.

122 The greatest barriers to a high level of performance or reaching your potential are mental barriers that we impose upon ourselves.

123 Advances in medical research and technology have revolutionized healthcare, leading to improved treatments and longer life expectancy.

124   Small areas of sand beach are along the New England coast, some created from glacial debris, others built up by the action of ocean storms.

l

125   The government recognizes that the economy must remain strong and is willing to provide whatever is needed in order to achieve this excellence.

l

126   Painters want to see the world afresh and to discard all the accepted notions and prejudices about flesh being pink and apples being yellow or red.

l

127   Thus, the youth may identify with the aged, one gender with the other, and a reader of a particular limited social background with members of a different class or a different period.

l

128   Any experienced parent will tell you that the best way to get a broccoli-hating child to sample this food is to have another child sitting nearby who enthusiastically is eating broccoli.

l

129   The number of foreigners interested in the Korean language has increased dramatically over the past few years because of the success of Korean firms overseas and growing interest in Korean culture.

130   On any given Saturday night, young people could and did gather at the movie houses to watch whatever was being projected on the screen, and parents had no way of knowing whether those movies were appropriate for their children.

□ pump 내뿜다, 불어넣다
□ quantity 양
□ atmosphere 대기
□ manner 방법, 방식
□ universal 보편적인, 일반적인
□ evoke 불러일으키다
□ diverse 다양한
□ accumulation 축적, 누적

□ confer 주다, 수여하다
□ superiority 우월성, 우수
□ element 구성 요소
□ humanity 인류
□ vicious spiral 악순환
□ malnutrition 영양실조
□ susceptibility 감염되기 쉬움, 민감성

□ infectious 전염하는, 전염성의
□ in turn 결국
□ likelihood 가능성
□ pre-set 미리 정해진
□ considerable 상당한, 꽤 많은
□ commuting time 통근 시간

♣ 다음을 해석하세요.

131   It is one thing to work for money, and it is quite another to have your money work for you.

132   As I turned the corner off the tree-lined street, I realized the whole house was shining with light.

133   We are pumping huge quantities of CO_2 into the atmosphere, almost one-third of which comes from cars.

134   All individuals must eat to survive, but what people eat, when they eat, and the manner in which they eat are all patterned by culture.

ℓ

135   Because of oil products, we can make light engines, which enable airplanes to rise into the air and automobiles to speed along highways.

ℓ

136   The music performance reminded the students of the universal language of music and its ability to evoke emotions and connect people from diverse backgrounds.

ℓ

137   The accumulation of knowledge does not confer any superiority on man if he reaches the end of his life without having deeply evolved as a responsible element of humanity.

ℓ

138   Too many children here enter the vicious spiral of malnutrition which leads to greater susceptibility to infectious disease, which in turn leads to a greater likelihood of developing malnutrition.

ℓ

139   If you must give your child a credit card, the experts say, make sure it has a pre-set limit of no more than a thousand dollars, and teach your children that the card is to be used only in emergencies.

ℓ

140   The automobile has made it possible for father to work a considerable commuting time away from home, so he often rises before the children do and sees them only for a brief period on his return from work and during the weekends.

ℓ

DAY 15

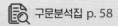 구문분석집 p. 58

□ **indication** 암시, 표시

□ **in return** 보답으로, 대가로

□ **exchange** 교환

□ **enrich** 풍부하게 하다

□ **collective** 집단적인, 공동의

□ **be[become] good at**
~에 능숙하다[하게 되다]

□ **handle** 다루다, 처리하다

□ **range from A to B** A에서 B까지
다양하다

□ **cave** 동굴

□ **sculpture** 조각 작품, 조각술

□ **civilization** 문명

□ **contemporary** 현대의, 당대의

□ **blood pressure** 혈압

□ **heart attack** 심장 마비

□ **calculate** 계산하다

□ **equivalent** 상당하는 것; 동등한

□ **battle** 싸우다, 분투하다

□ **instill** 주입하다, 심어 주다

□ **irrelevant** 무관한

□ **priority** 우선순위

□ **determine** 결정하다

□ **autonomous** 자율의, 독립한

□ **casual** 무심결의

□ **type** 타자를 치다; 유형, 종류

□ **comment** 의견, 견해

□ **tone** 어조, 말씨

□ **conflict** 갈등, 다툼, 싸움

♣ 다음을 해석하세요.

141 Should a bird fly into your house, it would be an indication that important news is on the way.

✎

142 She never passed her old home but she thought of the happy years she had spent there with her family.

✎

143 All I ask in return is that you take good enough care of yourself so that someday you can do the same thing for someone else.

ℓ

144 The exchange of ideas and knowledge between different cultures has enriched our collective understanding of what it means to be human.

ℓ

145 Becoming good at handling information is going to be one of the most important skills of the twenty-first century, not just in school but in the real world.

ℓ

146 Art, which has been created for centuries, ranges from cave paintings and sculptures of early civilizations to contemporary works found in galleries and museums.

ℓ

147 A Melbourne study of 6,000 people showed that owners of dogs and other pets had lower cholesterol, blood pressure, and heart attack risk compared with people who didn't have pets.

ℓ

148 It has been calculated that people who worked in cities during the 1990s spent the equivalent of three whole years of their lives battling through the rush-hour traffic on their way to and from work.

ℓ

149 Instilling knowledge is obviously not irrelevant to educational practices, but their priorities are determined by the much more important question of how one enables a student to become an autonomous thinker.

ℓ

150 Anyone who has used e-mail much has probably noticed how easily one's casual, quickly typed comment can be misunderstood, how suddenly the tone of e-mails can change, and how big conflicts can develop rapidly from a few lines.

ℓ

DAY 16

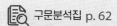 구문분석집 p. 62

□ genetic 유전의
□ defective 결함이 있는
□ productivity 생산성
□ satisfaction 만족(감)
□ the other way (a)round
　　반대 (상황); 반대로
□ accustomed 익숙한
□ custom 관습, 습관
□ manners 예절, 예의
□ derive 얻다, 끌어내다
□ convert 바꾸다, 변화시키다

□ largely 주로, 대부분
□ persuasive 설득력 있는
□ criticism 비판, 비평
□ existing 기존의, 현존하는
□ integration 통합
□ transform 변형시키다, 바꾸다
□ interactive 상호 작용을 하는
□ accessible 접근하기 쉬운
□ get across ~을 이해시키다
□ clear 분명한, 명백한
□ atmosphere 분위기, 상황

□ presence 존재, 실재
□ comforting 위안이 되는
□ dignity 존엄(성), 위엄
□ paramount 최고의
□ contribution 공헌, 기여
□ of value 가치 있는, 귀중한
□ equal 같은, 동등한
□ probability 가능성
□ exceed 넘다, 초과하다

♣ 다음을 해석하세요.

151　This genetic change may cause the child to be born defective in some way.

152　In fact, it's more likely that high productivity creates job satisfaction rather than the other way around.

153 The young girl felt accustomed to living in the new society and got taught a lot of customs and manners.

l

154 Newspapers and television are said to be the main sources from which the public derives its knowledge and information of the facts.

l

155 The politician's success in converting the people to his way of thinking was largely a result of his persuasive criticisms of the existing order.

l

156 The integration of technology into education has transformed learning experiences, making them more interactive and accessible to students worldwide.

l

157 All of us have had the experience of not being able to find the right words to get across our meaning, of being misunderstood, or of finding that we don't make ourselves clear.

l

158   Most helpful to the calm and peaceful atmosphere that the two-year-old child needs but cannot produce for himself/herself is the presence of comforting music, in almost any form.

ℓ

159   Because the dignity of all human beings was of paramount importance to them, they believed that no matter what kind of work a person did, everyone's contribution to society was of equal value.

ℓ

160   Within no longer than a decade or two, the probability of spending part of one's life in a foreign culture will exceed the probability a hundred years ago of ever leaving the town in which one was born.

ℓ

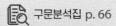
□ regret 유감으로 생각하다	□ disintegration 붕괴, 분열	□ appreciation 감사
□ contribute to ~에 기여하다	□ social fabric 사회 조직	□ instance 예, 실례, 사례
□ debatable 논란의 여지가 있는	□ resulting 결과로 초래된	□ imaginative 상상력이 풍부한
□ compel 강요하다	□ anxiety 불안, 걱정, 근심	□ talent 재능
□ all but 거의, 사실상	□ advance 발전, 향상	□ initially 처음에
□ apparent 외관상의, 겉보기에는	□ deregulate 규제를 철폐하다	□ contemporary 동시대의 사람
□ misfortune 불행, 불운	□ massive 거대한, 대량의	□ evident 분명한, 눈에 띄는
□ exceedingly 지극히, 몹시	□ capital 자본	□ architect 건축가
□ fortunate 운이 좋은	□ boundary 경계(선), 국경	□ rely on ~에 의존하다
□ tell of ~을 알리다	□ grateful 감사하는	□ endure 견디다, 인내하다

♣ 다음을 해석하세요.

161 I cannot help but regret how little I am able to contribute to the discussion of the many debatable questions.

ℓ

162 When you feel compelled to deal with other people's issues, your goal of becoming more peaceful becomes all but impossible.

ℓ

163   We cannot study the lives of great men without noticing how often an apparent misfortune was for them an exceedingly fortunate thing.

ℓ

164   The front pages of newspapers tell of the disintegration of the social fabric, and the resulting atmosphere of anxiety in which we all live.

ℓ

165   If you were to store ten bits of information each second of your life, by your 100th birthday, your memory-storage area would be only half full.

ℓ

166   Advances in information technology meant that deregulated financial markets could shift massive flows of capital across national boundaries within seconds.

ℓ

167   Grateful for the support of their friends and community, they organized a great event to express their appreciation and give back to those who had been there for them.

ℓ

168 History has recorded many instances of creative and imaginative people whose talents were not initially recognized by their contemporaries or whose talents were not evident at an early age.

ℓ

169 The type of clothing we wear, the kind of houses in which we live, the type of recreation we enjoy, and the kind of food we eat, are the result of the influences of the groups to which we belong.

ℓ

170 Professionals such as designers, architects, and software engineers who heavily rely on computers for their work will find themselves no longer required to endure the daily commute to their workplaces.

ℓ

DAY 18

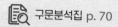 구문분석집 p. 70

- □ bend 숙이다, 구부리다
- □ merrily 즐겁게, 유쾌하게
- □ therapy 요법, 치료법
- □ inactivate 비활성화하다
- □ gene 유전 인자
- □ boost 높이다, 끌어 올리다
- □ immune system 면역 체계
- □ destroy 파괴하다
- □ cancerous 암의, 암에 걸린
- □ awareness 인식, 의식
- □ consumer 소비자

- □ on demand 요구만 있으면 (언제든지)
- □ valley 계곡, 골짜기
- □ ascend 오르다, 올라가다
- □ automobile 자동차
- □ lower 떨어뜨리다, 낮추다
- □ maddening 화나게 하는
- □ prompt 일으키다, 유발하다
- □ prioritize 우선시하다
- □ psychological 심리적인
- □ emotional 정서적인, 감정의

- □ resilience 회복력, 탄성
- □ showcase 전시하다, 소개하다
- □ venue 장소
- □ restrict 제한하다, 한정하다
- □ boundary 경계
- □ conventional 기존의, 전통적인
- □ civilian-owned 민간 소유의
- □ arms 무기
- □ genuine 진실된, 진짜의

♣ 다음을 해석하세요.

171 The book is written in such easy English as beginners can understand.

ℓ

172 The boy and the girl walked in the forest with their heads bent, with birds singing merrily above their heads.

ℓ

173 New therapies include inactivating damaged genes and boosting the immune system's ability to destroy cancerous cells.

_ℓ_

174 Internet advertisements can not only raise awareness about goods or services, but they can also provide consumers with additional information on demand.

_ℓ_

175 No matter what road is chosen, the travelers who started from different valleys will all meet on the top of the mountain, provided they keep on ascending.

_ℓ_

176 Of all the ways that automobiles damage the urban environment and lower the quality of life in big cities, few are as maddening and unnecessary as car alarms.

_ℓ_

177 The recognition of the importance of mental health and well-being has prompted initiatives to prioritize psychological support and emotional resilience in communities.

_ℓ_

178   Artists, musicians, and performers who showcase their talents in local venues and events will soon find themselves no longer restricted by the boundaries of conventional art forms.

ℓ

179   The United States, with less than 5 percent of the world's population, has about 35 ~ 50 percent of the world's civilian-owned guns, according to a 2007 report by the Switzerland-based Small Arms Survey.

ℓ

180   Once you've got a conversation going, the best way to keep it going is by asking the other person questions that don't require just a "yes" or "no" answer, or questions that show genuine interest on your part as you hear what they have to say.

ℓ

DAY 19

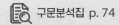

구문분석집 p. 74

□ wealth 부, 재산	□ maintenance 유지, 지속	□ when it comes to ~에 관한 한
□ consist in ~에 있다	□ democratic 민주주의의	□ posturing 가식
□ matter 중요하다	□ breakthrough 혁신, 약진	□ activist 활동가, 운동가
□ moth 나방	□ telecommunication (원거리) 통신	□ tirelessly 끊임없이
□ the former 전자	□ facilitate 촉진하다	□ address 해결하다, 처리하다
□ average 평균 ~이 되다; 평균의	□ collaboration 협업, 협력	□ constrain 제한하다, 강요하다
□ the latter 후자	□ infant 유아; 유아의	□ limitation 한계, 제한
□ wellness 건강	□ mortality 사망	□ conventional 전통적인, 관습의
□ decline 감소; 감소하다	□ tribe 부족	□ approach 접근법, 처리 방법
□ preventable 예방 가능한	□ summit 정상 회담	□ deep-rooted 뿌리 깊은
□ keen 날카로운, 예리한	□ a blessing in disguise 전화위복, 뜻밖의 좋은 결과	□ distrust 의심하다, 불신하다
□ consciousness 의식, 자각		□ inferior 열등한
□ prerequisite 필수[전제] 조건; 필수의		

♣ 다음을 해석하세요.

181 The true wealth does not consist in what we have, but in what we are.

182 It was long before I realized that the only thing that mattered to me in a work of art was what I thought about it.

183   The male moths live longer than the females, the former averaging about four weeks and the latter half that time or a little more.

ℓ

184   The promotion of healthy lifestyles and wellness initiatives has led to a decline in preventable diseases and an overall improvement in public health.

ℓ

185   A keen consciousness on the part of the general public as to the role of the newspaper is a prerequisite to the successful maintenance of a democratic society.

ℓ

186   Technological breakthroughs, such as the Internet and telecommunications, have facilitated global connectivity and collaboration on a scale never before imagined.

ℓ

187   In countries where infant mortality is very high, such as in Africa, tribes only name their children when they reach five years old, the age at which their chances of survival begin to increase.

ℓ

188 The failure of the summit may be a blessing in disguise, because when it comes to dealing with climate change, the last thing we need right now is yet another empty agreement and yet more moral posturing.

ℓ

189 Volunteers and community activists who work tirelessly to address social issues and improve the lives of others will soon find themselves no longer constrained by the limitations of conventional methods and approaches.

ℓ

190 There is a deep-rooted tendency to dislike, to distrust, and to regard as inferior individuals or groups speaking a language different from one's own just as one considers the monkey a lower animal because it has no language at all.

ℓ

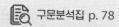
□ **nonetheless** 그럼에도 불구하고

□ **predict** 예상하다, 예측하다

□ **in advance** 미리

□ **confident** 자신감 있는

□ **awareness** 인식, 의식

□ **protect** 보호하다

□ **preserve** 보존하다

□ **generation** 세대

□ **dress sb down** ~를 나무라다 [질책하다]

□ **scolding** 꾸지람, 질책

□ **common** 흔히 있는

□ **celebrity** 유명 인사

□ **assume** 가정하다, 당연한 것으로 여기다

□ **occupation** 직업

□ **in terms of** ~의 관점에서

□ **consist in** ~에 있다

□ **novelty** 새로운 것

□ **apathy** 무관심, 냉담

□ **positive** 적극적인, 명확한

□ **distrust** 불신, 의혹

□ **ordinary** 평범한, 보통의

□ **mechanical** 기계의

□ **invention** 발명

□ **unique** 독특한

□ **describe** 묘사하다, 기술하다

□ **circumstance** 상황, 환경

□ **expectation** 기대

□ **celebrate** 기념하다, 축하하다

□ **exchange** 주고받다, 교환하다

□ **commercialize** 상업화하다

□ **affection** 애정, 호의, 사랑

♣ 다음을 해석하세요.

191 Nonetheless, most New Yorkers don't even own guns, much less carry one around with them.

ℓ

192 Predicting interview questions and thinking about answers in advance will help you feel more confident.

ℓ

193 Environmental awareness has grown, leading to efforts to protect and preserve the planet for future generations.

ℓ

194 I reminded myself that since Harry had surely dressed her down already, the last thing she needed was yet another scolding.

ℓ

195 A common mistake in talking to celebrities is to assume that they don't know much about anything else except their occupations.

ℓ

196 In terms of using mental energy creatively, perhaps the most basic difference between people consists in how much attention they have to deal with novelty.

ℓ

197 The number of people under 70 dying from smoking-related diseases is larger than the total number of deaths caused by breast cancer, AIDS, and traffic accidents.

ℓ

198   There is a general apathy, if not positive distrust, of science itself as a search for truth; for, to the ordinary American, science is identified with mechanical inventions.

ℓ

199   Many nations in the Far East give their children a unique name which in some way describes the circumstances of the child's birth or the parents' expectations and hopes for the child.

ℓ

200   Although the date has long been celebrated as a day for exchanging love messages, it was not until the 18th century that it became commercialized, with cards, chocolates, and small gifts exchanged between people who bear each other either strong friendship or affection.

ℓ

□ put sb to death ~를 처형하다
□ hanging 교수형
□ electric shock 전기 충격
□ cruel 잔인한
□ punishment 형벌, 처벌
□ appreciate 진가를 인정하다
□ consist of ~으로 구성되다
□ oil-producing 석유를 산출하는
□ observer 관찰자
□ reactor 반응자
□ attentive 주의 깊은
□ sensitive 민감한, 예민한

□ cue 신호
□ Burmese 미얀마의, 미얀마 사람[말]의
□ dissident 반체제 인사
□ under house arrest 가택 연금 중인
□ prohibit 금지하다, ~하지 못하게 하다
□ developing country 개발 도상국
□ participate 참여하다
□ molecular biology 분자 생물학

□ genome 게놈(세포나 생명체의 유전자 총체)
□ organism 유기체, 생물(체)
□ nutrient 영양소
□ in isolation 별개로
□ vastness 광대함
□ as a whole 전체로서
□ proficiency 숙련도, 숙달
□ the majority of 대다수의
□ succeed in ~에 성공하다
□ substantial 상당한, 꽤 많은

♣ 다음을 해석하세요.

201 Putting a man to death by hanging or electric shock is an extremely cruel form of punishment.

202 Not until his life was over were his works appreciated by people in general and purchased at high prices.

203   Founded in 1960 to gain greater control over the price of oil, OPEC consists of the main Arabic oil-producing countries.

ℓ

204   It is my opinion that Susan and Linda should have been more careful about their manners in front of their teacher yesterday.

ℓ

205   Being a good observer and reactor means being attentive and sensitive to other people's cues, in both their facial and body language.

ℓ

206   Aung San Suu Kyi, the Burmese dissident, was under house arrest in 1991 and it prohibited her from traveling to Norway to accept her Nobel Peace Prize.

ℓ

207   I encourage all of my clients to read the newspaper or listen to the news on the radio or television, because it is so important to know what is going on in the world.

ℓ

208   Some developing countries are participating through studies of molecular biology for genome research and studies of organisms that are particularly interesting to their regions.

ℓ

209   The problem is that when nutrients are studied in isolation, we ignore the vastness of the system as a whole, making it extremely difficult to know what any given nutrient's effect really is within the system.

ℓ

210   Despite the fact that many Koreans spend time and money to improve their English proficiency, the sad news is that the majority of them cannot succeed in speaking excellent English unless they have grown up and spent a substantial period of time in English-speaking countries when they were young.

ℓ

DAY 22

구문분석집 p. 86

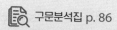

□ rarely 좀처럼 ~않는	□ empower ~할 수 있게 하다	□ employer 고용주
□ deceive 속이다	□ contribute to ~에 기여하다	□ distant 먼
□ in regard to ~에 관해서는	□ advancement 발전, 진보	□ inflammation 염증
□ spontaneously 자연스럽게, 자발적으로	□ civilization 문명	□ artery 동맥
	□ meaningful 의미 있는	□ likely 있음 직한, ~할 것 같은
□ resolve 해결하다, 풀다	□ productive 생산적인	□ suffer 겪다, 당하다, 입다
□ lifelong 평생의	□ rank 열, 줄, 구성원(들), 지위	□ heart attack 심장 마비
□ devotion 헌신	□ teleworker 재택근무자	□ stroke 뇌졸중
□ helpless 무력한	□ high-capacity 대용량의	□ typical 전형적인, 대표적인
□ obscure 궁벽한, 벽지의	□ keep in touch with ~와 연락하다	□ millionaire 백만장자
□ access 접근 (방법)		

♣ 다음을 해석하세요.

211   Behind the clouds is the sun still shining.

212   Napoleon was rarely, if ever, deceived in regard to a man's actual ability.

213   Having a driver's license makes it easy for teenagers to go out to parties, movies, and malls.

214 To like many people spontaneously and without effort is perhaps the greatest of all sources of personal happiness.

ℓ

215 There still remain many issues to be resolved even after her lifelong devotion to the poor and helpless in this obscure village.

ℓ

216 Improved access to education and information has empowered individuals to contribute to the advancement of civilization in meaningful ways.

ℓ

217 We're confident that once you see how enjoyable our software is, and how productive it can make you, you'll join the ranks of our more than 1 million satisfied customers!

ℓ

218 These 'teleworkers' will use the Internet and high-capacity optical links to keep in touch with their employers and clients, who may be in distant parts of the world.

* optical links 광통신

ℓ

219   Researchers studied men who have experienced low-level inflammation of the arteries for several years and found them to be three times as likely to suffer a heart attack and twice as likely to have strokes as normal men.

ℓ

220   For example, *US News and World Report* shows that a picture of the "typical" millionaire is an individual who has worked eight to ten hours a day for thirty years and is still married to his or her high school or college sweetheart.

ℓ

DAY 23

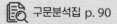

- □ go on strike 파업에 들어가다
- □ wage 임금
- □ gesture 몸짓
- □ taboo 금기
- □ forbid 금지하다
- □ effective 효과적인
- □ crucial 결정적인, 중대한
- □ observe 관찰하다, 주시하다
- □ diverse 다른, 다양한
- □ vary from A to B A에서 B까지 다양하다
- □ biological 생물학의
- □ definitive 확실한, 결정적인

- □ therapeutic 치료상의
- □ preventive 예방의, 예방하는
- □ measure 조치, 수단
- □ frustrated 실망한, 좌절한
- □ inability 무능, 할 수 없음
- □ accelerate 가속하다
- □ renewable 재생 가능한
- □ utilize 활용하다
- □ mobilize 동원하다, 집결시키다
- □ awareness 인식, 의식
- □ concentrate on ~에 집중하다
- □ widespread 광범위한, 널리 퍼진
- □ availability 이용 가능성, 유효성

- □ reliable 신뢰할[믿을] 수 있는
- □ contraception 피임(법)
- □ combine 결합시키다
- □ pervasive 만연한
- □ postponement 연기, 뒤로 미루기
- □ childbearing 출산
- □ legal 합법의
- □ abortion 낙태
- □ result in 결과적으로 ~이 되다, ~을 초래하다
- □ reduction 감소
- □ adoptable 입양할 수 있는

♣ 다음을 해석하세요.

221 Today the number of workers who go on strike for higher wages is almost twice that of twenty years ago.

ℓ

222 No word was spoken, but the wide variety of gestures made clear to everyone what the performer was saying.

ℓ

223 I talked with him a long while about our boyhood days, after which we had a good dinner. I had thought him shy, which he was not.

ℓ

224 These food taboos may be so strong that just the thought of eating forbidden foods can cause an individual to become sick.

ℓ

225 It was when I started my new job that I realized the importance of effective time management skills, understanding that they were crucial for success in the workplace.

ℓ

226 Among interesting things to observe as you travel around the world are the diverse cultural traditions and customs of different communities, which vary widely from one region to another.

ℓ

227 The new knowledge and the new techniques developed in biological research over recent decades have slowly begun to provide an understanding of human disease and the hope of definitive therapeutic and preventive measures.

ℓ

228 Environmental activists frustrated with the UK government's inability to rapidly accelerate the growth of renewable energy industries have utilized social media platforms to mobilize public support and raise awareness.

ℓ

229 A study showed that if schoolchildren eat fruit, eggs, bread and milk before going to school, they will learn more quickly and be able to concentrate on their lessons for a longer period of time than if their breakfast is poor.

ℓ

230 In those countries, the widespread availability of safe and reliable contraception combined with the pervasive postponement of childbearing as well as with legal access to abortion in most of them has resulted in a sharp reduction of unwanted births and, consequently, in a reduction of the number of adoptable children.

ℓ

DAY 24

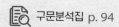 구문분석집 p. 94

- □ **in relation to** ~와 관련하여
- □ **essential** 필수의, 가장 중요한
- □ **civilization** 문명
- □ **modern** 현대의
- □ **contribute to** ~에 공헌하다
- □ **Minister** 장관
- □ **anything but** 결코 ~가 아닌
- □ **certain** 확신하는, 자신하는
- □ **incident** 사건
- □ **abolish** 폐지하다, 없애다
- □ **competition** 경쟁
- □ **injurious** 해로운, 유해한

- □ **native** 출생지의, (언어가) 모국어인
- □ **indigenous** 토착의, 원산의
- □ **preserve** 보존하다, 유지하다
- □ **disc** 음반
- □ **introduction** 소개, 도입
- □ **guidance** 안내, 지도
- □ **comprehend** 이해하다, 파악하다
- □ **profit** 이익을 얻다; 이익
- □ **reaction** 대응, 반응
- □ **proposition** 주장, 진술
- □ **compete with** ~와 경쟁하다
- □ **unique** 고유한, 하나밖에 없는

- □ **quality** 특성, 성질
- □ **replicable** 복제 가능한
- □ **active** 적극적인, 능동적인
- □ **euthanasia** 안락사
- □ **physician** 의사
- □ **medical personnel** 의료진
- □ **take action** 조치를 취하다
- □ **deliberate** 고의의, 의도적인
- □ **induce** 유도하다, 유발하다
- □ **passive** 수동적인
- □ **lack** 결여, 결핍
- □ **suspend** 중지하다, 연기하다

♣ 다음을 해석하세요.

231 To think of the future in relation to the present is essential to civilization.

l

232 There is not any modern nation but has, in some way, contributed to our science or art or literature.

l

233 I know, as does the Minister, that we can be anything but certain that there will not be further successful terrorist incidents.

ℓ

234 We should not, therefore, attempt to abolish competition, but only to see to it that it takes forms which are not too injurious.

ℓ

235 What may seem perfectly clear to a native English speaker may be too complex for a student whose second or third language is English.

ℓ

236 The recognition of the rights of indigenous peoples has led to efforts to preserve their cultures, languages, and traditional ways of life.

ℓ

237 Each disc includes a brief introduction to the artist and some interesting information which gives guidance in discovering more about classical music.

ℓ

238 Just as the ability to understand the spoken word is necessary if you are to comprehend a play, you cannot fail to profit by the knowledge of the words of opera.

ℓ

239 A common reaction to the proposition that computers will seriously compete with human intelligence is to highlight the unique qualities of human thought and emotion that may not be replicable by machines.

ℓ

240 Active euthanasia means that a physician or other medical personnel takes a deliberate action that will induce death. Passive euthanasia means letting a patient die for lack of treatment or suspending treatment that has begun.

ℓ

□ self-confidence 자신감

□ get sb into trouble ~를 곤경에 빠뜨리다

□ discourage (반대하여) 막다, 말리다

□ evolve (서서히) 발전하다

□ sustainability 지속 가능성

□ prosperity 번영, 번창

□ combat ~와 싸우다

□ poverty 빈곤, 가난

□ inequality 불평등

□ result in ~을 초래하다

□ marginalize 사회에서 소외하다

□ bride and groom 신부와 신랑

□ clean-cut 명확한, 분명한

□ distinction 구분, 구별

□ interaction 상호 작용

□ sustain 유지하다, 계속하다

□ proclaim 선언하다

□ motion picture 영화

□ spectacularly 굉장히

□ prediction 예측, 예언

□ regarding ~에 관하여

□ revolutionize 혁명을 일으키다

□ illness 병

□ stroke 뇌졸중

□ heart attack 심장 마비

□ cancer 암

□ Parkinson's disease 파킨슨병

□ hormonal disorder 호르몬 장애

□ depressive 우울증의, 우울한

□ apathetic 무관심한, 무감각한

□ unwilling 마음 내키지 않는

□ prolong 연장하다, 늘이다

□ recovery 회복

♣ 다음을 해석하세요.

241 Students develop self-confidence which makes learning and personal growth possible.

ℓ

242 Of the 300 to 400 people who die every day in our country as a result of smoking, many are young smokers.

ℓ

243   If you cannot decide which of the two things you should do, you are likely to get yourself into trouble by doing neither.

244   Though her actor father discouraged all of his kids from becoming child actors, she began going to auditions while in high school.

245   As our understanding of civilization continues to evolve, so too does our responsibility to ensure its sustainability and prosperity for all.

246   Efforts to combat poverty and inequality have resulted in improved access to education, healthcare, and economic opportunities for marginalized communities.

247   One custom that is common at weddings in the United States is throwing rice at the bride and groom as they leave the place where the wedding ceremony has just been held.

248 The traditional goal of science has been to discover how things are, not how they ought to be, but can a clean-cut distinction between fact and value in the interaction of science and society be sustained any longer?

ℓ

249 When Thomas Edison proclaimed in 1922 that the motion picture would replace textbooks in schools, he began a long string of spectacularly wrong predictions regarding the capacity of various technologies to revolutionize teaching.

ℓ

250 Medical illnesses such as stroke, heart attack, cancer, Parkinson's disease, and hormonal disorders can cause depressive illness, making the sick person apathetic and unwilling to care for his or her physical needs, thus prolonging the recovery period.

ℓ

DAY 26

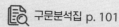

구문분석집 p. 101

□ communications satellite 통신 위성	□ justice 정의	□ policymaking 정책 입안
□ glaciologist 빙하학자	□ odd 이상한, 기묘한	□ poll 여론 조사
□ glacier 빙하	□ melancholy 우울(감)	□ molecule 분자
□ melt 녹다	□ ambition 야망	□ mimic 흉내를 내다, 모방하다
□ spread 확산, 전파, 보급	□ inability 무능, 무력	□ life-extending 수명을 연장하는
□ democratic 민주주의의, 민주적인	□ certain 확신하는, 자신하는	□ restriction 제한, 한정
□ ideal 이상	□ recover 회복하다	□ finding (연구) 결과, 발견
□ human right 인권	□ substantial 상당한, 꽤 많은	□ lengthen 연장하다, 늘이다
□ foster 촉진하다, 육성[조장]하다	□ rise 증가, 상승	□ aging-related 노화와 관련된
□ equality 평등	□ childcare 보육, 육아	
	□ administration 행정부	

♣ 다음을 해석하세요.

251 It was not until 1962 that the first communications satellite, Telstar, went up.

_ℓ_

252 Most glaciologists believe it would take another 300 years for the glaciers to melt at the present rate.

_ℓ_

253 The spread of democratic ideals and human rights has fostered greater equality and justice within societies.

ℓ

254 Many people stop at least once in their lives to ask themselves what their lives are all about and whether they are living well.

ℓ

255 Looking back, it seems most odd that never once in all the years that I was at school was there any general discussion about careers.

ℓ

256 Melancholy is caused less by the failure to achieve great ambitions or desires than by the inability to perform small necessary acts.

ℓ

257 It is best to let them make their own mistakes and learn from them, always certain that you will be there to help them recover and start over.

ℓ

258   You can talk about the weather, something you've just read in a magazine, what type of day it is, an interesting fact you've heard, something about your pet, or even a joke you've heard.

ℓ

259   The substantial rise in the number of working mothers, whose costs for childcare were not considered in the administration's policymaking, was one of the main reasons that led to the unexpected result at the polls.

ℓ

260   Molecules found in red wine have for the first time been shown to mimic the life-extending effects of calorie restriction, a finding that could help researchers develop drugs that lengthen life and prevent or treat aging-related diseases.

ℓ

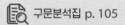
□ Jupiter 목성	□ hospitality 환대, 친절	□ promotion 승진
□ solar system 태양계	□ reassurance 안심, 안도	□ for one's own sake ~을 위해
□ automatic gate 자동 개찰구	□ lest ~하지 않도록	□ merely 단지, 다만
□ passenger 승객	□ lightly 가볍게, 경솔하게	□ reward 보상
□ abundance 풍요, 풍부, 다량	□ progress 진보, 발달	□ vein 맥락, 정맥
□ judge 판단하다	□ case 경우, 실정, 사실	□ physician 의사, 내과 의사
□ materialistic 물질(만능)주의적인	□ approach 다가가다[오다]	□ gain 얻다, 획득하다
□ standard 기준, 표준	□ force 억지로 ~시키다, 강요하다	□ quit 그만두다, 중지하다
□ remote 외딴, 멀리 떨어진	□ entertain 즐겁게 해 주다	□ ineffective 효과가 없는

♣ 다음을 해석하세요.

261   Jupiter is the fifth planet from the Sun and the biggest planet in the solar system.

262   Some stations have automatic gates through which passengers have to pass in order to get to the platforms.

263   Americans in the process of creating a land of abundance began to judge themselves by materialistic standards.

264   It was during my travels through the remote villages of Southeast Asia that I discovered the true meaning of hospitality and kindness.

ℓ

265   A child who is lost is still advised to find a policeman, but the sight of a police officer no longer creates a feeling of reassurance.

ℓ

266   We often hear that it is one thing to hear, and it is another to see. So we must be very careful lest we should believe lightly what other people say.

ℓ

267   One of the chief reasons why man alone has made rapid progress while other animals remain what they used to be is that he came to know how to use fire.

ℓ

268   As is often the case with them, when a wedding anniversary approaches, Korean husbands are forced to entertain their wives with special gifts or trips to destinations the wives want to visit.

ℓ

269   More important than success, which generally means promotion or an increase in salary, is the happiness which can only be found in doing work that one enjoys for its own sake and not merely for the rewards it brings.

ℓ

270   In this vein, physicians' advice to smokers, describing the number of years to be gained if they do quit, might be somewhat ineffective as compared with advice describing the number of years of life to be lost if they do not quit.

ℓ

□ bullying 왕따, 괴롭히기	□ appreciation 이해, 감상	□ realm 나라, 왕국, 영역
□ extreme 과격한, 극단적인	□ interaction 상호 작용	□ once upon a time 옛날 옛적에
□ common 흔히 있는	□ societal 사회의	□ treasure 보물
□ teen 십 대	□ agriculture 농업	□ glisten 반짝이다
□ particle (아주 작은) 입자[조각]	□ range from A to B A에서 B까지 다양하다	□ convey 전달하다, 옮기다
□ authority figure 권위자, 실세		□ impression 인상
□ present 있는, 참석한	□ industrialized nation 산업화한 국가, 선진국	□ suitable 알맞은, 적합한
□ athletic 운동의, 체육의		□ intend ~할 작정이다, 의도하다
□ ancient 고대의	□ journey 여행하다; 여행	□ distinguish 식별하다, 구별하다
□ civilization 문명	□ enchanted 마법에 걸린	

♣ 다음을 해석하세요.

271 Included in the art collection are sixteen photographs of the painter John Sloan.

ℓ

272 Bullying has become so extreme and so common that many teens just accept it as part of high school life in the 90s.

ℓ

273 Wind and rain continually hit against the surface of the Earth, breaking large rocks into smaller and smaller particles.

ℓ

274   When the students watched the film with an authority figure present, their faces showed only the slightest hints of reaction.

✍

275   They have certain ideas about which foods will increase their athletic ability, help them lose weight, or put them in the mood for romance.

✍

276   Through the study of ancient civilizations, we have gained a greater appreciation for the complexities of human interaction and societal organization.

✍

277   Agriculture, which is only about 10,000 years old, may range from the simple one with the help of animals to the commercial one of industrialized nations.

✍

278   Of all the travelers who have journeyed to that enchanted realm of Once Upon a Time, none has come back with treasures more glistening than Hans Christian Andersen.

✍

279   Since words convey an impression as well as a meaning, a writer must choose his words so that the impression they convey will be suitable to the meaning he intends the reader to understand.

l

280   It is not so much what a man wears as the way he wears it that marks the born gentleman. The same can be said of a woman; it is the manner in which her clothes are worn that distinguishes a true lady.

l

DAY 29

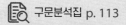 구문분석집 p. 113

□ trick 속임수, 계략
□ highlight 강조하다
□ confirm 확인해 주다, 확증하다
□ competition 경쟁
□ temperature 기온
□ contribute to ~의 한 원인이 되다
□ melt 녹다
□ ice sheet 빙상
□ grateful 감사하는
□ willing 기꺼이 ~하는
□ accompany 따라가다, 동행하다
□ servant 하인
□ vast 방대한, 막대한
□ cybersecurity 사이버 보안

□ artificial intelligence 인공 지능
□ alternative 대안
□ acceptable 받아들일 수 있는
□ frown 얼굴을 찡그리다
□ back off 뒤로 물러서다
□ cue 신호, 단서
□ sensitive 민감한
□ subject 주제
□ existence 존재, 실재
□ incomparably 비교가 안 될 정도로
□ favorable 유리한
□ numerous 다수의, 여럿의
□ respect 측면, 점

□ excessive 과도한
□ enthusiasm 열정
□ overshadow 가리다, 어둡게 하다
□ ethical 윤리적인
□ reflection 성찰, 반성
□ concern 걱정스럽게[우려하게] 만들다
□ mass 집단
□ fainting 기절, 실신, 졸도
□ neglect 소홀히 하다, 경시하다
□ attendee 참석자
□ factor 요인, 요소
□ potential 잠재적인

♣ 다음을 해석하세요.

281   He is not and will not be what he used to be.

ℓ

282   One of the tricks our mind plays is to highlight evidence which confirms what we already believe.

ℓ

283   A rapid increase in the number of college graduates has made the competition for jobs much greater than it used to be.

ℓ

284   Scientists have long known that higher air temperatures are contributing to the surface melting on Greenland's ice sheet.

ℓ

285   He seemed very grateful to Crusoe for having saved his life, and as he appeared willing to accompany him, Crusoe took him home as a servant.

ℓ

286   The career opportunities in the field of technology are vast, ranging from software development and data analysis to cybersecurity and artificial intelligence.

ℓ

287   The company has presented several different alternatives to the group, none of which was acceptable to all of the members who were present at the time of the meeting.

ℓ

288 If you ask somebody if their parents are living in the area and they frown or back off slightly, their visual cues show that you've probably touched a sensitive subject area for them.

ℓ

289 We have thereby been enabled to make conditions of human existence incomparably more favorable in numerous respects, but our excessive enthusiasm over our progress in knowledge and power has overshadowed the need for ethical reflection and responsible management of the natural environment.

ℓ

290 Concerned that the causes of mass fainting have been neglected in medical science, two German physicians went to a Michael Jackson concert where some of the concert attendees had fainted during the performance, and analyzed the environmental factors present at the concert to better understand their potential impact on the incidents of mass fainting.

ℓ

□ contact 접촉

□ exchange 교환하다

□ awesome 가공할 만한, 엄청난

□ unleash 속박[제어]을 풀다

□ nuclear energy 핵에너지

□ demonstrate 입증하다, 증명하다

□ atomic bomb 원자 폭탄

□ male-dominated
　남성이 지배하는

□ routine 일상

□ extend 뻗다, 내밀다

□ injury 부상

□ harm 해치다, 상하게 하다

□ physically 신체[육체]적으로

□ discomfort 불편, 곤란

□ psychological 심리적인

□ elaborate 정교한, 공들인

□ fine dining 고급 식당

□ utility 공익사업; 공익사업의

□ determine 결정하다

□ take into account ~을 고려하다

□ factor 요소, 요인

□ cost-effectiveness 비용 효율(성)

□ sustainability 지속 가능성

□ promote 촉진하다, 장려하다

□ coping-skill 대처 기술

□ realistic 실질적인, 현실적인

□ strategy 전략, 계획, 방법

□ recognize 인식하다

□ confront 맞서다, 직면하다

□ not necessarily 반드시[꼭] ~은
　아닌

□ commercial 상업의, 상업적인

□ educational 교육적인

□ invariably 항상, 반드시

♣ 다음을 해석하세요.

291　Those who know themselves are wise; those who didn't are not.

292　The more contact a group has with another group, the more likely it is that objects or ideas will be exchanged.

293   The awesome power unleashed by nuclear energy was first demonstrated in the atomic bombs dropped on Hiroshima and Nagasaki.

ℓ

294   Many women began realizing the role and images forced upon them by a male-dominated society and started to do something about it.

ℓ

295   His routine was to sit in the living room with his legs crossed and arms extended while reading a newspaper for a couple of hours in the morning.

ℓ

296   Injuries may harm a football player physically, but worse than the physical discomfort they create is the psychological damage they sometimes bring.

ℓ

297   Cooking, which has been practiced for thousands of years, includes everything from simple recipes prepared over an open fire to elaborate dishes served in fine dining restaurants.

ℓ

298   Utility industry leaders, in determining which of the various types of energy sources to develop, take into account factors such as cost-effectiveness and environmental sustainability.

_ℓ_

299   Education promoting coping-skills and realistic strategies for dealing with stress is important in helping young people recognize that problems can be confronted, though not necessarily solved.

_ℓ_

300   Whether we think of our trips as cultural or commercial, educational or entertaining, each travel experience invariably offers unique opportunities for personal growth and understanding of the world around us.

_ℓ_

Staff

Writer	심우철
Director	강다비다
Researcher	정규리 / 한선영 / 장은영 / 김도현
Design	강현구
Manufacture	김승훈
Marketing	윤대규 / 한은지 / 유경철

발행일: 2024년 10월 21일 (2쇄)

내용문의: http://cafe.naver.com/shimson2000

2025 심우철

구문·문법·독해·생활영어 All in One 전략서

심슨 전략서

2025 신경향

1 한 권으로 완벽 마스터하는 공시 영어 압축 요약서

심슨 전략서 한 권으로 구문·문법·독해·생활영어 전 영역 완벽 대비, 공시생들의 재도전, 초시생들의 기본서 복습 요약을 위한 압축서

2 심슨쌤만의 유일무이한 문제 풀이 전략

28년의 강의 노하우를 응축시킨 총 59가지 핵심 전략을 통해 심슨쌤만의 특별한 문제 풀이 비법과 스킬 전수

3 신경향, 신유형 완벽 반영

2025 출제 기조 전환 예시 문제를 철저하게 분석하여 교재에 완벽 반영, 새로운 경향에 맞추어 시험에 나오는 포인트들만을 엄선

4 풍부한 연습 문제

전략을 적용해 볼 수 있는 풍부한 연습 문제와 더불어 실전 감각까지 늘릴 수 있는 실전 모의고사 1회분 수록

5 상세한 해설

별도의 책으로 구성된 정답 및 해설서로 빠르게 정오답 확인 및 상세한 해설 파악

6 암기 노트

문법·어휘·생활영어 추가 학습을 위해 핸드북 형태로 암기 노트를 구성하여 시험 직전까지 핵심 문법 포인트/실무 중심 어휘/생활영어 표현 회독 연습 가능

신경향이 적극 반영된
시험에 나올 것만 공부하는 슬림한 구문 기본서

2025
심슨구문

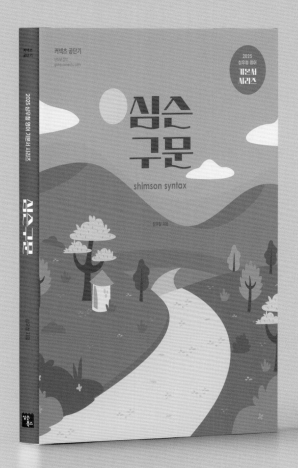

2025 심슨 구문이 반드시 필요한 이유?

1. 최신 기출 및 2025 예시 문제 출제 경향 반영

2. 문장 구조를 간단하게 만드는 구의 5법칙

3. 패턴화된 해석법을 통해 빠른 직독직해 가능

4. 구문 학습을 통해 문법과 독해까지 쉬워지는 수업

커넥츠 공단기

인터넷 강의
gong.conects.com

2025
심우철 영어
**N제
시리즈**

심우철 지음

구문분석집

300

**심슨
구문**

shimson syntax

심우철 지음

심슨구문

300

shimson syntax

구문분석 Table

대문자	주절	변형
S	주어	S_1, S_2, S_3
V	동사	V_1, V_2, V_3
SC	주격 보어	SC_1, SC_2, SC_3
OC	목적격 보어	OC_1, OC_2, OC_3
O	목적어	O_1, O_2, O_3
IO	간접목적어	IO_1, IO_2, IO_3
DO	직접목적어	DO_1, DO_2, DO_3

대문자	종속절	변형
S	주어	S_1, S_2, S_3
V	동사	V_1, V_2, V_3
SC	주격 보어	SC_1, SC_2, SC_3
OC	목적격 보어	OC_1, OC_2, OC_3
O	목적어	O_1, O_2, O_3
IO	간접목적어	IO_1, IO_2, IO_3
DO	직접목적어	DO_1, DO_2, DO_3

기타 표기	
as, -er than	상관접속사, 비교급
that	명사절 접속사
< >	명사절, 동격절
( )	부사(구) *「전치사 + 명사」는 부가 정보라는 점에서 모두 부사구로 처리
[ ]	수식어구
that	관계대명사, 관계부사
while	부사절 접속사
(it was), (that)	생략
the place	선행사
having	분사구문
and, or, but	등위접속사
to stop to 부정사(목적)	부사적 용법의 to 부정사

참고 사항

- 심슨 구문 300제의 <구문분석집>은 문장 해석의 이해를 돕기 위한 구문분석집으로, 의미 단위를 기준으로 도해를 표기하였으며, 문장 성분 표기(S, V, O 등) 또한 해석에 중점을 두고 기재하였음을 참고한다.
- ☑: 핵심 포인트가 되는 구문 및 문법적/의미적으로 알아두어야 하는 사항들을 정리하였다.
- PATTERN 01 : 본서의 <심슨 구문 요약 노트> PATTERN을 참고할 수 있도록 tag를 수록하였다.

001

He is ashamed of (never) having been abroad **while** (he was) young.
S   V   O   (생략)

그는 / 부끄러워한다 / 한 번도 해외에 나가 보지 않은 것을 / 젊었을 때

> 해석 그는 젊었을 때 한 번도 해외에 나가 보지 않은 것을 부끄러워한다.

☑ 과거 시점을 나타내는 부사절 while young이 있는 것으로 보아, '한 번도 해외에 나가 보지 못한' 시점은 '부끄러워하는' 것보다 더 이전이므로 동명사의 완료형 never having been이 쓰였다. PATTERN 06

☑ when, while, though, if와 같은 접속사가 이끄는 부사절의 주어가 주절의 주어와 같을 때 「주어 + be동사」를 생략할 수 있다. (while young ← while he was young)

002

(Only in the earliest times), [when there were very few humans (about)], may this not
                                관.부   V   S   V   S   V

have been true.
     SC

최초 시대에만은 / 주위에 극히 소수의 인류만이 존재했던 / 이것이 사실이 아니었을지도 모른다

> 해석 주위에 극히 소수의 인류만이 존재했던 최초 시대에만은 이것이 사실이 아니었을지도 모른다.

☑ 「Only + 부사(구/절)」가 강조를 목적으로 문두에 올 때 주어와 동사의 도치가 일어난다.

☑ 시간 명사(the earliest times)를 관계부사 when이 이끄는 절이 수식하고 있다. 참고로, 관계부사는 완전한 절을 이끈다. PATTERN 32

☑ may have p.p.: ~했을지도 모른다 PATTERN 13

003

The ultimate purpose of product advertising is to let people know about the product
S   V   SC₁ V₁ O₁   OC₁

and (to) make them buy it.
   SC₂   V₂   O₂   OC₂

상품 광고의 궁극적인 목적은 / 사람들이 그 상품에 대해 알게 하는 것이다 / 그리고 그것을 사도록 만드는 것이다

> 해석 상품 광고의 궁극적인 목적은 사람들이 그 상품에 대해 알게 하고 사도록 만드는 것이다.

☑ 「be동사 + to RV」는 ① to RV하는 것이다(대개 주어가 사물) ② be to 용법(대개 주어가 사람)으로 해석하는데, 여기서는 '사람들이 알게 하는 것이다', '사람들이 사도록 만드는 것이다'로 쓰였다. 참고로, 등위접속사 and를 중심으로 두 개의 to 부정사가 병렬 구조를 이룰 때 뒤에 오는 to 부정사의 to는 흔히 생략한다. PATTERN 49

☑ 사역동사 「let/make + O + OC」에서 각각 O와 OC의 관계가 능동이므로 RV(know / buy)가 쓰였고, 'O가 OC하도록 시키다'라고 해석한다. PATTERN 23

004

If others see <**how** angry, hurt, or hateful you become *when* they tell you the truth>,
S1 V1 O1 S2 V2 S3 V3 IO3 DO3

they will avoid telling it (to you) (at all costs).
S V O

만약 다른 사람들이 알게 된다면 / 당신이 얼마나 화가 나고, 마음이 아프고, 불쾌한지 / 그들이 당신에게 사실을 말할 때 / 그들은 피할 것이다 / 당신에게 사실을 말하는 것을 / 무슨 수를 써서라도

해석 만약 다른 사람들이 당신에게 사실을 말할 때 당신이 얼마나 화가 나고, 마음이 아프고, 불쾌한지 알게 된다면, 그들은 무슨 수를 써서라도 당신에게 사실을 말하는 것을 피할 것이다.

☑ 동사 see 뒤 목적어 자리에 온 「how + 형·부 + S + V」는 의문사 how가 이끄는 간접의문문으로서, '얼마나 형·부하는지'라고 해석한다. PATTERN 34

☑ avoid는 동명사를 목적어로 취하는 동사이며, '~하는 것을 피하다'라고 해석한다. (목적어 자리에 to 부정사가 올 수 없음) PATTERN 54

005

The stronger the vibration of the sound (is), the greater the pressure difference (between
SC S (V 생략) SC1 S1

the high and the low) (is), and the louder the sound (is).
(V1 생략) SC2 S2 (V2 생략)

소리의 진동이 더 강하면 강할수록 / 압력 차이가 더 커진다 / 고음과 저음 사이의 / 그리고 소리가 더 커진다

해석 소리의 진동이 더 강하면 강할수록, 고음과 저음 사이의 압력 차이가 더 커지고 소리도 더 커진다.

☑ 「the + 비교급 + S1 + V1 ~, the + 비교급 + S2 + V2 ~」는 '더 비교급하면 할수록 더 비교급한다'라고 해석하며, 대개 주어가 'it/they'일 때와 동사가 be동사일 때 주어나 동사 또는 둘 다 생략하여 나타낼 수 있다. PATTERN 60
(*cf.* the more (people there are), the merrier (it is): 사람이 많으면 많을수록 더 좋다)

006

(Lastly), (in the 20th century), the shift (in population) (from the countryside to the
S

cities) made schools more concerned (with social problems).
V O OC

마지막으로 / 20세기에 / 인구의 이동은 / 시골에서 도시로의 / 만들었다 / 학교들이 / 더욱 관심을 갖도록 / 사회적 문제에

해석 마지막으로 20세기에 시골에서 도시로의 인구의 이동은 학교들이 사회적 문제에 더욱 많은 관심을 갖도록 만들었다.

☑ 사역동사 「make + O + OC(RV/p.p.)」 구조에서 O와 OC의 관계가 학교들이 '관심을 갖게 된[걱정하는]' 것이라는 수동의 관계이므로 OC 자리에 p.p.(concerned)가 쓰였다. PATTERN 23

007

(Along the way), his discipline-crossing influence has altered the way [physicians
                                   S   V   O   S₁

make medical decisions and investors evaluate risk (on Wall Street)].
V₁   O₁   S₂   V₂   O₂

그 과정에서 / 그의 학문을 넘나드는 영향력은 / 바꿨다 / 방식을 / <그런데 그 방식으로> 의사들이 의학적 결정을 내린다 / 그리고 투자자들이 위험을 평가한다 / 월가에서

해석 그 과정에서, 그의 학문을 넘나드는 영향력은 의사들이 의학적 결정을 내리고 투자자들이 월가에서 위험을 평가하는 방식을 바꿨다.

☑ 선행사 the way와 관계부사 how는 함께 사용할 수 없으므로 둘 중 하나는 생략해야 하며, 관계부사절은 두 가지 방식(① ~하는 ② 그런데 그 방식으로)으로 해석할 수 있다. PATTERN 32

008

Increased awareness of social justice issues has prompted community-driven
S   V   O

initiatives and policy discussions [aimed at creating a fairer and more equitable

society].

높아진 인식은 / 사회 정의 문제에 대한 / 유발했다 / 지역 사회 주도의 이니셔티브(계획)와 정책 논의를 / 만드는 데 목표로 삼아진 / 보다 공정하고 공평한 사회를

해석 사회 정의 문제에 대한 높아진 인식은 보다 공정하고 공평한 사회를 만들기 위한 지역 사회 주도의 이니셔티브(계획)와 정책 논의를 유발했다.

☑ 분사(RVing/p.p.)는 명사 앞이나 뒤에 와서 명사를 수식하는데, 현재분사(RVing)는 능동/진행의 의미로 '~하는', 과거분사(p.p.)는 수동/완료의 의미로 '~된'으로 해석한다. 여기서는 분사구 aimed at ~ society가 앞의 명사구를 수식하고 있는데, 지역 사회 주도의 이니셔티브와 정책 논의가 '목표로 삼아진' 것이므로 수동의 과거분사구가 쓰였다. PATTERN 53

☑ 등위접속사 and를 중심으로 형용사의 비교급(fairer / more equitable)이 병렬 연결되어 명사 society를 수식하고 있다. PATTERN 03

009

Growing concern (about global climate change) has motivated activists to organize not
S   V   O   OC

only campaigns (against fossil fuel extraction consumption) but also campaigns [to

support renewable energy].

커지는 우려가 / 지구 기후 변화에 대해 / 동기를 부여했다 / 운동가들이 / 조직하도록 / 캠페인뿐만 아니라 / 화석 연료 추출 소비를 반대하는 / 캠페인도 / 재생 에너지를 지원하는

해석 지구 기후 변화에 대한 우려가 커지면서 운동가들은 화석 연료 추출 소비를 반대하는 캠페인뿐만 아니라 재생 에너지를 지원하는 캠페인도 조직하게 되었다.

☑ 명사 concern이 '커지는' 것이므로 능동의 현재분사 growing이 쓰여 앞에서 명사를 수식하고 있다. PATTERN 04

☑ 「motivate + O + to RV」: O가 to RV하도록 동기를 부여하다 PATTERN 20

☑ 상관접속사 「not only A but also B」는 'A뿐만 아니라 B도'라는 뜻으로, 같은 품사를 연결한다. PATTERN 58

010

Agriculture is responsible for providing food (for a growing population) and *as* it
S₁   V₁   O₁   가S₁

becomes clear <**that** yields cannot continue to rise (without limit)>, the sustainability
V₁   SC₁   진S₁   S₂   V₂   S₂

of agricultural practices becomes an increasingly important question.
     V₂   SC₂

농업은 / 책임이 있다 / 식량을 제공하는 것에 대한 / 늘어나는 인구에게 / 그리고 그것이 분명해짐에 따라 / <뭐가?> 수확량이 무한정 계속 증가할 수 없다는 것이 / 농업 관행의 지속 가능성이 / 점차 중요한 문제가 된다

해석 농업은 늘어나는 인구에게 식량을 제공할 책임이 있고, 수확량이 무한정 계속 증가할 수 없다는 것이 분명해짐에 따라 농업 관행의 지속 가능성이 점차 중요한 문제가 된다.

☑ as는 다양한 품사로 쓰이며, 다양한 뜻을 갖고 있다. 접속사일 때는 '① ~할 때 ② ~ 때문에 ③ ~함에 따라 ④ ~하는 대로, ~처럼, ~만큼 ⑤ ~이긴 하지만'이라는 뜻으로, 전치사일 때는 '① ~처럼 ② ~로서'라는 뜻으로 쓰인다.

☑ it ~ that은 보통 가주어-진주어 구문이거나 it ~ that 강조 구문이다. 여기서는 가주어-진주어 구문으로 쓰였으며, 직독직해 시 '그것(it)은 형/명이다 <뭐가?> that절 이하가'로 끊어 읽도록 한다. PATTERN 56

DAY 02

011

The man [who (I thought) was his father] proved to be a perfect stranger.
S   S관·대 (삽입절)   V   SC   V   SC

그 남자는 / 내가 생각하기에 / 그의 아버지였던 / 판명됐다 / 전혀 모르는 사람임이

해석 내가 그의 아버지라고 생각했던 그 남자는 전혀 모르는 사람임이 판명됐다.

☑ 삽입절에 자주 쓰이는 동사로는 think/believe/know/suppose/tell/say/hear/feel 등이 있으며, '~하기에'로 해석한다. 그리고 여기서처럼 삽입절이 들어간 관계대명사절은 대개 「관계대명사 + (S + V) + V」의 구조를 취한다.

☑ prove는 대표적인 2형식 동사로, 주격 보어 자리에 '(to be) 형/명' 또는 'to RV'가 오며 '~임이 판명되다'라고 해석한다. PATTERN 14, 17

012

Note-taking is the best way [to remember <**what** you were taught> or <**what** you
S   V   SC   V   O₁   O₂
have read>].

필기하는 것은 / 가장 좋은 방법이다 / 기억하는 / 당신이 배운 것을 / 혹은 당신이 읽은 것을

해석 필기하는 것은 당신이 배운 것이나 읽은 것을 기억하는 가장 좋은 방법이다.

☑ 「명사 + to RV」의 to RV는 ① 앞의 명사를 수식하거나(to RV하는/할) ② 목적(to RV하기 위해)을 나타낸다. 여기서는 to remember가 명사구 the best way를 수식하고 있다. PATTERN 50

☑ 동사 remember의 목적어 자리에 등위접속사 or를 중심으로 두 개의 what절이 병렬 구조를 이루고 있다. PATTERN 58

DAY 02   **7**

013

The casino (in Florida) is believed to have generated more than $250 million dollars
S · V · SC
(annually) (in profit).

플로리다의 카지노는 / 여겨진다 / 창출해 냈다고 / 2억 5천만 달러 이상을 / 매년 / 이윤에 있어서

해석 플로리다의 카지노는 매년 2억 5천만 달러 이상의 이윤을 창출해 냈다고 여겨진다.

☑ to 부정사의 시점이 본동사보다 더 이전일 경우, to 부정사의 완료형 to have p.p.로 쓴다.

☑ 이 문장은 가주어-진주어 구문으로 바꾸어 쓸 수 있다. (→ It is believed that the casino in Florida has generated more than $250 million dollars annually in profit.) PATTERN 56

☑ more than: ~이상(의)

014

(In general), parents feel a special kind of love (for their own children) [that they do
S · V · O · O관·대 S · V
not feel (for other children)].

일반적으로 / 부모들은 / 느낀다 / 특별한 유형의 사랑을 / 그들 자신의 아이들에게 / <그런데 그 특별한 유형의 사랑을> 그들은 /
느끼지 않는다 / 다른 아이들에게는

해석 일반적으로, 부모들은 그들 자신의 아이들에게 특별한 유형의 사랑을 느끼는데, 그들은 그것을 다른 아이들에게는 느끼지 않는다.

☑ 앞 명사에 대한 보충 설명인 관계대명사절은 절의 길이에 따라 두 가지 방식(① ~하는 ② 그런데 그 명사)으로 해석할 수 있다. 여기서는
문맥상 목적격 관계대명사절이 보충 설명하는 명사는 children이 아니라 a special kind of love이다. PATTERN 30

015

One of the strange rules [which the Spartans had], was <that they should speak
S · O관·대 S1 · V1 · V · SC S2 · V2
(briefly), and (never) use more words than were needed>.
V3 · O3 · 유사관·대 V4

기이한 규칙들 중 하나는 / 스파르타인들이 갖고 있던 / 그들이 간결하게 말해야만 하는 것이었다 / 그리고 결코 사용하면 안 된다
는 것이었다 / 더 많은 단어를 / 필요한 것보다

해석 스파르타인들이 갖고 있던 기이한 규칙들 중 하나는 간결하게 말해야 하며, 결코 필요 이상의 말을 해서는 안 된다는 것이었다.

☑ 주격 보어 자리에 온 that 명사절에 등위접속사 and를 중심으로 두 개의 동사(should speak / never use)가 병렬 구조를 이루고 있다.
PATTERN 58

☑ 「비교급(more) + 선행사(words) + than + V(were needed)」 구조로 유사관계대명사 than이 쓰였으며, than 뒤에 주어가 없으므로
than은 주격 관계대명사이다.

☑ 「One of + 복수 명사 + 단수 동사」

016

(Each year), as many as two hundred towns (in the United States) (just) disappear
          S   V

(from the map) *as far as* the Postal Service is concerned.
                                 S   V

매년 / 무려 2백 개나 되는 마을들이 / 미국에서 / 그저 사라진다 / 지도에서 / 우편 업무에 관한 한

[해석] 매년, 미국에서 무려 2백 개나 되는 마을들이 우편 업무에 관한 한 그저 지도에서 사라진다.

☑ 원급 비교 구문 「as + 형용사/부사의 원급 + as」의 as many as는 관용적인 표현으로 쓰일 때 '무려 ~나 되는'이라는 뜻을 나타낸다.

☑ 자주 쓰이는 접속사 as far as 관용 표현
  - as far as sb/sth be concerned: ~에 관한 한
  - as far as the eye can[could] see: 끝도 없이
  - as far as it goes: 어느 정도는

017

(By 2040) the impacts of human-caused climate change will be inescapable, making it
                  S   V   SC   V   O

the big issue (at the centre of life) (in 20 years' time).
OC

2040년쯤 / 인간이 초래한 기후 변화의 영향은 / 피할 수 없을 것이다 / <그러면서> 그것을 큰 쟁점으로 만들 것이다 / 삶의 중심에서 / 20년 후에

[해석] 2040년쯤 인간이 초래한 기후 변화의 영향은 피할 수 없을 것이며, 그것은 20년 후 삶의 중심에서 큰 쟁점이 될 것이다.

☑ 완전한 절 뒤에 온 「콤마(,) + RVing」의 RVing는 분사구문으로, 주절에 대한 추가적인 정보를 제공한다. 주절을 해석한 후 앞에 '그러면서'를 붙여서 분사구문을 해석하도록 하자. PATTERN 55

☑ make 뒤에 두 개의 명사(구)가 나오는 경우는 4형식 문장이거나 5형식 문장인데, 두 명사의 의미가 다를 경우는 4형식(~에게 ~을 만들어 주다)이고, 동격을 이룰 경우는 5형식(~을 ~이 되게 만들다)이다. 여기서는 'it = the big issue' 관계가 성립하므로 5형식의 O와 OC 역할을 한다. PATTERN 20

018

When I go (for a walk) (to some place), I imagine <**who** came (there)>, <**what** kinds
       S₁ V₁   S V   O₁ V₂   O₂ O₃

of memories they cherished>, <**what** they did and talked about (there)>, and so on.
              S₃ V₃   O₃   S₄ V₄

내가 산책하러 갈 때 / 어디론가 / 나는 상상한다 / 누가 그곳에 왔었는지 / 그들이 어떤 종류의 추억들을 소중히 했는지 / 그들이 그곳에서 무엇을 했고 무슨 이야기를 했는지 / 등등을

[해석] 내가 어디론가 산책하러 갈 때, 누가 그곳에 왔었는지, 그들이 어떤 종류의 추억들을 소중히 했는지, 그곳에서 그들이 무엇을 했고 무슨 이야기를 했는지 등등을 나는 상상한다.

☑ 타동사 imagine의 목적어 자리에 등위접속사 and를 중심으로 세 개의 의문사절이 병렬 구조를 이루고 있으며, who(누가 ~하는지), what+명사(어떤 명사가 ~하는지), what(무엇을 ~하는지)이 쓰였다. PATTERN 33, 58

☑ and so on: (기타) 등등

019

<How much one can earn> is important, (of course), but there are other equally
  S₁   S₁ V₁   V₁ SC₁   V₂ S₂

important considerations, [neglect of which may produce frustration (in later years)].
            S₂   전○관·대 V₂   O₂

얼마나 많이 벌 수 있는지는 / 물론 중요하다 / 하지만 똑같이 중요한 다른 고려 사항들이 있다 / <그런데 그 고려 사항들에 대한>
무시는 / 초래할 수 있다 / 좌절감을 / 훗날

[해석] 물론 얼마나 많이 벌 수 있는지도 중요하지만, 무시하면 훗날 좌절감을 초래할 수도 있는 똑같이 중요한 다른 고려 사항들도 있다.

☑ 유도부사 there가 문두에 와서 주어와 동사가 도치되었으며, 이때 동사는 뒤에 오는 주어에 수일치한다.
☑ 「선행사(명사1), + 명사2 + of + which」는 소유격 관계대명사처럼 '그런데 그 명사1의 명사2'로 해석하는 것이 자연스럽다. PATTERN 30

020

If the players, the coaches, the announcers, and the crowd all sound <*like* they're sitting
  S₁   (동격) V₁ SC₁ S₂ V₂

(midcourt)>, you may as well watch the game (on television) — you'll get just as much
            S₁ V₁   O₁   S₂ V₂   O₂

of a sense <*that* you are "there.">
         (동격) S₃ V₃

만약 선수들, 코치들, 아나운서들, 관중들이 모두 / 들린다면 / 그들이 미드 코트에 앉아 있는 것처럼 / 당신은 보는 것이 낫다 / 경
기를 / 텔레비전으로 / 당신은 받을 것이다 / 꼭 똑같은 느낌을 / 당신이 "그곳에" 있다는

[해석] 만약 선수들, 코치들, 아나운서들, 관중들이 모두 미드 코트에 앉아 있는 것처럼 들린다면, 당신은 텔레비전으로 경기를 보는 것이 나
은데, 당신이 "그곳에" 있다는 느낌을 꼭 똑같이 받을 것이다.

☑ 오감동사(look, sound, smell, taste, feel)의 주격 보어 자리에는 형용사/「like + 명사」/「like + S + V」가 올 수 있다. PATTERN 17
☑ 추상명사 a sense와 that you are "there"는 동격을 이루며, 이때 that은 동격의 that이고 완전한 절을 이끈다. PATTERN 39
☑ 「may as well + RV」: ~하는 편이 낫다 / as much: 그것과 같은 것 (*cf.* as much as: ~만큼)

DAY 03

📄 본서 p. 40

021

She is proud of her son's being the brightest (in the class).
 S V   의미상 주어 O

그녀는 / 자랑으로 여긴다 / 자신의 아들이 / 가장 영리하다는 것을 / 반에서

[해석] 그녀는 자신의 아들이 반에서 가장 영리하다는 것을 자랑으로 여긴다.

☑ 동명사의 의미상 주어는 소유격으로 표시하는 것이 원칙이다. (단, 일반명사일 경우 소유격과 목적격 모두 가능하다.) PATTERN 06
☑ 자주 쓰이는 「be동사 + 형용사 + 전치사」는 하나의 타동사로 보고 해석하도록 하자. (be proud of: ~을 자랑스러워하다)

022

One of the most important lessons [(that) we can learn] is to stop thinking and start
S   (O관·대 생략) S V   V SC

doing.

가장 중요한 교훈들 중 하나는 / 우리가 배울 수 있는 / 생각하기를 그만두는 것이다 / 그리고 행동하기 시작하는 것이다

해석 우리가 배울 수 있는 가장 중요한 교훈들 중 하나는 생각하기를 그만두고 행동하기 시작하는 것이다.

☑ 문장 중간에 온 「명사 + (that) + S + V」는 목적격 관계대명사 that이 생략된 관계대명사절이 앞의 명사를 수식하는 구조이다. PATTERN 41
☑ 「be동사 + to RV」는 ① to RV하는 것이다(대개 주어가 사물) ② be to 용법(대개 주어가 사람)으로 해석하는데, 여기서는 '그만두는 것이다', '시작하는 것이다'로 쓰였다. 참고로, 등위접속사 and를 중심으로 to 부정사가 병렬 구조를 이룰 때 뒤에 오는 to 부정사의 to는 흔히 생략한다. PATTERN 49, 58

023

The sooner a consumer throws away the object [(that) he has bought] and buys
                 S1   V1   O1   (O관·대 생략) S3 V3   V2

another, the better it is (for the producer).
O2   SC   S V

더 빠르면 빠를수록 / 소비자가 버리다 / 물건을 / 자신이 샀던 / 그리고 사다 / 또 하나를 / 더 좋다 / 그것이 / 생산자에게

해석 소비자가 산 물건을 버리고 또 하나 사는 것이 더 빠르면 빠를수록 생산자에게는 더 좋다.

☑ 「the + 비교급 + S1 + V1 ~, the + 비교급 + S2 + V2 ~」: 더 비교급하면 할수록 더 비교급한다 PATTERN 60
☑ it = 앞의 절 전체(The sooner ~ another)

024

The promotion of gender equality has resulted in greater representation of women (in
S   V   O

leadership roles and decision-making positions).

성평등 증진은 / 야기했다 / 여성의 더 큰 대표성을 / 지도자 역할과 의사 결정 직책에서

해석 성평등 증진을 통해 지도자 역할과 의사 결정 직책에서 여성의 대표성이 더욱 커졌다.

☑ 「동사 + 전치사/부사」와 같은 동사구는 따로 암기해 두어야 한다. PATTERN 15
result in: ~을 야기하다, 결과적으로 ~이 되다 (= cause, bring about, lead to, give rise to)
cf. result from: ~로부터 생기다, ~에서 기인하다

025

(Rather), (he said), this method represents no less than a new paradigm (for the way)
　(삽입절)　　　S　　　　　V　　　　　O

[museums (in major cities) collect art and interact with one another].
　　S　　　　　　　　　　　V₁　　O₁　　V₂　　　　O₂

오히려 / 그는 말했다 / 이 방법은 제시한다 / 새로운 패러다임과 다름없는 것을 / 방식에 대한 / 주요 도시의 박물관들이 / 예술품을 수집하는 / 그리고 서로 상호 작용을 하는

해석 오히려 그는 이 방법은 주요 도시의 박물관들이 예술품을 수집하고 서로 상호 작용을 하는 방식에 대한 새로운 패러다임과 다름없는 것을 제시한다고 말했다.

☑ no less than: 다름 아닌 / one another: (셋 이상 사이에서) 서로
☑ 선행사 the way와 관계부사 how는 함께 사용할 수 없으므로 둘 중 하나는 생략해야 하며, 관계부사절은 두 가지 방식(① ~하는 ② 그런데 그 방식으로)으로 해석할 수 있다. (the way how (X), the way (O), how (O), the way that (O), the way in which (O)) PATTERN 32

026

A greater emphasis (on environmental conservation and sustainability) has led to
S　　　　　　　　　　　　　　　　　　　　　　　　　　　　　　　　　V

innovative solutions (for protecting our planet and its resources).
O

더 큰 강조는 / 환경 보존과 지속 가능성에 대한 / 이어졌다 / 혁신적인 해결책으로 / 지구와 그 자원을 보호하기 위한

해석 환경 보존과 지속 가능성에 대해 더 크게 강조한 것이 지구와 그 자원을 보호하기 위한 혁신적인 해결책으로 이어졌다.

☑ 「전치사 + 명사」를 괄호 치면 핵심어와 수식어의 구조가 한눈에 보인다. PATTERN 01
☑ lead to: ~으로 이어지다, ~을 초래하다

027

Noticing the dark clouds gathering (in the sky), he felt a sense of urgency and thought
V₁　　　O₁　　　　　OC₁　　　　　　　　　S　V₁　O₁　　　　　　　　　V₂

<(that) he needed to find shelter *before* the impending storm arrived>.
O₂　S₂　V₂　　　　　O₂　　　　　S₃　　　　　　　V₃

먹구름이 몰려오는 것을 알아차린다 / 하늘에 / <그런> 그는 / 느꼈다 / 긴박감을 / 그리고 생각했다 / 그가 피난처를 찾아야 한다는 것을 / 임박한 폭풍이 오기 전에

해석 하늘에 먹구름이 몰려오는 것을 알아차린 그는 긴박감을 느끼며 임박한 폭풍이 오기 전에 피난처를 찾아야겠다고 생각했다.

☑ 분사구문이 문장 앞에 올 때 주절 앞에서 끊고 해석하며, 'RV하다/p.p.되어지다/형용사하다, <그런> S가 V하다'로 자연스럽게 연결한다. PATTERN 47
☑ 지각동사의 5형식 「notice + O + OC(RV/RVing/p.p.)」에서 '먹구름이 몰려오는' 것이므로 OC 자리에 능동의 RVing(gathering)가 쓰였다. PATTERN 22
☑ thought의 목적어절을 이끄는 접속사 that이 생략되었다. PATTERN 40

028

The only way [in which social life can continue] is for each individual to keep
S   전O관·대 S1   V1   V 의미상 주어   SC V2

unimpaired his or her own independence and self-respect as well as that of others.
OC2   O2(1)   O2(2)

유일한 방법은 / 사회생활이 지속될 수 있는 / ~이다 / 각 개인이 / 손상되지 않게 유지하는 것 / 자신의 독립과 자존심을 / 타인의
독립과 자존심뿐만 아니라

해석 사회생활의 지속을 가능하게 하는 유일한 방법은 각자가 타인의 독립과 자존심뿐만 아니라 자신의 독립과 자존심도 손상되지 않게
유지하는 것이다.

☑ to 부정사의 의미상 주어는 「for + 목적격」으로 표시한다. PATTERN 05
☑ 5형식 동사 make/keep/find/think/consider의 목적어가 길 경우, O와 OC를 도치시켜 「S + V + OC(형) + O(긴 명사)」 구조를 이룬다.
   PATTERN 20
☑ that of others = the independence and self-respect of others

029

The first decades of the 17th century witnessed an exponential growth (in the
S   V   O

understanding of the Earth and heavens), a process (usually) [referred to (as the
                                                              (동격)

Scientific Revolution)].

17세기의 처음 몇십 년은 / 목격했다 / 기하급수적인 성장을 / 지구와 창공에 대한 이해에서의 / 과정을 / 보통 과학 혁명이라고 불
리는

해석 17세기의 처음 몇십 년 동안 보통 과학 혁명이라고 불리는 과정인 지구와 창공에 대한 이해의 기하급수적인 성장이 목격되었다.

☑ 구와 절은 반드시 하나의 단위로 보아야 문장 구조 파악 및 해석을 쉽게 할 수 있다. PATTERN 01, 04
   명사구: The first ~ century / an exponential growth / a process
   부사구: in the understanding of the Earth and heavens
   형용사구: referred to as the Scientific Revolution
☑ a process usually referred to as the Scientific Revolution ← people usually refer to this process as the Scientific Revolution
   PATTERN 53
☑ a process는 an exponential growth ~ heavens와 동격을 이룬다. PATTERN 58

030

The first impression [given by the clothes] [(that) many young people wear (these
S   (O관·대 생략) S₁   V₁

days) (for any and all occasions)] is one of conformity and uniformity **as if** they felt
                                          V SC   S₂ V₂

obliged to adorn themselves (in the same style).
SC₂

첫인상은 / 옷에 의해 받는 / 많은 젊은이들이 입는 / 요즘 / 어느 자리에서나 / 순응적이고 획일적인 것 중의 하나이다 / 마치 그들
이 느끼는 것처럼 / 자신을 꾸밀 의무가 있다고 / 동일한 스타일로

> **해석** 요즘 많은 젊은이들이 어느 자리에서나 입는 옷에 의해 받는 첫인상은 마치 동일한 스타일로 자신을 꾸밀 의무가 있다고 느끼는 것처
> 럼 순응적이고 획일적인 것 중 하나이다.

☑ 명사(The first impression) 뒤에 온 p.p.(given)는 과거분사인지를 의심하고, 명사(the clothes) 뒤에 전치사 없이 바로 명사(many young
people)가 온 경우 목적격 관계대명사 that이 생략된 관계대명사절인지를 의심해라. 둘 다 「명사 + 수식어」 구조이다. PATTERN 41, 53

☑ 주격 보어는 주어를 보충 설명해 주는 말로, 명사(구/절)나 형용사가 온다. 명사(구/절)가 오는 경우 'S = SC(명사)'이고, 형용사가 오는
경우 'S의 상태 및 성질 = SC(형용사)'이다. PATTERN 17

☑ 현재 사실의 반대를 가정하는 가정법 과거 「S + V(현재시제) + as if[as though] + S + V(were/동사의 과거형)」는 '마치 ~인 것처럼 주
절(S + V)하다'라고 해석한다.

DAY 04

📄 본서 p. 43

031

It being his free afternoon, Frank decided to take a drive (in the country).
의미상 주어   S   V   O

그의 한가한 오후였다 / <그런> Frank는 / 결심했다 / 드라이브하기로 / 시골로

> **해석** 한가한 오후여서, Frank는 시골로 드라이브하기로 결심했다.

☑ 분사구문의 주어가 주절의 주어와 다를 경우(It ≠ Frank) 분사구문 앞에 주격으로 의미상 주어를 표시한다. 단, it/there 외에 다른 대명사
는 분사구문의 의미상 주어로 올 수 없다. (It being his free afternoon ← Since it was his free afternoon) PATTERN 06

☑ 날씨·시각·요일·날짜·거리·계절·명암 등을 나타낼 때 비인칭주어 it을 쓰며(해석 X), 대명사/가주어/가목적어 it과 구별해야 한다.

032

It is (certainly) believed <**that** the function of the school is to produce knowledgeable
가S V   진S   S   V   SC

people>.

그것은 확실하게 믿어진다 / <뭔가?> 학교의 기능이 / 지식이 풍부한 사람들을 배출하는 것이라는 사실이

> **해석** 학교의 기능이 지식이 풍부한 사람들을 배출하는 것이라는 사실이 확실하게 믿어진다.

☑ 가주어 it-진주어 that절 구문의 직독직해는 '그것(it)은 형/명이다 <뭔가?> that절 이하가'로 하도록 하자. PATTERN 56
(← People certainly believe that the function of the school is to produce knowledgeable people.)

033

Just as printing opened a new age, *so* broadcasting has made possible a new era of
S   V   O   S   V   OC   O
international thinking and education.

마치 인쇄술이 새 시대를 연 것처럼 / 그렇게 방송은 / 가능하도록 만들었다 / 국제적인 사고와 교육의 새 시대를

> 해석   마치 인쇄술이 새 시대를 연 것처럼 그렇게 방송은 국제적인 사고와 교육의 새 시대가 가능하도록 만들었다.

☑ 「Just as A, so B」: 마치 A하는 것처럼 그렇게 B하다

☑ 5형식 동사 make/keep/find/think/consider의 목적어가 길 경우, O와 OC를 도치시켜 「S + V + OC(형) + O(긴 명사)」 구조를 이룬다.
   PATTERN 20

034

It ~ that 강조 구문
It was the gradual transition (from hunting and gathering) (to agriculture) **that** opened
S   V
up new possibilities (for cultural development).
O

바로 점진적인 변화였다 / 수렵과 채집으로부터 농업으로의 / 열어 준 것은 / 새로운 가능성을 / 문화 발전을 위해

> 해석   문화 발전을 위한 새로운 가능성을 열어 준 것은 수렵과 채집에서 농업으로의 점진적인 변화였다.

☑ It ~ that 강조 구문은 강조하고자 하는 내용을 it ~ that 사이에 위치시킨 「It + be동사 + [강조 내용(명사/부사(구/절))] + that절」의 구조를 갖고 있으며, 직독직해는 '바로 [강조 내용]이다 ~한 것은'으로 한다. 참고로, 강조 구문은 형용사를 강조할 수 없다.   PATTERN 56

035

The recent increase (in labor costs and taxes) (in Korea) has forced both large enterprises
S   V   O
and small and medium enterprises to move (into China).
OC

최근 인건비와 세금 상승은 / 한국에서의 / 강요했다 / 대기업과 중소기업 모두가 / 중국으로 옮겨가도록

> 해석   최근 한국에서의 인건비와 세금 상승은 대기업과 중소기업 모두가 중국으로 옮겨가도록 강요했다.

☑ COREAFP 동사 중 하나인 force의 5형식 「force + O + to RV」는 'O가 to RV하도록 강요하다'라고 해석한다.   PATTERN 25

☑ 등위접속사 and와 상관접속사 「both A and B」가 함께 있는 문장에서는 각각 어떤 품사를 병렬하고 있는지 구분하도록 하자.   PATTERN 58

036

Greater investment (in renewable energy sources) has paved the way for a shift
S / V / O

(towards a more sustainable and environmentally friendly energy system).

해석 재생 에너지원에 대한 더 큰 투자는 보다 지속 가능하고 환경친화적인 에너지 시스템으로의 전환을 위한 기반을 마련했다.

☑ 동사/명사마다 함께 자주 쓰이는 전치사가 있다. investment in, shift towards, pave the way for처럼 「명사/동사 + 전치사」를 함께 암기해 두면 문장 구조 파악 및 해석에 큰 도움이 된다.

037

They (carefully) planned their vacation, (only to find out (upon arrival) <that their
S / V / O / to 부정사(결과) V1 / O1 S2

hotel reservation had been (mistakenly) canceled (by the booking agency)>).
V2

해석 그들은 신중하게 휴가 계획을 세웠지만, 도착하자마자 예약 대행사의 실수로 호텔 예약이 취소되었다는 사실을 알게 되었다.

☑ only to RV는 '그러나 결국 to RV하다'라는 뜻이며, to 부정사의 부사적 용법(결과)을 나타낸다. PATTERN 52

☑ that이 이끄는 명사절이 find out의 목적어 역할을 한다. PATTERN 38
  cf. find out sth / find out (about sth/sb) / find out + that절/whether[if]절/의문사절

038

(In general), the context [in which the words are spoken] or the way [in which they
S1 / 전O관·대 S1 / V1 / S2 / 전O관·대 S2

are said] will tell us <which (of the possible speaker-meanings) is intended>.
V2 / V / IO / DO / V3

해석 일반적으로, 단어가 사용되는 상황이나 말해지는 방식은 우리에게 화자가 전할 법한 의미들 중 어느 것이 의도되었는지를 말해 줄 것이다.

☑ 문장의 주어 자리에 등위접속사 or를 중심으로 두 개의 「명사 + 관계사절」이 병렬 구조를 이루고 있다. PATTERN 58

☑ 주어 자리에서 명사를 수식하는 절을 이끄는 「전치사 + 관계대명사」의 which는 관계대명사이고, 동사 tell의 직접목적어 자리에 온 which는 의문사이다. 관계사절은 형용사절이라서 명사를 수식하고, 의문사절은 명사절이라서 문장 내 주어, 목적어, 보어 자리에 온다.
  PATTERN 31, 33

Disharmony enters our relationships *when* we try to impose our values (on others) (by
S   V   O   S₁ V₁   O₁

wanting them to live by <**what** (we feel) is "right," "fair," "good," "bad," and so on>).
V₂   O₂   OC₂   (삽입절)   V₃ SC₃

불화는 / 들어온다 / 우리 관계 속으로 / 우리가 강요하려고 할 때 / 우리의 가치관을 / 다른 사람들에게 / 그들이 살기를 바라면서
/ 우리가 느끼기에 / "옳다", "공평하다", "좋다", "나쁘다" 등의 것에 따라

해석 우리가 "옳다", "공평하다", "좋다", "나쁘다" 등으로 느끼는 것에 따라 다른 사람들이 살기를 바라면서 그들에게 우리의 가치관을 강
요하려고 할 때 불화가 우리의 관계 속으로 들어온다.

☑ impose A on B: A를 B에게 강요하다 / live by: (신조·원칙)에 따라 살다

☑ 삽입절에 자주 쓰이는 동사로는 think/believe/know/suppose/tell/say/hear/feel 등이 있으며, '~하기에'로 해석한다. 그리고 여기서처
럼 삽입절이 들어간 관계대명사절은 대개 「관계대명사 + (S + V) + V」의 구조를 취한다.

040

The *Harry Potter* series of novels has been the subject of a number of legal
S   V   SC

proceedings, [(largely) stemming from claims (by American religious groups) <**that**
               V₁   O₁   (동격)

the magic (in the books) promotes witchcraft (among children)>].
S₂   V₂   O₂

소설 <해리 포터> 시리즈는 / 수많은 소송 절차의 사안이 되어 왔다 / <그런데 그것은> 대체로 주장에서 비롯되었다 / 미국의 종
교 집단들의 / 책 속의 마법이 / 마술을 조장한다고 / 아이들 사이에서

해석 소설 <해리 포터> 시리즈는 수많은 소송 절차의 사안이 되어 왔는데, 이는 대체로 책 속의 마법이 아이들 사이에서 마술을 조장한다
는 미국의 종교 집단들의 주장에서 비롯되었다.

☑ 「명사 + 분사구」의 관계는 「핵심어 + 수식어(앞 명사에 대한 보충 설명)」이다. 여기서는 명사구 a number of legal proceedings가 핵심
어, largely stemming ~ children이 수식어로, 이처럼 영어는 중요한 핵심어를 앞에 두고 부연 설명인 수식어를 뒤에 두는 구조로 되어
있다는 것을 염두에 두고 해석하도록 하자. PATTERN 53

☑ 추상명사 claims와 that the magic ~ children은 동격을 이루며, 이때 that은 동격의 that이고 완전한 절을 이끈다. PATTERN 39

041

The way [to learn a language] is to practice speaking it (as often as possible).
S　　　　　　　　　　　　　　　 V　SC

언어를 배우는 방법은 / 그것을 말하는 연습을 하는 것이다 / 가능한 한 자주

해석 언어를 배우는 방법은 가능한 한 자주 말하기를 연습하는 것이다.

☑ 명사 The way 뒤에 온 to RV는 앞의 명사를 수식하는 형용사적 용법(~하는/~할)이고, be동사 is 뒤에 온 to RV는 문장의 주격 보어 역할을 하는 명사적 용법(~하는 것/~할 것)으로 쓰였다. PATTERN 05

☑ practice는 동명사를 목적어로 취하는 동사이다. PATTERN 54

☑ 「as + 형/부 + as possible」: 가능한 한 ~한/하게

042

I want to know <**how** many visitors our Website receives (each day)> and <**which**
S V　　　　　　　 O1　 O1　　　　　　 S1　　　　　 V1

pages are visited>.
S2　　 V2

나는 / 알고 싶다 / 얼마나 많은 방문객을 / 우리 웹사이트가 / 매일 받는지를 / 그리고 어느 페이지가 / 방문되는지를

해석 나는 우리 웹사이트가 매일 얼마나 많은 방문객을 받는지, 그리고 어느 페이지가 방문되는지 알고 싶다.

☑ know의 목적어 자리에 등위접속사 and를 중심으로 두 개의 의문사절(how / which)이 병렬 구조를 이루고 있다. 이처럼 의문사절이 문장 내에 쓰일 때 명사절 역할을 하며 주어, 목적어, 보어 자리에 온다. 의문사 「how + 형·부」는 '얼마나 형·부하는지'로, 「which + 명사」는 '어느 명사가 ~하는지'로 해석한다. PATTERN 33, 34, 58

043

They have proven to be highly adaptable creatures, and their population has not
S1　 V1　　　　　　　 SC1　　　　　　　　　　　　　　　　　　 S2　　　　　　 V2

diminished (despite the loss of wooded areas).

그것들은 / 판명되었다 / 매우 적응력이 뛰어난 생명체임이 / 그리고 그들의 개체 수는 / 줄어들지 않았다 / 삼림 지역의 손실에도 불구하고

해석 그것들은 매우 적응력이 뛰어난 생물체임이 판명되었고, 삼림 지역의 손실에도 불구하고 그들의 개체 수는 줄어들지 않았다.

☑ prove는 대표적인 2형식 동사로, 주격 보어 자리에 '(to be) 형/명' 또는 'to RV'가 오며 '~임이 판명되다'라고 해석한다. PATTERN 14, 17

☑ despite: ~에도 불구하고 (= in spite of, with all, for all, notwithstanding)
　cf. 전치사 「despite/in spite of/with all/for all/notwithstanding + 명사(구)」 *vs* 접속사 「though/although/even though + S + V」

044

The recognition of the value of diversity has encouraged the adoption of inclusive
<u>S</u>   V   O

practices and policies (in workplaces and educational institutions).

다양성의 가치에 대한 인식은 / 장려해 왔다 / 포용적인 관행과 정책의 도입을 / 직장과 교육 기관에서

> **해석** 다양성의 가치에 대한 인식은 직장과 교육 기관에서 포용적인 관행과 정책의 도입을 장려해 왔다.

☑ 「명사 of 명사」, 「명사 and 명사」, 「전치사 + 명사」를 하나의 단위로 묶으면 3형식 「S + V + O」의 간단한 구조로 이루어진 문장이라는 것을 쉽게 알 수 있다. PATTERN 01, 18

045

One of my most memorable experiences *when* I was (in Venice) was attending the
<u>S</u>   S V   V   SC₁

annual carnival celebration and marveling (at the elaborate masks and costumes).
                                         SC₂

나의 가장 기억에 남는 경험들 중 하나는 / 내가 베니스에 있었을 때 / 연례 카니발 축제에 참석한 것이다 / 그리고 정교한 가면과
의상을 보고 경탄한 것이다

> **해석** 내가 베니스에 있었을 때 가장 기억에 남는 경험들 중 하나는 연례 카니발 축제에 참석하여 정교한 가면과 의상을 보고 경탄한 것이다.

☑ 「be동사 + RVing」는 ① RV하는 중이다(진행형; 대개 주어가 사람) ② RV하는 것이다(동명사; 대개 주어가 사물)로 해석하는데, 여기서 는 RVing가 동명사이므로 '참석한 것이다', '경탄한 것이다'라고 해석한다. PATTERN 08

☑ 「attend + 명사」 (O) / 「attend at + 명사」 (X)

046

Not only does the act of writing a note (like this) focus your attention (on <**what's**
         V₁   S₁   V₁   O₁   V

right (in your life)>), but the person [receiving it] will be touched and grateful.
SC   S₂   V₂   SC₂

할 뿐만 아니라 / 이처럼 쪽지를 쓰는 행위는 / 집중시킨다 / 당신의 주의를 / 옳은 것에 / 당신의 삶에서 / 사람도 / 그것을 받는 /
감동을 받고 감사할 것이다

> **해석** 이처럼 쪽지를 쓰는 행위는 당신의 주의를 당신의 삶에서 옳은 것에 집중시킬 뿐만 아니라, 그것을 받는 사람도 감동을 받고 감사할 것이다.

☑ 부정어(Not only)가 강조를 목적으로 문두에 올 때 주어와 동사의 도치가 일어난다. (「not only A but also B」: A뿐만 아니라 B도)

☑ 「명사 of 명사」 형태의 명사구 the act of writing a note에서 of는 동격(~라는)을 나타낸다. PATTERN 02

☑ 분사구 receiving it이 능동의 의미(사람이 받는 것)로 앞의 명사구 the person을 수식하며, it은 a note를 대신한다. PATTERN 53

047

Although both deal with negotiation, a mediator needs to maintain neutrality and an
<u>S</u>   <u>V</u>   <u>O</u>   <u>S₁</u>   <u>V₁</u>   <u>O₁</u>   <u>S₂</u>

advocate (needs to maintain) partiality (in order to avoid crossing over (into each other's
<u>   </u>   (V₂ 생략)   <u>O₂</u>   to 부정사(목적)

role)).

양자가 협상을 처리하더라도 / 중재자는 / 유지할 필요가 있다 / 중립성을 / 그리고 옹호자는 / (유지할 필요가 있다) / 편파성을 /
침범하는 것을 피하기 위하여 / 서로의 역할로

해석 양자가 협상을 처리하더라도, 서로의 역할을 침범하는 것을 피하기 위해서 중재자는 중립성을 유지하고 옹호자는 편파성을 유지할
필요가 있다.

☑ 동일한 구조의 구/절이 대등하게 연결되는 경우, 뒤에서 반복되는 구/절은 흔히 문장의 간결성, 효율성, 명확성 등의 이유로 생략된다. 따
라서 문장 해석 시 생략된 부분을 파악하여 보충해서 해석해야 한다. 여기서는 'a mediator needs to maintain neutrality'와 'an advocate
needs to maintain partiality'가 대구를 이루고 있으므로 뒤에서 반복되는 'needs to maintain'을 생략하여 문장을 간결하게 하였다.

☑ in order to RV: to RV하기 위해 (= so as to RV = in order that + S + V = for the sake of + 명사(구)) `PATTERN 52`

048

                    유사관·대
(Of course), as is standard (in the security business), we would require full guarantees
            <u>V</u> <u>SC</u>   <u>S</u>   <u>V</u>   <u>O₁</u>

(for maintenance and service), and (most importantly), a competitive quotation.
                                                      <u>O₂</u>

물론 / (그것이) 표준이듯이 / 보안 업계에서 / 우리는 / 요구할 것이다 / 완전한 보장을 / 유지와 서비스에 대한 / 그리고 가장 중요
하게도 / (가격) 경쟁력 있는 견적을

해석 물론 보안 업계에서 표준이듯이 우리는 유지와 서비스에 대한 철저한 보장과 가장 중요하게도 (가격) 경쟁력 있는 견적을 요구할 것
이다.

☑ 유사관계대명사 as의 경우, 앞 또는 뒤에 있는 문장 전체를 선행사로 받을 수 있다. 여기서는 as가 뒤에 오는 주절(we ~ quotation)을 선
행사로 받고 있다.

049

A psychologist presented realistic animated scenes of fish and other underwater objects
<u>S</u>   <u>V₁</u>   <u>O₁</u>

(to Japanese and American students) and asked them to report <**what** they had seen>.
                                     <u>V₂</u> <u>O₂</u>   <u>OC₂</u>   <u>S</u>   <u>V</u>

한 심리학자가 / 보여 줬다 / 사실적인 영상화된 장면들을 / 물고기와 다른 수중 물체들의 / 일본 학생들과 미국 학생들에게 / 그리
고 요청했다 / 그들에게 / 알려 달라고 / 그들이 본 것을

해석 한 심리학자가 일본 학생들과 미국 학생들에게 물고기와 다른 수중 물체의 사실적인 영상화된 장면들을 보여 주고 그들이 본 것을 알
려 달라고 요청했다.

☑ 등위접속사 and를 중심으로 주어에 대한 본동사 두 개(presented / asked)가 병렬 구조를 이루고 있다. 이처럼 문장에 여러 개의 and가
있을 때 어떤 품사들이 병렬 연결되었는지 앞뒤로 구조를 파악하며 해석하도록 하자. `PATTERN 58`

☑ COREAFP 동사 중 하나인 ask의 5형식 「ask + O + to RV」는 'O가 to RV하도록 요청[요구]하다'라고 해석한다. `PATTERN 25`

050

The division of Europe (into a number of independent states), [connected, (however),
<u>S</u>
(with each other) (by the general resemblance of religion, language, and manners)], is
<u>V</u>
productive of the most beneficial consequences (to the liberty of mankind).
<u>O</u>

유럽의 분리는 / 다수의 독립된 국가들로의 / 그러나 연결된 / 서로 / 종교, 언어 및 풍습의 일반적 유사성에 의해 / <그 분리는> 가져다준다 / 가장 유익한 결과를 / 인류의 자유에

해석 유럽이 종교, 언어 및 풍습의 일반적 유사성으로 서로 연결되어 있지만 다수의 독립된 국가들로 나누어진 것은 인류의 자유에 가장 유익한 결과를 가져다준다.

☑ 「S + 준동사구/부사구/관계사절 + V」처럼 주어와 동사 사이에 수식어구가 삽입되어 문장 구조가 복잡한 경우 주어와 동사 간의 수일치에 유의한다. 만약 수식어구가 긴 구조라면, '명사 <그런데 그 명사는> 수식어한다 <그런 명사는> V하다'라고 동사 앞에서 주어를 한 번 더 붙여서 해석하는 것도 직독직해의 한 방법이다.

☑ 분사구 connected ~ manners가 수동의 의미(국가들이 연결된 것)로 앞의 명사구 a number of independent states를 수식하고 있다.
PATTERN 53

☑ 자주 쓰이는 「be동사 + 형용사 + 전치사」는 하나의 타동사로 보도록 하자. (be productive of: ~을 불러일으키다, 야기하다)

051

No sooner had I finished an elaborate car washing than the rain began to fall.
        <u>V</u> <u>S</u> <u>V</u>   <u>O</u>   <u>S</u>   <u>V</u>

내가 막 끝내자마자 / 공들인 세차를 / 비가 / 내리기 시작했다

해석 내가 공들인 세차를 막 끝내자마자 비가 내리기 시작했다.

☑ 부정어(No sooner)가 강조를 목적으로 문두에 올 때 주어와 동사의 도치가 일어난다.

☑ No sooner A(과거완료) than B: A하자마자 B하다
= Hardly[Scarcely] A(과거완료) when[before] B
= As soon as A(과거), B
= The moment[The minute / The instant] (that) A(과거), B

052

To keep children from going out (on rainy days) is (usually) difficult (for their
S　V　　O　　　OC의 일종　　　　　　　　　　　　V　　　　SC

parents).

아이들로 하여금 못하게 하는 것은 / 밖에 나가는 것을 / 비 오는 날에 / 보통 어려운 일이다 / 부모들에게

> 해석 비가 오는 날에 아이들을 밖에 나가지 못하게 하는 것은 대개 부모들에게는 어려운 일이다.

☑ 문장 맨 앞에 나온 To RV는 주로 to 부정사의 부사적 용법(목적)이거나 명사적 용법(주어)이다. 여기서는 명사적 용법(to RV하는 것)으로 쓰여 주어 자리에 왔으며, 주어 자리에 온 to 부정사 뒤에는 단수 동사(is)로 수일치하였다. PATTERN 46

☑ 금지·억제 동사 「keep + A + from + RVing」는 5형식의 일종으로 보고 5형식(A가 '전치사 + 명사'하도록 V하다)처럼 'A가 RV하는 것을 막다'라고 해석하는 것이 자연스럽다. PATTERN 29

053

The huge growth (in the understanding of civilization) has sparked innovation and
S　　　　　　　　　　　　　　　　　　　　　　　　　V　　　　　　O

progress (across the globe).

큰 증가는 / 문명의 이해에 대한 / 촉발했다 / 혁신과 발전을 / 전 세계적으로

> 해석 문명에 대한 이해가 크게 증가한 것이 전 세계적으로 혁신과 발전을 촉발했다.

☑ 「전치사 + 명사」를 괄호 치면 3형식 문장임을 쉽게 파악할 수 있다. PATTERN 01, 18

☑ '촉발하다, 일으키다'류의 동사(구): spark, cause, trigger, prompt, bring about, lead to, give rise to (↔ bring sth to an end: ~을 끝내다)

054

Spiders, (*though* not generally popular), are true friends of man, and some scientists
S₁　　　　(삽입구)　　　　　　　　　　　V₁　SC₁　　　　　　　　　S₂

believe <**that** human life could not exist (without them)>.
V₂　　　　O₂　　　S　　　　　V

거미는 / 일반적으로는 인기가 있는 것은 아니지만 / 인간의 진실한 벗이다 / 그리고 어떤 과학자들은 믿는다 / 인간의 삶이 존재할 수 없다고 / 그것들(거미들)이 없으면

> 해석 거미는 일반적으로는 인기가 있는 것은 아니지만 인간의 진실한 벗이고, 어떤 과학자들은 거미가 없으면 인간의 삶이 존재할 수 없다고 믿는다.

☑ 삽입구/삽입절 유형은 크게 ① 「주어 + 동사(think/believe/know/tell/say/hear 등)」 ② 두 개의 콤마(,)나 대시(—) 사이에 오는 구/절 ③ if/though/while/however 등이 이끄는 구/절로 나뉘는데, 여기서는 「though + 형용사」 형태의 분사구문이 삽입구로 쓰였다. (though not generally popular ← though they(= spiders) are not generally popular)

☑ that절을 목적어로 취하는 대표 동사: 인식 동사(know, think, find, believe, guess 등), 전달 동사(say, show, indicate, explain 등), 주장/요구/명령/제안 동사(insist, demand, order, suggest, require, advise 등) PATTERN 38

055

The more traveling there is, the more will culture and way of life tend (everywhere) to
<u>S</u>　　　　　　　　　　　　<u>V</u>　　　　　　<u>V1</u>　　<u>S1</u>　　　　　　　　　　　　<u>V1</u>

be standardized and (therefore) the less educative will travel become.
　　　　　　　　　　　　　　　<u>SC2</u>　　　　　　　<u>V2</u>　<u>S2</u>　<u>V2</u>

여행이 더 많아지면 많아질수록 / 문화와 생활 방식이 더욱더 / 도처에서 획일화되는 경향이 있을 것이다 / 그리고 그에 따라 / 여행
은 덜 교육적이 될 것이다

해석 여행이 더 많아지면 많아질수록 문화와 생활 방식이 도처에서 더욱더 획일화되는 경향이 있을 것이고, 그에 따라 여행은 덜 교육적이
될 것이다.

☑ 「the + 비교급 + S1 + V1 ~, the + 비교급 + S2 + V2 ~」는 '더 비교급하면 할수록 더 비교급한다'라고 해석하며, 이 문장의 주어들처럼
주어가 일반명사일 경우엔 주어와 동사가 도치될 수 있다. (단, 주어가 대명사일 때는 도치 불가) PATTERN 60

056

The women were busy shopping (for Christmas presents) but had their shopping
<u>S</u>　　　　<u>V1</u>　　　　　　　　　　　　　　　　　　　　　　　　　　　<u>V2</u>　<u>O2</u>

bags stolen *because* they left them in an unlocked car (in the parking lot) (during
　　　<u>OC2</u>　　　　　　　<u>S</u>　<u>V</u>　<u>O</u>　　<u>OC</u>

lunchtime).

그 여자들은 / 사느라 바빴다 / 크리스마스 선물을 / 그러나 (~하게) 했다 / 그들의 쇼핑백이 / 도둑맞도록 / 왜냐하면 그들은 놔두
었기 때문이다 / 그것들을 / 문이 잠기지 않은 차 안에 / 주차장에 있는 / 점심시간 동안

해석 그 여자들은 크리스마스 선물을 사느라 바빴으나 쇼핑백을 도둑맞았다. 왜냐하면 점심시간 동안 주차장에 차 문을 잠그지 않은 채 쇼
핑백을 놔두었기 때문이다.

☑ be busy (in) RVing: RV하느라 바쁘다
☑ 사역동사 「have + O + OC(RV/p.p.)」 구조에서 O와 OC의 관계가 그들의 쇼핑백이 '도둑맞은' 것이라는 수동의 관계이므로 OC 자리에
p.p.(stolen)가 쓰였다. PATTERN 23
☑ they = the women / them = the women's shopping bags

057

(Since the decipherment of the writing system) (in the third decade of the last

century), the language has been among the most thoroughly researched areas of
　　　　　　<u>S</u>　　　　　<u>V</u>　　<u>SC</u>

Egyptology.

문자 체계의 해독 이후로 / 지난 세기의 20년대의(1920년대의) / 그 언어는 / 되어 왔다 / 이집트학에서 가장 철저히 연구되는 영
역들 중 하나가

해석 1920년대 문자 체계의 해독 이후로, 그 언어는 이집트학에서 가장 철저히 연구되는 영역들 중 하나가 되어 왔다.

☑ Since ~ century와 among ~ Egyptology는 「전치사 + 명사」의 형태로 각각 하나의 부사구, 형용사구를 이루고 있다. PATTERN 01
☑ 「since + 과거 시점(~이래로)」이 있으면 주절에는 현재완료시제(have/has p.p.)가 온다. PATTERN 10
☑ the third decade of: ~의 20년대

058

"The China [that had been growing (at 10 percent) (for 30 years)] was a powerful
S₁   S관·대 V₂   V₁ SC₁

source of fuel (for much of <**what** drove the global economy forward>)," said Stephen
                                    V₃   O₃   OC₃   V   S

Roach (at Yale).

중국은 / 성장을 해 온 / 10%의 / 30년 동안 / 강력한 원동력이었다 / 많은 부분에 있어 / 세계 경제를 발전시킨 것 중에 / 말했다 /
Stephen Roach는 / 예일대의

[해석] "30년 동안 10%의 성장률을 기록한 중국은 세계 경제를 발전시킨 것 중 많은 부분에 있어 강력한 원동력이었습니다."라고 예일대의
Stephen Roach는 말했다.

☑ that은 주격 관계대명사로, that ~ years가 문장의 주어인 선행사 The China를 수식한다. The China가 단수이므로 문장의 동사는 was
로 수일치했다. PATTERN 42

☑ what의 의미는 세 가지(① ~하는 것(관계대명사) ② 무엇(의문대명사) ③ 무슨, 어떤(의문형용사))이며, 여기서는 관계대명사(~하는 것)
의 뜻으로 '세계 경제를 발전시킨 것'이라고 해석하는 것이 자연스럽다. PATTERN 30, 33

059

<**Whether** we receive (from society) blessing or cursing, a smile or a sneer, the warm
S   S   V   O₁   O₂   O₃

hand or the cold shoulder>, will (altogether) depend on our own attitude (with regard
                                              V   O

to it).

우리가 사회로부터 축복을 받느냐 저주를 받느냐는 / 미소를 받느냐 조소를 받느냐는 / 따뜻한 손길을 받느냐 냉대를 받느냐는 /
전적으로 좌우될 것이다 / 우리들 자신의 태도에 / 사회에 대한

[해석] 우리가 사회로부터 축복을 받느냐 저주를 받느냐, 미소를 받느냐 조소를 받느냐, 따뜻한 손길을 받느냐 냉대를 받느냐 하는 것은 사
회에 대한 우리들 자신의 태도에 전적으로 좌우될 것이다.

☑ 문장 맨 앞에 온 「Whether S + V」는 명사절(~인지 아닌지)이거나 부사절(~이든 아니든 간에)인데, 명사절일 경우 뒤에 동사가 나오고
부사절일 경우 주어와 동사를 갖춘 주절이 나온다. 여기서는 뒤에 동사 will depend on으로 이어지고 있으므로 whether절은 주어 자리
에 온 명사절이다.

☑ depend on: ~에 달려 있다, ~에 의해 결정된다

☑ it = society

060

Another way [to signal <**that** a conversation is coming to an end>] is to use translation
S   S₁   V₁   V   SC   V₂   O₂(1)

words (like "Well" or "At any rate,") or (even) statements (like "It was (really) nice
words   O₂(2)   가S₃ V₃   SC₃

talking to you.")
진S₃

또 다른 방법은 / 신호를 보내는 / 대화가 끝나가고 있다는 것을 / 쓰는 것이다 / 전환하는 말을 / "글쎄요" 또는 "아무튼"과 같은 /
또는 심지어 표현을 / "당신과 말을 나눈 것이 참으로 좋았습니다."와 같은

해석 대화가 끝나가고 있다는 신호를 보내는 또 다른 방법은 "글쎄요" 또는 "아무튼"과 같은 전환하는 말 혹은 심지어 "당신과 말을 나눈
것이 참으로 좋았습니다."와 같은 표현을 쓰는 것이다.

☑ to signal ~ end는 Another way를 수식하는 형용사적 용법의 to 부정사구이고, to use ~ to you는 문장의 주격 보어 역할을 하는 명사
적 용법의 to 부정사구이다. PATTERN 05
☑ 인용 부호 안의 문장에서는 It이 가주어, 동명사구 talking to you가 진주어이다.

DAY 07

📄 본서 p. 52

061

Reputation is <**what** you seem>; character is <**what** you are>.
S₁   V₁ SC₁   S₁   V₁   S₂   V₂ SC₂   S₂ V₂

평판은 / 네가 어떻게 겉으로 보여지는가이다(너의 외관이다) / 그리고 인격은 / 네가 어떤 사람인가이다(너의 본질이다)

해석 평판은 너의 외관이고, 인격은 너의 본질이다.

☑ what의 의미: ① ~하는 것(관계대명사) ② 무엇(의문대명사) ③ 무슨, 어떤(의문형용사) PATTERN 30, 33
☑ 세미콜론(;)은 독립된 두 문장을 연결하며, 주로 앞 문장에 대한 부연 설명을 덧붙일 때 사용한다. 또한 여기서처럼 의미가 대조를 이루
는 두 문장을 명확히 보여 주기도 한다. PATTERN 63

062

Effective analysis and recognized techniques can bring about a great improvement.
S   V   O

효과적인 분석과 공인받은 기술이 / 가져올 수 있다 / 큰 발전을

해석 효과적인 분석과 공인받은 기술이 큰 발전을 가져올 수 있다.

☑ 「동사 + 전치사/부사」와 같은 동사구는 따로 암기해 두어야 한다. PATTERN 15
bring about: ~을 유발하다 (= result in, lead to, give rise to)

063

He finished talking (with her) (at 2 o'clock), [when she wanted him to stay (a little
S　V　　O　　　　　　　　　　　　　　　　관.부　S　V　　　O　　OC
longer)].

그는 / 끝냈다 / 그녀와 이야기하는 것을 / 두 시에 / <그런데 그때> 그녀는 / 원했다 / 그가 / 더 오래 머물기를

해석 그는 그녀와 이야기하는 것을 두 시에 끝냈는데 그때 그녀는 그가 더 오래 머물기를 원했다.

☑ 시간 명사(2 o'clock)를 관계부사 when이 이끄는 절이 수식하고 있다. 참고로, 관계부사는 완전한 절을 이끈다. 여기서 관계부사절은 두 가지 방식(① ~하는 ② 그런데 그때)으로 해석할 수 있다. PATTERN 32
☑ finish는 동명사를 목적어로 취하는 동사이며, want는 to 부정사를 목적격 보어로 취하는 5형식 동사이다. PATTERN 20, 54

064

We (often) hear stories of ordinary people [who, *if* education had focused on
S　　　　V　　O　　　　　　　　　　　　　S관.대　　S₁　　　V₁
creativity, could have become great artists or scientists].
O₁　　　　　V₂　　　　　　SC₂

우리는 / 종종 듣는다 / 평범한 사람들의 이야기를 / 만약 교육이 초점을 두었더라면 / 창의성에 / 위대한 예술가나 과학자가 될 수
있었던

해석 우리는 만약 교육이 창의성에 초점을 두었더라면 위대한 예술가나 과학자가 될 수 있었을 평범한 사람들의 이야기를 종종 듣는다.

☑ 명사 ordinary people을 관계대명사 who가 이끄는 절이 수식하고 있는데, 관계대명사절 내에 두 콤마(,)와 함께 문장의 의미를 보충하기 위해 if절이 삽입되었다. 여기서는 관계대명사절에 가정법 과거완료 「If + S + had p.p. ~, S + should/would/could/might + have p.p.」 '만약 ~했더라면, ~했을 텐데'가 쓰였다. PATTERN 30

065

Many of Millennials graduated (from college into one of the worst labor markets [(that)
S　　　　　　　　　V　　　　　　　　　　　　　　　　　　　　　　　　　　　　　(O관.대 생략)
the United States has (ever) seen]), (with a staggering load of student debt).
S　　　　　　　　V

밀레니엄 세대 중 많은 이들이 / 졸업했다 / 대학을 / 최악의 노동 시장 중 하나로 들어갔다 / 미국이 지금까지 본 / 믿기 힘들 정도
로 큰 액수의 학자금 대출을 진 채

해석 밀레니엄 세대 중 많은 이들이 대학을 졸업하고 믿기 힘들 정도로 큰 액수의 학자금 대출을 진 채 미국이 지금까지 본 최악의 노동 시장 중 하나로 들어갔다.

☑ 1형식 완전자동사는 뒤에 명사를 목적어로 취하려면 반드시 전치사와 함께 쓰여야 한다. (graduate from college: 대학을 졸업하다)
PATTERN 16
☑ 문장 중간에 명사 뒤 「S + V」가 나올 경우, 「명사 + (목적격 관계대명사 that) + S + V」 구조이며, 목적격 관계대명사 that이 생략된 관계대명사절이 앞의 명사를 수식한다. PATTERN 41
☑ a staggering load of: 믿기 힘들 정도로 많은 (*cf.* a load of: 많은)

066

I have had the opportunity [to look over your scripts], and I feel <**that** they show
S₁ V₁ O₁ S₂ V₂ O₂ S V
considerable promise, (despite your youth and lack of experience (in this genre))>.
O

나는 / 가졌다 / 기회를 / 당신의 원고를 살펴볼 / 그리고 나는 / 느낀다 / 그것들은 상당한 가능성을 보여 준다고 / 당신의 젊음과
경험 부족에도 불구하고 / 이 장르에서의

> **해석** 제가 귀하의 원고를 살펴볼 기회를 가졌는데, 저는 귀하의 젊은 나이와 이 장르에서의 경험 부족에도 불구하고 그것들이 상당한 가능성을 보여 준다고 느끼고 있습니다.

- ☑ 명사 the opportunity 뒤에 온 to RV는 앞의 명사를 수식하는 형용사적 용법(~하는/~할)으로 쓰였다. PATTERN 50
- ☑ despite: ~에도 불구하고 (= in spite of, with all, for all, notwithstanding)
  cf. 전치사 「despite/in spite of/with all/for all/notwithstanding + 명사(구)」 *vs* 접속사 「though/although/even though + S + V」

067

(To prevent software from being copied (illegally) and (to) protect the copyright),
to 부정사(목적) V₁ O₁ OC₁의 일종 V₂ O₂
(above all), software companies should lower the price of their goods (to a reasonable
S V O
price).

소프트웨어가 불법적으로 복제되는 것을 막기 위해 / 그리고 저작권을 보호하기 위해서 / 무엇보다도 / 소프트웨어 회사들은 / 낮
춰야 한다 / 그들의 상품 가격을 / 합리적인 가격으로

> **해석** 소프트웨어가 불법으로 복제되는 것을 막고 저작권을 보호하기 위해서는 무엇보다도 소프트웨어 회사들이 그들의 상품 가격을 합리적인 가격으로 낮춰야 한다.

- ☑ 문장 맨 앞에 나온 To RV는 주로 to 부정사의 부사적 용법(목적)이거나 명사적 용법(주어)이다. 여기서는 부사적 용법(to RV하기 위해)으로 쓰였으며 등위접속사 and를 중심으로 두 개의 to 부정사(To prevent / (to) protect)가 병렬 구조를 이루고 있다. PATTERN 45, 58
- ☑ 금지·억제 동사 「prevent + A + from + RVing」는 5형식의 일종으로 보고 5형식(A가 '전치사 + 명사'하도록 V하다)처럼 'A가 RV하는 것을 막다'라고 해석하는 것이 자연스럽다. 여기서는 목적어 software가 '불법적으로 복제되는' 것이므로 동명사의 수동형 being copied가 쓰였다. PATTERN 29

068

When adults (in their early 30s) were asked to write imaginative stories, the most
_{S₁} _{V₁} _{SC₁} _S

creative ones came (from those) [whose parents had the most conflict (a quarter-
_V _{소유격 관·대 S₂} _{V₂} _{O₂}

century earlier)].

30대 초반의 어른들이 / 요청받았을 때 / 상상력이 풍부한 이야기를 쓰도록 / 가장 창의적인 이야기는 / 나왔다 / 사람들에게서 /
<그런데 그 사람들의> 부모는 / 가장 많은 갈등을 겪었다 / 25년 전에

[해석] 30대 초반의 어른들에게 상상력이 풍부한 이야기를 쓰라고 요청했을 때, 가장 창의적인 이야기는 25년 전에 부모가 가장 많은
갈등을 겪었던 사람들에게서 나왔다.

☑ When adults in their early 30s were asked to write imaginative stories ← When researchers asked adults in their early 30s to
write imaginative stories PATTERN 25

☑ 대명사 those(사람들)를 소유격 관계대명사 whose가 이끄는 절이 수식하고 있다. 「선행사(명사1) + whose + 명사2」는 '선행사(명사1)
의 명사2'라는 소유격 의미를 나타내며, 소유격 관계대명사절은 절의 길이에 따라 두 가지 방식(① ~하는 ② 그런데 그 명사1의 명사2)
으로 해석할 수 있다. PATTERN 30

069

The settlement of America was a unique experience (in the history of man). (Never)
_S _V _{SC}

(before in recorded times) had a whole culture — (in this case), the culture of Western
_V _S

Europe — been transferred (bodily) (to another and previously unknown continent).
_V

미국의 개척은 / 특이한 경험이었다 / 인간의 역사상 // 기록된 시간(역사 시대) 이전에는 없었다 / 문화 전체가 / 이 경우에는 서유
럽 문화 / 통째로 옮겨진 적이 / 이전에는 미지였던 다른 대륙으로

[해석] 미국의 개척은 인간의 역사상 특이한 경험이었다. 역사 시대 이전에 하나의 문화 전체 — 이 경우에는 서유럽 문화 — 가 이전에는 미
지였던 다른 대륙으로 통째로 옮겨진 적이 없었다.

☑ 부정어(Never)가 포함된 부사구가 강조를 목적으로 문두에 올 때 주어와 동사의 도치가 일어난다.

☑ 두 대시(—) 사이에 있는 명사구는 a whole culture를 보충 설명하고 있다. PATTERN 63

070

Adrenaline travels (all over the body) doing things (such as widening the eyes (to be
S   V   V1   O1   to 부정사(목적)

on the lookout for signs of danger), pumping the heart (faster) (to keep blood and extra
                           V2   O2   to 부정사(목적)

hormones flowing), and tensing the skeletal muscles **so** they are ready (to lash out at or
                   V3   O3   S4   V4   SC4   to 부정사(정도)

run from the threat)).

아드레날린은 / 돌아다닌다 / 온몸을 / 일들을 하면서 / 눈을 확대시키는 것과 같은 / 위험의 징후들을 경계하기 위해 / 심장을 더 빨리 펌프질하는 것 / 혈액과 여분의 호르몬이 계속 흐르게 하기 위해 / 그리고 골격근을 긴장시키는 것 / 그것들이 준비될 수 있도록 / 위협에 맞서거나 위협으로부터 도망칠

해석 아드레날린은 위험의 징후들을 경계하기 위해 눈을 확대시키고, 혈액과 여분의 호르몬을 계속 흐르게 하기 위해 심장을 더 빨리 펌프질하며, 골격근을 긴장시켜 위협에 맞서거나 위협으로부터 도망칠 준비를 하는 등과 같은 일을 하며 온몸을 돌아다닌다.

☑ RVing 형태가 연달아 나와서 뒤에 오는 RVing가 분사구문 doing과 병렬 관계를 이루는지, 동명사 widening과 병렬 관계를 이루는지 헷갈릴 수 있으나, 해석을 통해 such as 뒤에 등위접속사 and를 중심으로 세 개의 동명사구(widening / pumping / tensing)가 병렬 구조를 이루고 있음을 알 수 있다. PATTERN 54, 58

☑ 5형식 「keep + O + RVing」는 'O가 계속 RV하게 하다'라는 의미이며 OC 자리에 오는 RVing는 능동의 의미분만 아니라 진행의 의미를 포함한다. PATTERN 20

☑ 난이형용사(easy, difficult, hard, possible)/ready/free 등의 형용사 뒤에 온 to RV는 to 부정사의 부사적 용법(정도)이며 'to RV하기에 형용사하다'라고 해석한다.

DAY 08

📄 본서 p. 55

071

So great is the force of tornadoes **_that_** they elevate trains (off their tracks).
SC   V   S   S   V   O

너무나 커서 / 토네이도의 힘이 / 토네이도는 / 들어 올린다 / 열차들을 / 그것들의 철로들로부터

해석 토네이도의 힘은 너무나 커서 철로로부터 열차들을 들어 올린다.

☑ '너무 형/부해서 ~하다'라는 뜻의 「so + 형/부 + that」 구문에서 'so + 형/부'를 강조하기 위해 문장 맨 앞으로 이동시키면 주절의 주어와 동사가 도치되어 「so + 형/부 + V + S + that + S + V」 구조를 이룬다.

☑ they = tornadoes / their = trains'

072

Ignoring his advice, I wasted my time and continued to paint <**what** (I thought) was
　　　　　　　　 S　V₁　　 O₁　　　　V₂　　　　　　　O₂　(삽입절)　　V

popular>.
SC

그의 충고를 무시했다 / <그런> 나는 / 시간을 낭비하였다 / 그리고 계속 그렸다 / 내 생각에 / 인기 있는 것을

해석 그의 충고를 무시한 나는 시간을 낭비하였고 내 생각에 인기 있는 것을 계속 그렸다.

☑ 분사구문이 문장 앞에 올 때 주절 앞에서 끊고 해석하며, 'RV하다/p.p.되어지다/형용사하다, <그런> S가 V하다'로 자연스럽게 연결한다. PATTERN 47

☑ 삽입절에 자주 쓰이는 동사로는 think/believe/know/suppose/tell/say/hear/feel 등이 있으며, '~하기에'로 해석한다. 그리고 여기서처럼 삽입절이 들어간 관계대명사절은 대개 「관계대명사 + (S + V) + V」의 구조를 취한다.

073

The invention of the inexpensive microchip has made computers affordable (to many
S　　　　　　　　　　　　　　　　　　 V　　 O　　　　 OC

people).

저렴한 마이크로칩의 발명은 / 만들어 왔다 / 컴퓨터를 / 구매 가능하도록 / 많은 사람들에게

해석 저렴한 마이크로칩의 발명은 컴퓨터가 많은 사람들에게 구매 가능하도록 만들어 왔다.

☑ 「명사 of 명사」 형태의 명사구 The invention of the inexpensive microchip에서 of는 '~의'라는 뜻이다. PATTERN 02

☑ 사역동사 make는 명사, 형용사, RV, p.p.를 목적격 보어로 취할 수 있다. 여기서는 형용사 affordable이 목적격 보어로 쓰였으며, '컴퓨터가 저렴하다'라는 의미로 목적어 computers를 보충 설명하고 있다. PATTERN 20

074

It is more likely <**that** a small-to-medium-sized school would give them the benefits
가S V SC　　　 진S　S　　　　　　　　　　　　　　 V　　 IO　 DO

of both individual attention and practical learning>.

그것은 가능성이 더 크다 / <뭐가?> 중소 규모의 학교가 / 그들에게 제공해 줄 것이라는 점이 / 혜택을 / 개별적인 관심뿐만 아니라 / 실용적인 학습이라는

해석 중소 규모의 학교가 개별적인 관심뿐만 아니라 실용적인 학습이라는 혜택을 제공해 줄 가능성이 더 크다.

☑ it ~ that은 보통 가주어-진주어 구문이거나 it ~ that 강조 구문이다. 여기서는 it is와 that 사이에 형용사 likely가 온 것으로 보아, 가주어-진주어 구문으로 쓰였다는 것을 알 수 있다. PATTERN 56

☑ 「명사 of 명사」 형태의 명사구 the benefits of both individual attention and practical learning에서 of는 동격(~라는)을 나타낸다. PATTERN 02

075

(Given the general knowledge of the health risks of smoking), it is no wonder <**that**
　　　　　　　　　　　　　　　　　　　　　　　　　　　　　　　가S V SC　　　진S
the majority of smokers have tried (at some time) (in their lives) to quit (smoking)>.
S　　　　　　　　　　　　V　　　　　　　　　　　　　　　　　　　　　O

흡연의 건강상 위험에 대한 일반적인 지식을 고려해 볼 때 / 그것은 놀라운 일이 아니다 / <뭐가?> 대부분의 흡연자들이 / 노력해 보았다는 것은 / 어느 시점에 / 그들 생애의 / (흡연을) 그만두는 것을

[해석] 흡연의 건강상 위험에 대한 일반적인 지식을 고려해 볼 때, 대부분의 흡연자들이 그들 생애 어느 시점에 금연을 노력해 보았다는 것은 놀라운 일이 아니다.

☑ '~을 고려해 볼 때'라는 뜻의 given은 「given + 명사구」 또는 「given (that) + S + V」로 쓸 수 있다.
☑ 가주어 it-진주어 that절 구문의 SC 자리에는 형용사뿐만 아니라 여기서처럼 명사가 올 수 있다. PATTERN 56

076

He should (then) read the schoolchildren <**what** was said (by the newspapers) (on one
S　V　　　　　　　　　　IO　　　　　　　　　DO1
side)>, <**what** was said (by those) (on the other)>, and some fair account of <**what**
　　　　　　DO2　　　　　　　　　　　　　　　　　　　　　　　　　　　DO3
(really) happened>.

그는 / 그러고 나서 / 읽어 주어야 한다 / 학생들에게 / 보도된 것을 / 신문을 통해 / 어느 한쪽 입장의 / 보도된 것을 / 그것들을 통해 / 다른 쪽 입장의 / 그리고 / 공정한 기사를 / 실제로 일어난 일에 대한

[해석] 그러고 나서 그는 학생들에게 어느 한쪽 입장의 신문들이 보도한 내용과 또 다른 한쪽의 신문들이 보도한 내용, 그리고 실제로 일어난 일에 대한 공정한 기사를 읽어 주어야 한다.

☑ 동사 read의 4형식 「read + IO + DO」는 'IO에게 DO를 읽어 주다'라고 해석한다. PATTERN 19
☑ 직접목적어 자리에 등위접속사 and를 중심으로 세 개의 명사(구/절)가 병렬 구조를 이루고 있다. 의문사절은 명사절이라서 문장 내 주어, 목적어, 보어 자리에 올 수 있다. PATTERN 33, 58

077

The most notorious case of imported labor is (of course) the Atlantic slave trade,
S   V   SC

[which brought as many as ten million enslaved Africans (to the New World) (to work
S관·대   V   O   to 부정사(목적)

the plantations)].

수입 노동의 가장 악명 높은 사례는 / 당연히 / 대서양 노예 매매이다 / 데려온 / 무려 천만 명이나 되는 아프리카 노예들을 / 신세
계로 / 농장을 경작하기 위해

해석 가장 악명 높은 수입 노동 사례는 당연히 농장을 경작하기 위해 무려 천만 명이나 되는 아프리카 노예들을 신세계로 데려온 대서양 노
예 매매이다.

☑ 원급 비교 구문 「as + 형용사/부사의 원급 + as」의 as many as는 관용적인 표현으로 쓰일 때 '무려 ~나 되는'이라는 뜻을 나타낸다.

☑ 명사 the Atlantic slave trade를 관계대명사 which가 이끄는 절이 계속적 용법으로 보충 설명하고 있다. 참고로, 선행사가 사물이고 뒤
에 오는 절이 주어가 없는 불완전한 절이므로 주격관계대명사 which가 쓰였다. PATTERN 30

☑ 문장 끝에 온 to RV는 to 부정사의 부사적 용법(목적)이며, 'to RV하기 위해'라고 해석한다. PATTERN 51

078

To read (well) is to read (with insight and sympathy), to become one (with your
S   V   SC₁   SC₂

author), and to let him live (through you), adding <what he is> (to <what you are>)
     SC₃ V₁ O₁ OC₁   V₂   O₂

(without losing your own characteristics).

잘 읽는 것은 / 읽는 것이다 / 통찰력과 공감을 가지고 / 하나가 되는 것이다 / 당신의(당신이 읽고 있는 책의) 저자와 / 그리고 저
자가 살게 하는 것이다 / 당신을 통해 / <그러면서> 저자가 어떤 사람인지(저자의 인격)를 더한다 / 당신이 어떤 사람인지(당신의
인격)에 / 당신 고유의 특성을 잃지 않고

해석 잘 읽는 것은 통찰력과 공감을 갖고 읽는 것이며, 저자와 하나가 되는 것이며, 당신을 통해 저자가 살게 하는 것이며, 당신 고유의 특
성을 잃지 않고 당신의 인격에 저자의 인격을 더하는 것이다.

☑ 「S(To RV) + be동사 + SC(to RV)」 구조의 문장으로, 모두 to 부정사의 명사적 용법이며 'to RV하는 것은 to RV하는 것이다'라고 해석
한다. PATTERN 46, 49

☑ what의 의미: ① ~하는 것(관계대명사) ② 무엇(의문대명사) ③ 무슨, 어떤(의문형용사) PATTERN 30, 33

☑ 완전한 절 뒤에 온 「콤마(,) + RVing」의 RVing는 분사구문으로, 주절에 대한 추가적인 정보를 제공한다. 주절을 해석한 후 앞에 '그러면
서'를 붙여서 분사구문을 해석하도록 하자. PATTERN 55

079

A businessman [who is frustrated (by stage fright) *whenever* he must address
S   S관·대 V1   S2   V2

a conference] may devote special efforts (to overcoming this handicap) and
O2   V1   O1

(consequently) may become an outstanding public speaker.
               V2   SC2

한 사업가는 / 좌절감을 느끼는 / 무대 공포증으로 / 그가 회의에서 연설해야 할 때마다 / 특별한 노력을 기울일지도 모른다 / 이
약점을 극복하는 데 / 그리고 결과적으로 / 뛰어난 대중 연설가가 될지도 모른다

해석 회의에서 연설해야 할 때마다 무대 공포증으로 좌절감을 느끼는 사업가는 이 약점을 극복하는 데 특별한 노력을 기울여 결과적으로
뛰어난 대중 연설가가 될지도 모른다.

☑ 문장 맨 앞에 「명사 + [관계대명사/관계부사 + (S) + V1 ~] + V2」 구조가 나오면, 맨 앞에 나온 명사가 문장의 주어이고, 두 번째 동사가
진짜 동사이다. 관계사절이 짧은 경우 직독직해는 'V1한 명사는 V2하다'라고 해석하고, 관계사절이 긴 경우 직독직해는 'V1하다 <그런
명사는> V2하다'라고 해석한다. PATTERN 42
☑ 복합관계부사 whenever가 이끄는 부사절은 '~할 때마다/~할 때면 언제든(지 간에) (= no matter when)'으로 해석한다. PATTERN 36
☑ devote + 노력·돈·시간 + to RVing: ~하는 데 노력·돈·시간을 바치다[기울이다]

080

Luck or the grace of Heaven may seem to take part in many happenings (in life), but (a
S1   V1   O1

little deeper) looking into the causes of them reveals <that one's own efforts were (by
               S2   V2   O2   S1   V1

far) more responsible (for them) than most people imagine>.
     SC1   S2   V2

운이나 하나님의 은혜가 / 관여하는 것 같다 / 인생의 많은 일들에 / 하지만 좀 더 깊이 그것들의 원인을 들여다보는 것은 / 드러낸
다 / 자기 자신의 노력이 훨씬 더 큰 책임이 있었다는 것을 / 그것들에 대해 / 대부분의 사람들이 생각하는 것보다

해석 운이나 하나님의 은혜가 인생의 많은 일들에 관여하는 것 같지만, 그런 일들의 원인을 좀 더 깊이 들여다보면 대부분의 사람들이 생
각하는 것보다 자기 자신의 노력이 그 일들에 훨씬 더 큰 책임이 있었다는 것을 알 수 있다.

☑ 등위접속사 but 뒤에 이어지는 절의 주어는 동명사구 a little deeper looking into the causes of them이며 단수 동사 reveals로 수일치
하였다. PATTERN 48
☑ the causes of them = the causes of many happenings in life
responsible for them = responsible for many happenings in life
☑ 비교급을 강조하는 부사로는 much, still, even, (by) far, a lot이 있으며 '훨씬'이라고 해석한다.

081

(Often) <**what** they seek> is not so much profound knowledge as quick information.
　　　　　S　　　　　　　V　　　SC₂　　　　　　　　SC₁

종종 그들이 구하는 것은 / 주로 심오한 지식이라기보다는 빠른 정보이다

해석 종종 그들이 구하는 것은 주로 심오한 지식이라기보다는 빠른 정보이다.

☑ what의 의미는 세 가지(① ~하는 것(관계대명사) ② 무엇(의문대명사) ③ 무슨, 어떤(의문형용사))이며, 명사절로서 주어 자리에 올 경우 보통 단수 취급한다. PATTERN 30, 33

☑ not so much A as B: A라기보다는 B인 (= B rather than A) PATTERN 59

082

(Among them) were some tulips, and (out of one of these), **as** it opened, flew a bee.
　　　　　　　V₁　　S₁　　　　　　　　　　　　　　　　　　　S　V　　V₂　S₂

그것들 중에는 / 튤립 몇 송이가 있었다 / 그리고 이 중 한 송이에서 / 그것이 벌어졌을 때 / 날아갔다 / 꿀벌 한 마리가

해석 그것들 중에는 튤립 몇 송이가 있었는데, 이 중 한 송이에서 꽃이 벌어졌을 때 꿀벌 한 마리가 날아갔다.

☑ 장소·방향·범위의 부사구(Among them / out of one of these)가 강조를 목적으로 문두에 올 때 주어와 동사의 도치가 일어난다.

☑ fly(날다) - flew - flown

083

He made possible an instrument of destruction [with which the earth could be (totally)
S　V　　OC　　　　O　　　　　　　　　　　　전O관·대　S　　　　V

disfigured].

그는 / 가능하도록 만들었다 / 파괴용 도구가 / <그런데 그 도구를 가지고> 지구는 / 완전히 훼손될 수도 있었다

해석 그는 지구가 완전히 훼손될 수도 있는 파괴용 도구가 가능하도록 만들었다.

☑ 5형식 동사 make/keep/find/think/consider의 목적어가 길 경우, O와 OC를 도치시켜 「S + V + OC(형) + O(긴 명사)」 구조를 이룬다. PATTERN 20

☑ 명사(선행사)를 수식하는 관계사절의 「전치사 + 관계대명사」는 두 가지 방식(① ~하는 ② 그런데 그 명사 + 전치사)으로 해석할 수 있다. PATTERN 31

084

The recognition of the importance of early childhood education has led to investments
S   V   O
(in early childhood development programs and initiatives).

인식은 / 유아 교육의 중요성에 대한 / 이어졌다 / 투자로 / 유아 발달 프로그램과 이니셔티브(계획)에 대한

해석 유아 교육의 중요성에 대한 인식은 유아 발달 프로그램과 이니셔티브(계획)에 대한 투자로 이어졌다.

☑ 「명사 of 명사」, 「전치사 + 명사」를 하나의 단위로 묶으면 3형식 「S + V + O」의 간단한 구조로 이루어진 문장이라는 것을 쉽게 알 수 있다. PATTERN 01, 18

085

<**What** a person thinks (on his own) (without being stimulated (by the thoughts and
S   S   V
experiences of other people))> is (at best) insignificant and monotonous.
V   SC

한 사람이 스스로 생각하는 것은 / 자극되는 것 없이 / 다른 사람들의 생각과 경험에 의해 / 기껏해야 의미 없고 단조로울 뿐이다

해석 다른 사람들의 생각과 경험에 의해 자극되는 것 없이 한 사람이 스스로 생각하는 것은 기껏해야 의미 없고 단조로울 뿐이다.

☑ 명사절(what절, whether절, that절, 의문사절, 복합관계사절 등)이 문장 맨 앞에 오는 경우, 해당 절 안에 동사가 하나 있고 뒤에 동사가 또 하나 나온다. 「What/Whether/That/의문사/복합관계사 + (S) + V1 + V2」에서 V2가 본동사이고, 명사절 주어에 단수로 수일치한다. 명사절을 직독직해 시, '명사절은 V2하다'라고 한다. PATTERN 33

☑ on one's own: 스스로 (= by oneself)

086

One of the most attractive aspects of cyberspace is <**that** it offers the ability [to
S   V   SC   S   V   O
connect with others (in foreign countries)] *while* (also) providing anonymity>.

사이버 공간의 가장 매력 있는 특징들 중 하나는 / 그것이 능력을 제공한다는 것이다 / 다른 사람들과 접촉할 수 있는 / 다른 나라에 있는 / 익명성을 보장하면서

해석 사이버 공간의 가장 매력 있는 특징들 중 하나는 그것이 익명성을 보장하면서 외국의 다른 사람들과 접촉할 수 있는 능력을 제공한다는 것이다.

☑ 주격 보어는 주어를 보충 설명해 주는 말로, 명사(구/절)나 형용사가 온다. 명사(구/절)가 오는 경우 'S = SC(명사)'이고, 형용사가 오는 경우 'S의 상태 및 성질 = SC(형용사)'이다. 여기서는 that 명사절이 주격 보어 자리에 왔으므로 'S는 명사절이다'라고 해석한다. PATTERN 17

☑ 「명사 + to RV」 구조에서 명사가 way, effort, ability, time, possibility, opportunity, tendency, right이면 to RV는 주로 앞에 온 명사를 수식하며, 'to RV하는/할 명사'라고 해석한다. PATTERN 50

☑ 분사구문 while also providing anonymity처럼 의미를 명확히 나타내기 위해 접속사가 분사구문 앞에 남아 있기도 한다. (← while it also provides anonymity)

087

Online shopping means <(that) it is easy for customers to buy (without thinking)>, *while*
S   V   O 가S₁ V₁ SC₁ 의미상 주어 진S₁

major brands offer such cheap clothes *that* they can be treated (like disposable items).
S₂   V₂ O₂   S₃ V₃

온라인 쇼핑은 의미한다 / 그것이 쉽다는 것을 / <뭐가?> 고객들이 구매하는 것이 / 생각 없이 / 그런데 한편 주요 브랜드들은 제
공한다 / 너무 값싼 옷들을 / 그래서 그것들이 취급될 수 있다 / 일회용품처럼

해석 온라인 쇼핑은 고객들이 생각 없이 구매하기 쉽다는 것을 의미하는 한편, 주요 브랜드들은 너무 값싼 옷들을 제공해서 그것들이 일회용품
처럼 취급될 수 있다.

☑ means의 목적어절을 이끄는 접속사 that이 생략되었다. PATTERN 40
☑ to 부정사의 의미상 주어는 「for + 목적격」으로 표시하며, 가주어 it-진주어 to RV 구문의 직독직해는 '그것(it)은 형/명이다 <뭐가?> to
RV가'로 하도록 하자. PATTERN 56
☑ 결과의 부사절 「so + 형/부 + that / so + 형 + a(n) + 명 + that / such + a(n) + 형 + 명 + that」: 너무 ~해서 (그 결과) ~하다

088

Farmers and agricultural workers [who depend on seasonal harvests and weather
S   S관·대 V   O

patterns] will (soon) find themselves (no longer) at the mercy of unpredictable
    V   O   OC

environmental conditions.

농부와 농업 종사자들은 / 계절별 수확량과 날씨 패턴에 의존하는 / 곧 깨닫게 될 것이다 / 그들 스스로가 / 더 이상 좌우되지 않는
다는 것을 / 예측할 수 없는 환경 조건에

해석 계절별 수확량과 날씨 패턴에 의존하는 농부와 농업 종사자들은 스스로가 더 이상 예측할 수 없는 환경 조건에 좌우되지 않는다는 것을 곧
깨닫게 될 것이다.

☑ 사람 명사 Farmers and agricultural workers를 선행사로 받아 주어가 없는 불완전한 절을 이끄는 who는 주격 관계대명사이며, 주격
관계대명사절의 동사는 선행사에 수일치하여 복수형 depend on이 쓰였다. PATTERN 30
☑ 목적어가 주어 Farmers and agricultural workers와 동일한 대상이기 때문에 반드시 재귀대명사 themselves로 써야 한다.
☑ no longer: 더 이상 ~이 아닌[않는] (= not ~ any longer)

089

The function of the historian is neither to love the past nor to emancipate himself (from the
S   V   SC₁   SC₂

past), but to master and understand it (as the key) (to the understanding of the present).
   SC₃

역사학자의 역할은 / 과거를 사랑하는 것이 아니다 / 그 자신을 과거로부터 해방시키는 것도 아니다 / 그러나 그것에 통달하고 이
해하는 것이다 / 비결로서 / 현재를 이해하는 것에 대한

해석 역사학자의 역할은 과거를 사랑하는 것도 아니고 그 자신을 과거로부터 해방시키는 것도 아니며, 현재를 이해하는 비결로서 과거에
통달하고 이해하는 것이다.

☑ 상관접속사 「neither A nor B」는 'A도 B도 둘 다 아닌'이라는 뜻을 나타내며, 같은 품사를 연결한다. 여기서는 but도 함께 쓰여 「neither
A nor B but C」의 구조로 세 개의 to 부정사를 병렬 연결하고 있으므로 'A도 B도 둘 다 아닌 C인'으로 해석한다. PATTERN 58
☑ the key to 명사: ~의 비결[열쇠]

090

When we are employed in reading a great and good author, we ought to consider
$\underset{S_1}{\quad}$ $\underset{V_1}{\quad}$ $\underset{O_1}{\quad}$ $\underset{S}{\quad}$ $\underset{V}{\quad}$

ourselves as searching after treasures, [which, ***if*** (well and regularly) laid up in the
$\underset{O}{\quad}$ $\underset{OC}{\quad}$ $\underset{S관·대}{\quad}$

mind, will be of use (to us) (on various occasions) (in our lives)].
$\underset{V_2}{\quad}$ $\underset{SC_2}{\quad}$

우리가 읽는 것에 시간을 쓸 때 / 위대하고 훌륭한 작가의 작품을 / 우리는 / 생각해야 한다 / 우리 스스로를 / 보물들을 찾고 있다
고 / <그런데 보물들은> / 만약 잘 그리고 정기적으로 정리해 두면 / 마음속에 / 쓸모가 있을 것이다 / 우리에게 / 여러 가지 경우에
/ 일생 동안

해석 우리가 어느 위대하고 훌륭한 작가의 작품을 읽을 때에는 보물들을 찾고 있는 것이라고 생각해야 하는데, 이 보물들을 마음속에 잘
그리고 정기적으로 정리해 두면 일생 동안 여러 가지 경우에 쓸모가 있을 것이다.

☑ 명사 treasures를 관계대명사 which가 이끄는 절이 수식하고 있는데, 관계대명사절 내에 두 콤마(,)와 함께 문장의 의미를 보충하기 위
해 접속사 if가 남아 있는 분사구문이 삽입되었다. 그리고 여기서처럼 삽입구/절이 들어간 관계대명사절은 대개 「관계대명사 + (삽입구/
절) + V」의 구조를 취한다. PATTERN 30

☑ 「of + 추상명사」 = 형용사

of ability 유능한 (= able)	of importance 중요한 (= important)
of use 유용한 (= useful)	of value 가치 있는 (= valuable)
of help 도움이 되는 (= helpful)	of interest 흥미로운 (= interesting)

DAY 10

 본서 p. 61

091

Birds and bats appear to be similar, but they are different (as night and day).
$\underset{S_1}{\quad}$ $\underset{V_1}{\quad}$ $\underset{SC_1}{\quad}$ $\underset{S_2}{\quad}$ $\underset{V_2}{\quad}$ $\underset{SC_2}{\quad}$

새와 박쥐는 / 비슷한 것 같다 / 하지만 / 그들은 / 다르다 / 밤과 낮처럼(전혀)

해석 새와 박쥐는 비슷한 것 같지만, 그들은 전혀 다르다.

☑ 판단·입증 동사(seem, appear, prove, turn out)의 주격 보어 자리에는 명사/형용사/to RV가 올 수 있으며, '~인 것 같다, ~임이 판명되
다'라고 해석한다. PATTERN 14, 17

☑ (as) different as night and day: 완전히 다른, 전혀 다른

092

He returned (home) a completely changed person (after spending six months in a
S   V   유사보어

mental hospital).

그는 / 집으로 돌아왔다 / 완전히 다른 사람으로서 / 6개월을 보낸 후에 / 정신병원에서

> **해석** 그는 정신병원에서 6개월을 보낸 후에 완전히 다른 사람으로 집으로 돌아왔다.

☑ 「주어 + 완전자동사」 형태의 1형식 문장은 그 자체로 문법적으로 완전한 구조이나, 「주어 + 완전자동사 + 유사보어(명사/형용사)」 형태로 뒤에 나온 유사보어가 주어의 상태를 설명하고 있어 문법적이 아닌 의미적으로 보어 역할을 한다. 여기서 He returned home만으로 문법적으로 완전한 문장이나, 그가 '어떤 상태로' 집에 돌아왔는지를 설명하기 위해 He returned home a completely changed person으로 쓰였다.

☑ 완전자동사 중에서도 유사보어를 취할 수 있는 동사는 제한적인데, be born, live, grow up, marry, die, go, leave, come, return, sit, stand, lay 등이 있다.

093

It is regrettable <**that** few people should walk (today) (because of the development of
가S V SC   진S   S   V

traffic facilities)>.

그것은 유감스럽다 / <뭐가?> 오늘날 사람들이 당연히 걷지 않는 것이 / 교통 시설의 발달 때문에

> **해석** 오늘날 사람들이 교통 시설의 발달 때문에 당연히 걷지 않는 것이 유감스럽다.

☑ it ~ that은 보통 가주어-진주어 구문이거나 it ~ that 강조 구문이다. 여기서는 가주어-진주어 구문으로 쓰였으며, 직독직해 시 '그것(it)은 형/명이다 <뭐가?> that절 이하가'로 끊어 읽도록 한다. PATTERN 56

☑ 가산 명사 앞에 오는 부정수량형용사 'few vs a few'의 의미를 구분하도록 하자.
few: (부정의 의미) 거의 없는 vs a few: (긍정의 의미) 약간의, 몇몇의

094

The movie was too scary for the children (to watch (alone)), prompting their parents
S   V   SC   의미상 주어   to 부정사(정도)   V   O

to sit with them and (to) offer reassurance (during the frightening scenes).
OC₁   OC₂

그 영화는 / 너무 무서웠다 / 아이들이 / 혼자서 보기에는 / <그러면서> 부모를 하게 했다 / 그들과 함께 앉도록 / 그리고 안심시키도록 / 무서운 장면이 나오는 동안

> **해석** 그 영화는 아이들이 혼자 보기에는 너무 무서웠기 때문에 무서운 장면이 나오는 동안 부모가 함께 앉아 안심시켜 주어야 했다.

☑ 「too + 형/부 + to RV」는 '너무 형/부해서 to RV하다'라는 뜻이며 to 부정사의 부사적 용법(정도)이다. 여기서는 또한 to watch alone이라는 행동의 주체를 나타내기 위해 의미상 주어로 앞에 for the children이 왔다. PATTERN 52

☑ 등위접속사 and를 중심으로 to 부정사(to sit / to offer)가 병렬 구조를 이루는데, 뒤에 오는 to 부정사의 to는 흔히 생략한다. PATTERN 58

095

When you apply for a job (in the future), you will not be judged (by <**which** university
<u>S₁</u> <u>V₁</u>   <u>O₁</u>   <u>S</u>   <u>V</u>   <u>O₂</u>

you graduated from>), but (rather) (by the specialized field of your expertise).
<u>S₂</u> <u>V₂</u>

당신이 회사에 지원할 때 / 앞으로 / 당신은 평가받지 않을 것이다 / 당신이 어떤 대학을 졸업했느냐에 의해 / 그보다는 (평가받을
것이다) / 당신이 전공한 전공 분야에 의해서

> **해석** 당신은 앞으로 회사에 지원할 때 어떤 대학을 졸업했느냐가 아니라 전공한 전문 분야에 의해 평가받게 될 것이다.

- ☑ when이 이끄는 시간 부사절에서는 현재시제가 미래시제를 대신하므로 현재시제의 동사 apply for가 쓰였다.
- ☑ which university you graduated from은 전치사 by의 목적어 역할을 하는 간접의문문(명사절)이다. PATTERN 33
- ☑ not A but (rather) B: A가 아니라 B (= B, not A = B rather than A) PATTERN 58

096

(In my hometown), nobody would buy a melon (without feeling it and smelling it),
                <u>S₁</u>   <u>V₁</u>   <u>O₁</u>

and nobody would dream of buying a chicken (without knowing <**which** farm it came
    <u>S₂</u>   <u>V₂</u>   <u>O₂</u>   <u>O₁</u>   <u>S₁ V₁</u>

from> and <**what** it ate>).
          <u>S₂ V₂</u>

내 고향에서는 / 어느 누구도 사지 않았다 / 멜론을 / 그것을 만져보지도 냄새 맡아보지도 않고(는) / 그리고 어느 누구도 꿈꾸지
않았다 / 닭고기를 사는 것을 / 알지 못하고(는) / 그것이 어떤 농장에서 왔는지 / 그리고 무엇을 먹었는지

> **해석** 내 고향에서는 멜론을 만져보지도 냄새를 맡아보지 않고 사는 사람은 아무도 없었다. 그리고 닭고기가 어느 농장에서 왔고 무엇을 먹
> 었는지를 알지 못한 채 닭고기를 사는 것은 아무도 꿈도 꾸지 않았다.

- ☑ knowing의 목적어 자리에 등위접속사 and를 중심으로 두 개의 의문사절(which / what)이 병렬 구조를 이루고 있다. 이처럼 의문사절
  이 문장 내에 쓰일 때 명사절 역할을 하며 주어, 목적어, 보어 자리에 온다. 의문사 which는 '① 어느/어떤 것(의문대명사) ② 어느, 어떤
  (의문형용사)'으로, what은 '① 무엇(의문대명사) ② 무슨, 어떤(의문형용사)'으로 해석한다. PATTERN 33, 58
- ☑ 과거의 습관을 나타내는 조동사에는 used to와 would가 있으며, '~하곤 했다'라고 해석한다. 여기서는 would가 과거 습관처럼 흔하게
  일어난 일을 이야기하고자 쓰였다.

097

Warm water (from the Atlantic Ocean) is able to flow (directly) (towards the glacier),
　　　　S　　　　　　　　　　　　　　　　　V
bringing large amounts of heat (into contact with the ice) and accelerating the
V₁　　　O₁　　　　　　　　　　　　　　　　　　　　　　V₂　　　　　O₂
glacier's melting.

대서양에서 온 따뜻한 물이 / 흐를 수 있다 / 빙하를 향해 곧장 / <그러면서> 많은 양의 열을 얼음과 접촉시킨다 / 그리고 빙하가 녹는 것을 가속한다

해석 대서양에서 온 따뜻한 물이 빙하를 향해 곧장 흘러, 많은 양의 열을 얼음과 접촉시켜 빙하가 녹는 것을 가속할 수 있다.

☑ 완전한 절 뒤에 온 「콤마(,) + RVing」의 RVing는 분사구문으로, 주절에 대한 추가적인 정보를 제공한다. 주절을 해석한 후 앞에 '그러면서'를 붙여서 분사구문을 해석하도록 하자. PATTERN 55

☑ bring A into contact with B: A를 B에 접촉시키다

098

(By breaking the overall goal (into smaller, shorter-term parts)), we can focus on
　　V　　　　O　　　　　　　　　　　　　　　　　　　　　　S　　V
incremental accomplishments (instead of being overwhelmed (by the enormity of the
O
goal (in our profession))).

전체적인 목표를 나눔으로써 / 더 작고 더 단기적인 부분으로 / 우리는 집중할 수 있다 / 점진적인 성취에 / 압도되는 것 대신 / 목표의 거대함에 의해 / 직업상

해석 전체적인 목표를 더 작고 단기적인 부분으로 나누면, 우리는 직업상 목표의 거대함에 압도되는 대신 점진적인 성취에 집중할 수 있다.

☑ 전치사 뒤에는 명사가 오므로 「전치사 + RVing」의 RVing는 동명사(~하는 것)이다. PATTERN 54

on[upon] RVing RV하자마자	by RVing RV함으로써
in RVing RV하는 것에 있어서, RV할 때	without RVing RV하는 것 없이, RV하지 않고

☑ instead of 뒤에 동명사가 왔는데, 동명사의 의미상 주어가 주절의 주어인 we이고 우리가 거대함에 의해 '압도되는' 것이므로 수동형 being overwhelmed가 쓰였다.

099

The most important thing [for you to do (as a student of literature)] is to advise
S1   의미상 주어   V1 SC1 V1

yourself to be an honest student, for (in the intellectual sphere) (at any rate) honesty is
O1   OC1   S2   V2

(definitely) the best policy.
           SC2

가장 중요한 일은 / 여러분이 해야 할 / 문학도로서 / 스스로에게 조언하는 것이다 / 정직한 학생이 되도록 / 왜냐하면 / 지식의 세계에서는 어쨌든 / 정직이 / 틀림없이 / 최고의 방책이기 때문이다

> **해석** 문학도로서 여러분이 해야 할 가장 중요한 일은 스스로 정직한 학생이 되리라고 다짐하는 것인데, 지식의 세계에서는 어쨌든 정직이 틀림없이 최고의 방책이기 때문이다.

☑ 명사 The most important thing 뒤에 온 to RV는 앞의 명사를 수식하는 형용사적 용법(~하는/~할)이고, be동사 is 뒤에 온 to RV와 목적어 yourself 뒤에 온 to RV는 각각 문장의 주격 보어, 목적격 보어 역할을 하는 명사적 용법(~하는 것/~할 것)으로 쓰였다. PATTERN 49, 50

☑ COREAFP 동사 중 하나인 advise의 5형식 「advise + O + to RV」는 'O가 to RV하도록 조언하다'라고 해석한다. PATTERN 25

☑ 두 개의 완전한 문장을 연결하는 등위접속사 for는 대개 앞에 콤마(,)나 세미콜론(;)을 동반하여 쓰이며, 앞 문장에 대한 이유를 나타내어 '왜냐하면 (~이기 때문이다)'으로 해석한다. 참고로, 다른 등위접속사(and, or, but 등)는 단어와 단어, 구와 구, 절과 절을 연결하는 반면, so와 for는 문장만 연결한다. PATTERN 58

100

Some remain (intensely) proud of their original accent and dialect words, phrases and
S   V   SC

gestures, *while* others accommodate (rapidly) (to a new environment) (by changing
                  S1   V1

their speech habits), *so that* they (no longer) "stand out (in the crowd)."
                            S2   V2

어떤 사람들은 / 계속 몹시 자랑스러워하는 채로 있다 / 자신의 원래 억양과 방언 어휘 및 구, 몸짓을 / 반면에 다른 사람들은 / 빨리 순응한다 / 새 환경에 / 자신의 말버릇을 바꿈으로써 / 그래서 자신들이 / 더는 "군중 속에서 눈에 띄지" 않도록

> **해석** 어떤 사람들은 자신의 원래 억양과 방언 어휘 및 구, 몸짓을 계속 몹시 자랑스러워하는 채로 있는 반면, 다른 사람들은 자신들이 더는 "군중 속에서 눈에 띄지" 않도록 자신의 말버릇을 바꿈으로써 새 환경에 빨리 순응한다.

☑ 대조의 접속사 while을 통해, 앞뒤 절이 부정대명사 some(몇몇은)과 others(다른 몇몇은)를 주어로 하여 서로 대조되는 내용을 담고 있다는 것을 알 수 있다.

☑ 부사절 접속사 while은 '① ~하는 동안(시간) ② ~인 한편, 반면에(대조) ③ (문두에 쓰여) ~에도 불구하고(양보)'로, so that은 '① ~하기 위해(목적) ② 그 결과[그래서] ~하다(결과)'로 해석한다.

☑ no longer: 더 이상 ~이 아닌[않는] (= not ~ any longer)

101

(Because of his somnolent voice), <u>the students</u> <u>find</u> <u>it</u> <u>difficult</u> <u>to concentrate</u> (in his
　　　　　　　　　　　　　　　　　　　S　　　　　V　가O　OC　진O
classes).

그의 나른하게 하는 음성 때문에 / 그 학생들은 / 깨닫는다 / 그것이 어렵다는 것을 / <뭐가?> 집중하는 것이 / 그의 수업 시간에

해석 그의 나른하게 하는 음성 때문에, 그 학생들은 그의 수업 시간에 집중하는 것이 어렵다고 깨닫는다.

☑ 전치사 「because of + 명사(구)」 vs 접속사 「because/since/as + S + V」
☑ 5형식 문장에서만 쓰이는 가목적어(it)-진목적어(to RV) 구문 「S + make/find/think/keep + it + 형·명 + to RV」는 직독직해 시 'S가 V 한다 그것이 형·명하도록/하는 것을 <뭐가?> to RV가'로 끊어 읽도록 한다. PATTERN 57

102

<u>The democratic ideals of the young country</u> <u>demanded</u> <u>direct responsibility</u> (to the
S　　　　　　　　　　　　　　　　　　　　　　　　　V　　　　　O₁
people) and <u>a direct benefit</u> (to society).
　　　　　　O₂

신생 국가의 민주주의적 이상은 / 요구했다 / 직접적인 책임을 / 사람들에게 / 그리고 직접적인 혜택을 / 사회에

해석 신생 국가의 민주주의적 이상은 사람들에게는 직접적인 책임을, 그리고 사회에는 직접적인 혜택을 요구했다.

☑ young country의 young은 '(국가·회사 등이) 역사가 짧은, 신흥의'라는 뜻이다.

103

(With <u>processor and Internet-connection speeds</u> <u>doubling</u> (every couple of years)), <u>the</u>
　　　전O　　　　　　　　　　　　　　　　　전OC　　　　　　　　　　　　　　　　　S
<u>boundaries</u> (for games) <u>are</u> (quickly) disappearing.
　　　　　　　　　　　　　　V

처리 장치와 인터넷 연결의 속도가 / 배가되면서 / 2년마다 / 게임의 경계가 / 급속히 사라지고 있다

해석 처리 장치와 인터넷 연결의 속도가 2년마다 배가되면서 게임의 경계가 급속히 사라지고 있다.

☑ 부대상황(동시동작)을 나타내는 「with + O + OC(형용사/RVing/p.p./부사/전명구)」 구문은 'O가 OC한 채로/OC하면서'라고 해석한다. 이때 O와 OC는 의미상 '주어-동사'의 관계로 보면 된다. (processor and Internet-connection speeds가 '배가되는' 것이라는 능동의 의미 - 현재분사 doubling) PATTERN 61
☑ every couple of years: 2년마다 (= every two years, every other[second] year, biennially)
　cf. every year: 매년, 해마다 (= annually, year after year)

104

The most important thing [(that) you have to do *if* you want to improve your EQ] is
S   (O관·대 생략) S1 V1   S2 V2   O2   V

(always) to think about <**how** your behavior affects other people>.
     SC   S3   V3   O3

가장 중요한 일은 / 당신이 해야 할 / 만약 당신이 원한다면 / EQ를 높이기를 / 항상 생각하는 것이다 / 어떻게 당신의 행동이 영향을 미칠지를 / 다른 사람들에게

> **[해석]** 만약 당신이 EQ를 높이길 원한다면 해야 할 가장 중요한 일은 당신의 행동이 다른 사람들에게 어떤 영향을 미칠지를 항상 생각해 보는 것이다.

☑ 명사 The most important thing 바로 뒤에 주어와 동사로 이루어진 절이 오지만 do의 목적어가 없어 불완전한 절이므로 The most important thing과 you 사이에는 목적격 관계대명사 that이 생략되어 있다는 것을 알 수 있다. PATTERN 43

☑ 문장의 주어가 The most important thing이므로 단수 동사 is로 수일치했으며, is 뒤에 온 to RV와는 '가장 중요한 일은 to RV하는 것이다'라는 해석이 자연스럽다. PATTERN 49

☑ 전치사 about의 목적어 자리에 온 「how + S + V」는 의문사 how가 이끄는 간접의문문으로서, '어떻게 ~하는지'라고 해석한다. PATTERN 34

105

(Therefore), the value of the original results not only from its uniqueness but (results)
           S   V1   O1   (V2 생략)

from its being the source [from which reproductions are made].
   의미상 주어 O2   전O관·대 S   V

그러므로 / 원작의 가치는 / 생긴다 / 그것의 독특함에서뿐만 아니라 / 그것이 원천이 될 수 있다는 것에서도 / 복제품들이 만들어지는

> **[해석]** 그러므로 원작의 가치는 그것의 독특함에서 나올 뿐만 아니라 그것이 복제품들이 만들어지는 원천이 될 수 있다는 것에서 나오기도 한다.

☑ 상관접속사 「not only A but (also) B」는 'A뿐만 아니라 B도'라는 뜻으로, 같은 품사를 연결한다. 여기서는 동사구 results from을 연결하고 있는데, 뒤에 반복을 피하기 위해 동사 results를 생략하였다. PATTERN 58

☑ 동명사의 의미상 주어는 소유격으로 표시하는 것이 원칙이므로 its(= the original)가 동명사 being 앞에 왔다. PATTERN 06

☑ result from: ~로부터 생기다, ~에서 기인하다 (*cf.* result in: ~을 야기하다) PATTERN 15
be made from: ~으로 만들어지다(재료가 눈에 보이지 않을 때)

106

No matter how near the dawn was or **_(no matter)_ how** weary the man (was), classes
<u>SC₁</u> <u>S₁</u> <u>V₁</u> <u>SC₂</u> <u>S₂</u> <u>(V₂ 생략)</u> <u>S</u>

had to be prepared. The student might be forgiven (for coming to class unprepared);
<u>V</u> <u>SC</u> <u>S₁</u> <u>V₁</u> <u>유사보어</u>

the teacher (might) (never) (be forgiven) (for coming to class unprepared).
<u>S₂</u> <u>(V₂ 생략)</u> <u>유사보어</u>

아무리 새벽이 가깝다 해도 / 혹은 아무리 사람이 피곤하다 해도 / 수업은 / 준비되어야 했다 // 학생은 / 용서받을 수 있다 / 수업에 오는 것에 대해 / 준비되지 않은 채 / 그러나 선생님은 / 결코 용서받을 수 없다 / 수업에 오는 것에 대해 / 준비되지 않은 채

> **해석** 아무리 새벽이 가깝고 혹은 아무리 사람이 피곤하다 해도 수업 준비는 해야만 했다. 학생은 준비 없이 수업에 와도 용서받을 수 있으나, 선생님이 준비 없이 수업에 오는 것은 결코 용서받을 수 없다.

☑ 양보의 부사절 「No matter how + 형·부 + S + V / However + 형·부 + S + V」는 '아무리 형·부해도'라고 해석한다. PATTERN 37
☑ 등위접속사 or로 연결된 절과 세미콜론(;)으로 연결된 절 각각에 반복되는 어구가 생략되었다. 생략이 발생하는 경우는 보통 동일한 어구가 ① 앞에 나와 있는 경우 ② 생략해도 이해가 되는 경우이다. 따라서 문장 해석 시 생략된 부분을 파악하여 보충해서 해석해야 한다. PATTERN 58, 63
☑ 동명사 coming to class의 coming이 완전자동사이지만 의미상 주어인 학생이 어떤 상태로 수업에 오는지를 유사보어(unprepared)를 써서 의미를 보충하였다.

107

The problems of today have become **so** complex **_that_** a superficial knowledge is
<u>S₁</u> <u>V₁</u> <u>SC₁</u> <u>S₁</u> <u>V₁</u>

inadequate (to enable the cultivated layman to grasp them all, much less to discuss
<u>SC₁</u> <u>to 부정사(정도)</u> <u>V₂</u> <u>O₂</u> <u>OC₂</u> <u>(동격)</u> <u>OC₃</u>

them).

오늘날의 문제는 / 너무 복잡해져서 / 그 결과 표면적인 지식은 / 충분치 않다 / 가능하게 할 만큼 / 교양 있는 비전문가가 / 그것들을 전부 파악하는 것을 / 하물며 그것들에 대해 논의하는 것도

> **해석** 오늘날의 문제는 대단히 복잡해졌기 때문에 교양 있는 비전문가는 충분치 않은 표면적인 지식만으로는 그 문제들을 전부 파악할 수 없고, 하물며 그것들에 대해 논의할 수는 더욱 없다.

☑ 결과의 부사절 「so + 형/부 + that / so + 형 + a(n) + 명 + that / such + a(n) + 형 + 명 + that」: 너무 ~해서 (그 결과) ~하다
☑ 문장 중간에 특히 형용사 뒤에 나온 to RV는 형용사를 수식하는 to 부정사의 부사적 용법(정도)이며, 'to RV하기에 형용사하다'라고 해석한다.
☑ COREAFP 동사 중 하나인 enable의 5형식 「enable + O + to RV」는 'O가 to RV할 수 있게 하다'라고 해석한다. PATTERN 25
☑ 「A(부정문), + much[still] less + B」: B는 말할 것도 없이, 하물며[더욱이] B는 아니다

(In California), the white-crowned sparrow has songs so different (from area to area)
S   V   O

that Californians can (supposedly) tell <**where** they are (in the state)> (by listening to
S₁   V₁   O₁   S₂   V₂

these sparrows).

캘리포니아에서는 / 흰정수리멧새는 / 가지고 있다 / 지역마다 매우 다양한 노래를 / 그래서 캘리포니아인들은 / 아마 알 수 있을 것이다 / 자신이 그 주 어디에 있는지를 / 이 멧새들을 들음으로써

해석 캘리포니아에서는 흰정수리멧새의 노래가 지역마다 매우 다양해서 캘리포니아인들은 아마 이 멧새들의 노래를 들으면 자신이 그 주 어디에 있는지 알 수 있을 것이다.

☑ 명사 songs를 수식하는 형용사구(different ~ area)와 함께 결과의 부사절 「so + 형 + that」이 쓰였다.
☑ 동사 can tell 뒤 목적어 자리에 온 「where + S + V」는 의문사 where가 이끄는 간접의문문으로서, '어디서 ~하는지'라고 해석한다.
PATTERN 34

He had spoken (from impulse) rather than (from judgement), and   유사관·대   as is (generally) the
S₁   V₁   V₁   SC₁

case (with men) [who do (so) speak], he had (afterwards) to acknowledge (to himself)
S관·대 V₂   S₂   V₂

<**that** he had been imprudent>.
O₂   S₃   V₃   SC₃

그는 이야기했다 / 충동적으로 / 판단보다는 / 그리고 흔히 있는 일이듯이 / 사람들에게 / 그렇게 말하는 / 그는 나중에 인정해야 했다 / 스스로 / 자신이 경솔했다는 것을

해석 그는 판단보다는 충동적으로 이야기했고, 그렇게 말하는 사람들에게 흔히 있는 일이듯이, 그는 자기가 경솔했다는 것을 나중에 스스로 인정해야 했다.

☑ A rather than B: B라기보다는 A이다 (= not so much B as A) PATTERN 59
☑ 유사관계대명사 as의 경우, 앞 또는 뒤에 있는 문장 전체를 선행사로 받을 수 있다. 여기서는 as가 뒤에 오는 주절(he ~ imprudent)을 선행사로 받고 있다. 참고로, 일반적인 사실을 이야기할 때는 항상 현재시제로 나타내기에 주절의 시제와 달리 is로 쓰였다.

110

If they had prioritized spending quality time (together) ((in) nurturing their bonds
S1 V1 O1 (생략)

(over chasing material possessions)), they might have cultivated more meaningful
S V O

experiences and connections [that could have enriched their lives (in profound ways)].
S관·대 V2 O2

만약 그들이 우선순위를 두었다면 / 함께 좋은 시간을 보내는 데 / 그들의 유대감을 키우면서 / 물질적 소유를 좇는 것보다 / 그들은 쌓을 수 있었을지 모른다 / 더 의미 있는 경험과 관계를 / 그들의 삶을 더욱 풍요롭게 만들 수 있었을 / 뜻깊은 방식으로

해석 만약 그들이 물질적 소유를 좇는 것보다 유대감을 키우며 함께 좋은 시간을 보내는 데 우선순위를 두었다면, 뜻깊은 방식으로 삶을 더욱 풍요롭게 만들 수 있었을 더 의미 있는 경험과 관계를 쌓을 수 있었을지 모른다.

☑ 과거 사실의 반대를 가정하는 가정법 과거완료 「If + S + had p.p. ~, S + should/would/could/might + have p.p.」 '만약 ~했더라면, ~했을 텐데'가 쓰였다.

☑ spend + 돈·시간·노력 + (in) RVing: ~하는 데 돈·시간·노력을 쓰다[들이다]

DAY **12** 📄 본서 p. 67

111

All (but two of her employees) work (full-time), and receive benefits (including health
S V1 V2 O2

insurance).

모두 / 그녀의 직원 중 두 명을 제외하고는 / 정규직으로 일하고 있다 / 그리고 혜택을 받고 있다 / 의료 보험을 포함한

해석 두 명을 제외하고 그녀의 직원들은 모두 정규직으로 일하고 있으며, 의료 보험을 비롯한 복지 혜택을 받고 있다.

☑ 「all but + 명사」는 '~을 제외하고 전부'라고 해석하며, 이때 but은 '~을 제외하고, ~외에(= except)'라는 뜻의 전치사이다.

☑ but의 쓰임: ① 등위접속사(그러나) ② 전치사/접속사(~을 제외하고) ③ 부사(단지, 그저) ④ 유사관계대명사(부정어를 포함한 말을 선행사로 함)

112

Imagine <**what** it must be like for a factory worker to arrive home (to his family) (with
the news <**that** he's been laid off>)>.

상상해 봐라 / 그것이 어떨지를 / <뭐가?> 공장 근로자가 집으로 돌아오는 것이 / 그의 가족에게로 / 소식과 함께 / 그가 일자리를
잃었다는

해석 일자리를 잃었다는 소식과 함께 가족들이 있는 집으로 돌아오는 공장 근로자의 마음이 어떨지 상상해 봐라.

☑ 타동사 imagine의 목적어 자리에 주어의 성격, 특징이나 주어에 대한 구체적인 설명을 요구할 때 쓰는 의문사절 「what + S + be동사 +
like」가 왔으며, '~은 어떤지'라고 해석한다. PATTERN 33
☑ to 부정사 to arrive home이라는 행동의 주체를 나타내기 위해 의미상 주어로 for a factory worker가 왔으며, what절 내에서 it과 함께
가주어 it-진주어 to RV 구문으로 이룬다. PATTERN 05, 56
☑ 추상명사 the news와 that he's been laid off는 동격을 이루며, 이때 that은 동격의 that이고 완전한 절을 이끈다. PATTERN 39

113

One of the most painful circumstances of recent advances (in science) is <**that** each
of them makes us know less than (we thought) we did>.

가장 괴로운 사실들 중 하나는 / 최근 과학의 발전에서 / ~이다 / 그것들의 각각이 / 우리를 만든다는 것 / 덜 알도록 / 우리가 안다
고 생각했던 것보다

해석 최근 과학의 발전에서 가장 괴로운 사실들 중 하나는 그 발전 각각이 우리가 안다고 생각했던 것보다 우리가 덜 알도록 만든다는 것
이다.

☑ 「One of + 복수 명사 + 단수 동사」 / 「each of + 복수 명사 + 단수 동사」
☑ 주격 보어는 주어를 보충 설명해 주는 말로, 명사(구/절)나 형용사가 온다. 명사(구/절)가 오는 경우 'S = SC(명사)'이고, 형용사가 오는 경우
'S의 상태 및 성질 = SC(형용사)'이다. 여기서는 that 명사절이 주격 보어 자리에 왔으므로 'S는 명사절이다'라고 해석한다. PATTERN 17
☑ 접속사 than 뒤에 동일 어구의 반복을 피하기 위해 know의 과거형 knew를 대신하여 대동사 did가 쓰였다. 참고로, 대동사는 앞에 나온
동사의 형태에 따라 조동사, be동사, do동사로 나타낸다.

114

(In the face of an uncooperative Congress), the President may find himself impotent
(to accomplish the political program [to which he is committed]).

비협조적인 의회에 직면하여 / 대통령은 / 깨닫게 될 것이다 / 자신이 무능력하다는 것을 / 정치적 계획을 완수하기에 / 그가 약속한

해석 비협조적인 의회에 직면하여, 대통령은 그가 약속한 정치적 계획을 완수하기에 자신이 무능력하다는 것을 깨닫게 될 것이다.

☑ find의 5형식 「find + O + OC(형/명/RVing/p.p./to RV/that절)」는 'O가 OC임을 발견하다/알게 되다/깨닫다'라고 해석한다. PATTERN 20
☑ 문장 중간에 특히 형용사 뒤에 나온 to RV는 형용사를 수식하는 to 부정사의 부사적 용법(정도)이며, 'to RV하기에 ~한'이라고 해석한다.
☑ be committed to: ~을 약속하다, ~에 전념하다 (= commit oneself to)

115

However intelligent and thoughtful a person may be, he or she cannot make wise
 ─SC₁─   ─S₁── ─V₁─ S   V   O
choices *unless* he or she knows the facts (about his or her problem).
                ──S₂──   ─V₂─ ──O₂──

사람이 아무리 총명하고 사려 깊다 해도 / 그들은 / 현명한 선택을 할 수 없다 / 그들이 알지 못한다면 / 사실들을 / 그들의 문제에
관한

> 해석 사람이 아무리 총명하고 사려 깊다 해도 자기의 문제에 관한 사실들을 알지 못한다면 현명한 선택을 할 수 없다.
> ☑ 양보의 부사절 「However + 형·부 + S + V / No matter how + 형·부 + S + V」는 '아무리 형·부해도'라고 해석한다. PATTERN 36

116

Because the quality of air is becoming poorer and poorer, I think <(that) the time may
         ──S₁──   ─V₁─   ─SC₁─   S V   O   ─S₂─ ─V₂─
(soon) come [when we have to take an oxygen tank (with us) *wherever* we go]>.
           관·부 S₃ ──V₃──   ──O₃──   ─S₄─ ─V₄─

공기의 질이 점점 더 나빠지고 있기 때문에 / 나는 생각한다 / 그때가 곧 올 것이라고 / <그런데 그때> 우리는 / 가지고 다녀야 한
다 / 산소 탱크를 / 우리가 지니고 / 우리가 가는 곳 어디든

> 해석 공기의 질이 점점 더 나빠지고 있기 때문에, 나는 우리가 가는 곳 어디든 산소 탱크를 가지고 다녀야 하는 때가 곧 올 것이라고 생각한다.
> ☑ 비교급 and 비교급: 점점 더 ~한/하게
> ☑ 시간 명사(the time)와 관계부사 when이 이끄는 절이 떨어져 있지만 관계부사절이 명사를 수식하고 있다. 참고로, 선행사가 주어인 문
> 장에서 서술어가 짧을 때 또는 관계사절이 길 때 선행사와 관계사절이 떨어져 있을 수 있으니 유의하도록 하자. PATTERN 32
> ☑ 장소/양보의 부사절 「wherever + S + V」는 '~하는 곳마다 / ~하는 곳이면 어디든(= no matter where)'이라고 해석한다. PATTERN 36

117

One principle asserts <**that** social work clients have the right [to hold and express
 S   V   O   ──S₁──   ─V₁─ ─O₁─
their own opinions and to act (on them)], *as long as* doing so does not infringe on the
                                                        ─S₂─   ─V₂─   ─O₂─
rights of others>.

한 가지 원칙은 / 주장한다 / 사회 복지 수혜자들은 / 권리를 갖는다고 / 그들 자신의 견해를 유지하고 표현할 / 그리고 그것에 따
라 행동할 / 그렇게 하는 것이 / 침해하지 않는 한 / 다른 사람들의 권리를

> 해석 한 가지 원칙은 사회 복지 수혜자들이 다른 사람들의 권리를 침해하지 않는 한, 자신의 견해를 유지하고 표현하며 그것에 따라 행동
> 할 권리를 가지고 있다는 것이다.
> ☑ 명사 the right 뒤에 온 to RV는 앞의 명사를 수식하는 형용사적 용법(~하는/~할)으로 쓰였다. PATTERN 50
> ☑ as[so] long as: ~하는 동안은, ~하는 한, ~하기만 하면

118

"The most important thing is not the free tuition, but the freedom of studying (without
the burden of debt (on your back))," says Ann Kirschner, university dean of Macaulay
Honors College.

가장 중요한 것은 / 무료 등록금이 아니라 / 공부하는 자유다 / 빚 부담 없이 / 여러분의 등에 진 / 말한다 / Ann Kirschner가 /
Macaulay Honors 대학의 학장인

해석 "가장 중요한 것은 무료 등록금이 아니라 빚 부담을 지지 않고 공부할 수 있는 자유입니다."라고 Macaulay Honors 대학의 학장 Ann
Kirschner는 말한다.

☑ 인용문(" ") 뒤에 오는 주절의 주어와 동사는 도치될 수 있다. (단, 주어가 대명사일 때 도치가 일어나지 않는다.)
☑ 상관접속사 「not A but B」는 'A가 아니라 B인'이라는 뜻을 나타내며, 같은 품사를 연결한다. PATTERN 58

119

(Contrary to those museums' expectations), (however), he has decided to retain
permanent control of his works (in an independent foundation) [that makes loans (to
museums)] rather than (to) give any of the art away.

그 박물관들의 기대와 반대로 / 그러나 / 그는 결정했다 / 자신의 예술 작품의 영구적 통제권을 유지하기로 / 독립 재단 안에서 /
박물관에 대여하는 / 그 어떤 예술품이라도 넘겨주기보다는

해석 그러나 그 박물관들의 기대와 반대로 그는 그 어떤 예술품이라도 넘겨주기보다는 박물관에 대여하는 독립 재단 안에서 자신의 작품
들에 대한 영구적인 통제권을 유지하기로 결정했다.

☑ decide는 to 부정사를 목적어로 취하는 동사이며, 「A rather than B」로 to retain과 to give가 병렬 구조를 이루고 있다. PATTERN 14, 59
☑ that 뒤에 동사 makes로 이어지는 것으로 보아, that은 주격 관계대명사로 쓰였다. 하지만 that 앞에 명사가 여러 개가 있는데, 관계사
절의 동사가 단수이며 문맥상으로 따져보았을 때(독립 재단이 박물관에 대여해 주는 것) 선행사는 an independent foundation이다.
PATTERN 39

120

Men are more likely to view the community (in terms of production), ***whereas*** women
　S　　V　　　　　　　　　　　　O　　　　　　　　　　　　　　　　　　　　　S₁

see it, not only as a place [where people can earn their livelihood], but also as a place
V₁　O₁　　　　OC₁의 일종⑴　관·부　S₂　　V₂　　　O₂　　　　　　　　　OC₁의 일종⑵

[where all can attain and enjoy the good life].
관·부　S₃　V₃　　　　　　　O₃

남성들은 / 볼 가능성이 크다 / 사회를 / 생산이라는 관점에서 / 반면에 여성들은 / 그것을 본다 / 장소로서뿐만 아니라 / 사람들이
생계를 꾸려 나갈 수 있는 / 장소로서도 / 모든 사람들이 훌륭한 삶을 얻고 즐길 수 있는

해석 남성들은 사회를 생산이라는 관점에서 볼 가능성이 큰 반면, 여성들은 사회를 사람들이 생계를 꾸려나갈 수 있는 장소로뿐만 아니라,
모든 사람들이 훌륭한 삶을 얻고 즐길 수 있는 장소로 본다.

☑ 반대·대조의 연결사

but / yet / however	그러나, 하지만
while / whereas / on the other hand / by[in] contrast / on the contrary	반면에, 반대로, 대조적으로
even though / although / though / despite / in spite of	~에도 불구하고

☑ 간주 동사 「see + A + as + B」는 'A와 B'의 관계가 'O = OC(명사)'의 관계와 같기 때문에 5형식의 일종으로 보고 'A를 B로 보다'라고 해
석한다. PATTERN 20
☑ 상관접속사 「not only A but also B」는 'A뿐만 아니라 B도'라는 뜻으로, 같은 품사를 연결한다. PATTERN 58
☑ earn one's livelihood: 생계를 꾸려 나가다

DAY 13
📄 본서 p. 70

121

They lived no less successful lives than those [whose names have become familiar (to
　S　　V　　　　　　　　O　　　　　비교대상　소유격 관·대　S　　　V　　　　SC

the world)].

그들은 / 성공적인 삶을 살았다 / 사람들에 못지않게 / <그런데 그 사람들의> 이름은 / 세상에 알려졌다

해석 그들은 이름이 세상에 알려진 사람들 못지않게 성공적인 삶을 살았다.

☑ 「no less + 형/부 + than」: ~에 못지않게 ~한/~하게 PATTERN 59
☑ 대명사 those(사람들)를 소유격 관계대명사 whose가 이끄는 절이 수식하고 있다. 「선행사(명사1) + whose + 명사2」는 '선행사(명사1)
의 명사2'라는 소유격 의미를 나타내며, 소유격 관계대명사절은 절의 길이에 따라 두 가지 방식(① ~하는 ② 그런데 그 명사1의 명사2)
으로 해석할 수 있다. PATTERN 30

122

The greatest barriers (to a high level of performance or reaching your potential) are
S   V

mental barriers [that we impose (upon ourselves)].
SC   O관·대 S V

가장 큰 장벽들은 / 높은 수준의 성과에 있어 / 또는 당신의 잠재력에 이르는 데 있어 / 정신적인 장벽들이다 / 우리가 우리 스스로에
게 부과하는

[해석] 높은 수준의 성과나 당신의 잠재력에 이르는 데 있어 가장 큰 장벽들은 우리가 우리 스스로에게 부과하는 정신적인 장벽들이다.

☑ 주격 보어는 주어를 보충 설명해 주는 말로, 명사(구/절)나 형용사가 온다. 명사(구/절)가 오는 경우 'S = SC(명사)'이고, 형용사가 오는
경우 'S의 상태 및 성질 = SC(형용사)'이다. PATTERN 17

☑ impose A on[upon] B: A를 B에 부과하다, 지우다, 강요하다

123

Advances (in medical research and technology) have revolutionized healthcare,
S   V   O

leading to improved treatments and longer life expectancy.
V   O

발전은 / 의료 연구 및 기술의 / 혁명을 일으켰다 / 의료 분야에 / <그러면서> (결과적으로) 이어졌다 / 치료법 개선과 기대 수명 연
장으로

[해석] 의료 연구 및 기술의 발전은 의료 분야에 혁명을 일으켜 치료법 개선과 기대 수명 연장으로 이어졌다.

☑ leading to ~ ← and this has led to ~ 또는 which has led to ~ PATTERN 55

124

Small areas of sand beach are (along the New England coast), some created (from
S   V   의미상 주어1

glacial debris), others built up (by the action of ocean storms).
의미상 주어2

모래 해변의 작은 지역들은 존재한다 / 뉴잉글랜드 해안을 따라 / <그러면서> 어떤 것들은 만들어진다 / 빙하 잔해들로부터 / 다
른 것들은 형성된다 / 바다 폭풍들의 작용으로 인해

[해석] 모래 해변의 작은 지역들은 뉴잉글랜드 해안을 따라 존재하는데, 어떤 것들은 빙하 잔해들로부터, 다른 것들은 바다 폭풍들의 작용으
로 인해 형성된다.

☑ 완전한 절 뒤에 온 「콤마(,) + p.p.」의 p.p.는 분사구문으로, 주절에 대한 추가적인 정보를 제공한다. 주절을 해석한 후 앞에 '그러면서'
를 붙여서 분사구문을 해석하도록 하자. 참고로, 분사구문의 주어가 주절의 주어와 다를 경우(Small areas of sand beach ≠ some/
others) 분사구문 앞에 주격으로 의미상 주어를 표시한다. PATTERN 55

125

The government recognizes <**that** the economy must remain strong> and is willing to
S   V₁   O₁   S   V   SC   V₂

provide <**whatever** is needed> (in order to achieve this excellence).
O₂   to 부정사(목적)

정부는 인식한다 / 경제가 강력한 상태를 유지해야 한다는 것을 / 그리고 제공할 의향이 있다 / 필요한 것은 무엇이든 / 이러한 탁월
함을 이루기 위해

해석 정부는 경제가 강력한 상태를 유지해야 한다는 것을 인식하고 있으며, 이러한 탁월함을 이루기 위해 필요한 것은 무엇이든 제공할 의
향이 있다.

☑ provide의 목적어 자리에 온 whatever가 이끄는 절은 명사절로서, '~하는 것이면 무엇이든 (= anything that)'이라고 해석한다.
PATTERN 35

☑ in order to RV: to RV하기 위해 (= so as to RV) PATTERN 52

126

Painters want to see the world afresh and to discard all the accepted notions and
S   V   O₁   O₂

prejudices (about flesh being pink and apples being yellow or red).
      의미상 주어₁ 전O₁   의미상 주어₂ 전O₂

화가들은 원한다 / 세상을 새롭게 보는 것을 / 그리고 모든 기존의 생각과 편견을 버리는 것을 / 살은 분홍색이고 사과는 노랗거
나 붉다는 것에 대한

해석 화가들은 세상을 새롭게 보고 싶어 하며, 살은 분홍색이고 사과는 노랗거나 붉다는 기존의 생각과 편견을 벗어버리고 싶어 한다.

☑ 동명사의 의미상 주어는 소유격으로 표시하는 것이 원칙이나 일반명사일 경우 소유격과 목적격 모두 가능하다. 따라서 동명사 being의
의미상 주어로 각각 목적격(flesh / apples)으로 표시되었다. PATTERN 06

127

(Thus), the youth may identify with the aged, one gender (may identify) with the
      S₁   V₁   O₁   S₂   (V₂ 생략)   O₂

other, and a reader of a particular limited social background (may identify) with
        S₃   (V₃ 생략)

members of a different class or a different period.
O₃

그리하여 / 젊은이들은 / 공감할 것이다 / 노인들과 / 하나의 성은 / (공감할 것이다) / 다른 성과 / 그리고 한정된 특정 사회적 배경
을 지닌 독자는 / (공감할 것이다) / 다른 계층이나 다른 시대의 구성원과

해석 그리하여, 젊은이들은 노인들과 공감할 것이고, 하나의 성은 다른 성과 공감할 것이며, 한정된 특정 사회적 배경을 지닌 독자는 다른
계층이나 다른 시대의 구성원과 공감할 것이다.

☑ 첫 번째 절에 대조되는 두 명사구(the youth / the aged)가 may identify with로 연결되어 있고 뒤에 등위접속사 and를 중심으로 비슷
한 내용 구조를 이루고 있는 것으로 보아, 뒤에 오는 절에서 반복되는 어구(may identify)가 생략되었다는 것을 알 수 있다. 따라서 문장
해석 시 생략된 부분을 파악하여 보충해서 해석해야 한다. PATTERN 58

Any experienced parent will tell you <that the best way [to get a broccoli-hating child
to sample this food] is to have another child sitting (nearby) [who (enthusiastically) is
eating broccoli]>.

S / V / IO / DO / S₁ / V₂ / O₂ / OC₂ / V₁ / SC₁ / V₃ / O₃ / OC₃ / S관·대 / V₄ / O₄

노련한 부모라면 누구든지 / 당신에게 말할 것이다 / 가장 좋은 방법은 / 브로콜리를 싫어하는 아이에게 하게 하는 / 이 음식을 맛
보도록 / 또 다른 아이를 가까이에 앉히는 것이라고 / 브로콜리를 매우 열심히 먹고 있는

해석 노련한 부모라면 누구든지 브로콜리를 싫어하는 아이에게 이 음식을 맛보도록 하는 가장 좋은 방법은 브로콜리를 매우 열심히 먹고
있는 또 다른 아이를 가까이에 앉히는 것이라고 당신에게 말할 것이다.

☑ CIPARST 동사 중 하나인 tell의 4형식 「tell + O + that절/what절/if[whether]절/의문사절」은 'O에게 ~라는 것을 말하다'라고 해석한다.
PATTERN 21

☑ 명사 the best way 뒤에 온 to RV는 앞의 명사를 수식하는 형용사적 용법(~하는/~할)이고, be동사 is 뒤에 온 to RV는 문장의 주격 보어
역할을 하는 명사적 용법(~하는 것/~할 것)으로 쓰였다. PATTERN 49, 50

The number of foreigners [interested in the Korean language] has increased

(dramatically) (over the past few years) (because of the success of Korean firms

(overseas) and growing interest (in Korean culture)).

S / V

외국인의 숫자는 / 한국어에 관심이 있는 / 증가해 왔다 / 급격하게 / 지난 몇 년에 걸쳐 / 해외에서의 한국 회사들의 성공 때문에 /
그리고 한국 문화에 대한 증가하는 관심 때문에

해석 한국어에 관심이 있는 외국인의 숫자는 해외에서의 한국 회사들의 성공 그리고 한국 문화에 대한 증가하는 관심 때문에 지난 몇 년에
걸쳐 급격하게 증가해 왔다.

☑ 구와 절은 반드시 하나의 단위로 보아야 문장 구조 파악 및 해석을 쉽게 할 수 있다. PATTERN 01, 04
The number of foreigners: 명사구 / interested in the Korean language: 형용사구(분사구) / over ~ years, because of ~ culture: 부
사구(전명구)

☑ 「The number of(~의 수) + 복수 명사 + 단수 동사」

130

(On any given Saturday night), young people could and did gather (at the movie
_{S1} _{V1}

houses) (to watch <**whatever** was being projected (on the screen)>), and parents had
to 부정사(목적) V1 O1   S2   V2

no way of knowing <**whether** those movies were appropriate (for their children)>.
O2   S2   V2   SC2

토요일 밤이 되면 / 젊은 사람들은 / 모일 수 있었다 / 영화관에 / 보기 위해서 / 스크린에 영사되는 것은 무엇이든 / 그리고 부모들
은 / 전혀 알 수 없었다 / 그 영화들이 / 적절한지 / 자신의 자녀들에게

> **해석** 토요일 밤이 되면 젊은 사람들은 스크린에 영사되는 것은 무엇이든 보기 위해서 영화관에 모였고, 부모들은 그 영화들이 자녀들에게
> 적절한지 전혀 알 수 없었다.

- ☑ could and did gather에서 could and did는 가능성과 더불어 실제로 그렇게 했다는 것을 보여 준다.
- ☑ watch의 목적어와 knowing의 목적어 자리에 각각 명사절을 이끄는 접속사 whatever와 whether가 왔다. PATTERN 35
- ☑ have no way of RVing: RV할 방법이 없다 (*cf.* have a way of RVing: 흔히 RV하게 되다)

DAY 14

📄 본서 p. 73

131

It is one thing to work (for money), and it is (quite) another (thing) to have your
가S1 V1 SC1   진S1   가S2 V2   SC2   진S2

money work (for you).

그것은 한 가지이다 / <뭐가?> 돈을 위해 일하는 것은 / 그리고 그것은 완전히 다른 것이다 / <뭐가?> 네 돈이 너를 위해 일하도록
하는 것은

> **해석** 돈을 위해 일하는 것은 돈이 너를 위해 일하도록 하는 것과 완전히 별개다.

- ☑ 「A is one thing, and B is another / It's one thing to do A, and it's another (thing) to do B」: A와 B는 별개의 것이다 PATTERN 56
- ☑ 사역동사 「have + O + OC(RV/p.p.)」 구조에서 O와 OC의 관계가 네 돈이 '일하는' 것이라는 능동의 관계이므로 OC 자리에 RV(work)가
  쓰였다. PATTERN 23

132

As I turned the corner (off the tree-lined street), I realized <(that) the whole house was
   S1 V1   O1   S V   O   S2   V2

shining (with light)>.

내가 모퉁이를 돌았을 때 / 가로수가 늘어선 거리를 벗어나 / 나는 알아차렸다 / 집 전체가 빛나고 있다는 것을 / 불빛으로

> **해석** 내가 모퉁이를 돌아 가로수가 늘어선 거리를 벗어났을 때, 집 전체가 불빛으로 빛나고 있음을 알아차렸다.

- ☑ '명사-p.p.' 형태의 형용사는 '명사에 의해 p.p.된'이라고 해석한다. (tree-lined: 나무가 늘어선) PATTERN 62
- ☑ 타동사의 목적어 자리에 오는 that 명사절의 that은 흔히 생략된다. PATTERN 40

133

We are pumping huge quantities of CO_2 (into the atmosphere), [(almost) one-third of
S V   O   S

which comes (from cars)].
전O관·대 V

우리는 / 내뿜는다 / 엄청난 양의 이산화탄소를 / 대기 속으로 / <그런데 그 엄청난 양의 이산화탄소의> 거의 1/3은 / 나온다 / 자
동차에서

해석 우리는 엄청난 양의 이산화탄소를 대기 속으로 내뿜는데 그 이산화탄소의 거의 1/3은 자동차에서 나온다.

☑ 「선행사(명사1), + 명사2 + of + which/whom」은 소유격 관계대명사처럼 '그런데 그 명사1의 명사2'로 해석하는 것이 자연스럽다. 참
고로, 명사2가 부분을 나타내는 표현(all, some, most, half, 분수, 퍼센트)이라면, 관계대명사절의 동사의 수는 선행사(명사1)에 일치시
킨다. PATTERN 30

134

All individuals must eat (to survive), but <**what** people eat>, <**when** they eat>, and
S₁   V₁   to 부정사(목적)   S₂

the manner [in which they eat] are (all) patterned (by culture).
          전O관·대 S   V   V₂

모든 이들은 / 먹어야 한다 / 살아남기 위해서 / 그러나 / 사람들이 무엇을 먹는지 / 그들이 언제 먹는지 / 그리고 방식은 / 그들이
먹는 / 모두 형성된다 / 문화에 의해

해석 모든 이들은 살아남기 위해 먹어야 하지만, 무엇을, 언제, 어떻게 먹는지는 모두 문화에 의해 형성된다.

☑ 「전치사 + 관계대명사」에서 전치사는 선행사와의 쓰임에 따라 다르다. 보통 방법을 나타내는 manner는 전치사 in과 함께 in the
manner로 쓰이므로 in which로 쓰였음을 알 수 있다. PATTERN 31

☑ the manner in which they eat = how they eat

135

(Because of oil products), we can make light engines, [which enable airplanes to rise
                          S   V   O   S관·대 V   O₁   OC₁

(into the air) and automobiles to speed (along highways)].
              O₂   OC₂

유류 생산품 때문에 / 우리는 / 만들 수 있다 / 가벼운 엔진을 / <그런데 그 엔진은> 가능하게 해준다 / 비행기가 / 공중으로 높이
오르는 것을 / 그리고 자동차가 / 고속도로를 따라 빨리 달리는 것을

해석 유류 생산품 때문에 우리는 가벼운 엔진을 만들 수 있는데, 그것은 비행기가 공중으로 높이 오르게, 그리고 자동차가 고속도로를 따라
빨리 달리게 해준다.

☑ 「명사 + 관계사절」의 관계는 「핵심어 + 수식어(앞 명사에 대한 보충 설명)」이다. 여기서는 light engines가 핵심어, which ~ highways
가 수식어이다. 이처럼 명사 뒤에 수식어가 길게 붙는 경우를 직독직해할 때는 뒤에서 앞으로 순이 아닌 앞에서부터 순차적으로 해석해
야 핵심어를 놓치지 않고 복잡한 구조를 정확하게 해석할 수 있다. PATTERN 30

☑ COREAFP 동사 중 하나인 enable의 5형식 「enable + O + to RV」는 'O가 to RV할 수 있게 하다'라고 해석한다. PATTERN 25

136

The music performance reminded the students of the universal language of music and
S ——————— V ——— IO ———————— DO의 일종 ——— and

its ability [to evoke emotions and connect people (from diverse backgrounds)].

음악 공연은 / 일깨워 주었다 / 학생들에게 / 음악이라는 보편적인 언어를 / 그리고 그 능력을 / 감정을 불러일으키고 사람들을 연결하는 / 다양한 배경의

> 해석 음악 공연은 학생들에게 음악이라는 보편적인 언어와 감정을 불러일으키고 다양한 배경을 가진 사람들을 연결하는 음악의 능력을 일깨워 주었다.

☑ 인지 동사 「remind + A(사람) + of B/that절/의문사절/to RV」 구조로 목적어 뒤에 다양한 형태가 오지만, 4형식의 일종으로 보고 'A에게 ~을 상기시키다'라고 해석한다. PATTERN 27

☑ 「명사 + to RV」의 to RV는 ① 앞의 명사를 수식하거나(to RV하는/할) ② 목적(to RV하기 위해)을 나타낸다. 여기서는 명사 its ability 뒤에 온 to RV이므로 먼저 '~하는/할'로 해석해 보고 자연스러운지 확인하자. '감정을 불러일으키고 사람들을 연결하는 음악의 능력'이라는 의미가 자연스러우므로 to RV가 명사를 수식하는 형용사적 용법으로 쓰인 것을 알 수 있다. PATTERN 50

137

The accumulation of knowledge does not confer any superiority (on man) *if* he
S ——————————————— V ————— O ———— S

reaches the end of his life (without having deeply evolved) (as a responsible element
V ——— O

of humanity).

지식의 축적은 / 부여하지 않는다 / 어떤 우월성도 / 인간에게 / 만약 그가(인간이) 도달한다면 / 자신의 인생의 종말에 / 큰 발전을 이룩하지 않고 / 책임 있는 인류의 한 구성원으로서

> 해석 지식의 축적은 만약 인간이 책임 있는 인류의 한 구성원으로서 큰 발전을 이룩하지 않고 인생의 종말에 다다른다면, 인간에게 어떤 우월성도 부여하지 않는다.

☑ 전치사 without 뒤에 동명사가 왔는데, 동명사의 의미상 주어가 종속절의 주어인 he(= man)이고 '큰 발전을 이룩하는' 시점은 아무래도 인간이 '인생의 종말에 다다르는' 것보다 더 이전이므로 동명사의 완료형 having deeply evolved가 쓰였다. PATTERN 06

☑ 명사 man이 관사 없이 쓰일 때는 '사람, 인간, 인류'의 뜻을 나타낸다.

138

Too many children (here) enter the vicious spiral of malnutrition [which leads to
_S   _V   _O   _{S관·대}   _{V₁}

greater susceptibility (to infectious disease)], [which (in turn) leads to a greater
_{O₁}   _{S관·대}   _{V₂}   _{O₂}

likelihood of developing malnutrition].

이곳의 너무 많은 아이들이 / 들어간다 / 영양실조의 악순환에 / <그런데 그 악순환은> 더 큰 취약성을 초래한다 / 전염병에 대한 / <그런데 그 취약성은> 결국 더 큰 가능성을 초래한다 / 영양실조가 심각해지는

해석 이곳의 너무 많은 아이들이 전염병에 걸리기 쉽게 하는 영양실조의 악순환에 빠져드는데, 이것(전염병에 대한 더 큰 취약성)은 결국 영양실조가 심화될 가능성을 더 크게 한다.

☑ vicious spiral[circle]: 악순환 (↔ virtuous circle: 선순환)
☑ 앞 명사에 대한 보충 설명인 관계대명사절은 절의 길이에 따라 두 가지 방식(① ~하는 ② 그런데 그 명사)으로 해석할 수 있다. PATTERN 30
☑ 「동사 + 전치사/부사」와 같은 동사구는 따로 암기해 두어야 한다. PATTERN 15
    lead to: ~을 초래하다, ~으로 이어지다 (= result in, bring about, give rise to)

139

If you must give your child a credit card, (the experts say), make sure <(that) it has a
_{S₁}   _{V₁}   _{IO₁}   _{DO₁}   (삽입절)   _{V₁}   _{O₁}   _{S₂} _{V₂} _{O₂}

pre-set limit of no more than a thousand dollars>, and teach your children <**that** the
                                                 _{V₂}   _{IO₂}   _{DO₂} _{S₃}

card is to be used (only in emergencies)>.
    _{V₃}

만약 당신이 주어야 한다면 / 자녀에게 / 신용카드를 / 전문가는 말한다 / 명심하라 / 그것이 가지도록 / 1천 달러 정도로 미리 정해진 한도액을 / 그리고 가르쳐라 / 자녀에게 / 카드가 사용되어야 한다는 것을 / 오직 비상시에만

해석 자녀에게 신용카드를 주어야 할 경우에는 1천 달러 정도로 미리 한도액을 정해 놓고, 오직 비상시에만 카드를 사용하도록 가르치라고 전문가들은 말한다.

☑ give, teach는 대표적인 4형식 동사이며, make sure는 「of + 명사」 또는 that절을 목적어로 취하는 동사이다. 참고로, 목적어 역할을 하는 that은 흔히 생략된다. PATTERN 19, 40
☑ no more than: 단지 ~에 지나지 않는, ~일 뿐, ~이내[정도]
☑ 「be동사 + to RV」는 ① to RV하는 것이다(대개 주어가 사물) ② be to 용법(대개 주어가 사람)으로 해석하는데, 여기서는 주어가 사물 the card이지만 be to 용법인 '사용되어야 한다'로 쓰였다. PATTERN 49

140

The automobile has made it possible for father to work (a considerable commuting
<u>S1</u>   <u>V1</u>   <u>가O1</u> <u>OC1</u>   <u>의미상 주어</u> <u>진O1</u>

time away (from home)), so he (often) rises **before** the children do and sees them (only
  <u>S2</u>   <u>V2</u>   <u>S</u>   <u>V</u>   <u>V3</u> <u>O3</u>

for a brief period) (on his return from work) and (during the weekends).

자동차는 / 만들어 왔다 / 그것이 가능하도록 / <뭐가?> 아버지가 상당한 통근 시간이 걸리는 곳에 일할 수 있는 것이 / 집으로부
터 / 그래서 그는 / 종종 일어난다 / 아이들이 일어나기 전에 / 그리고 그들을 본다 / 짧은 시간 동안만 / 직장에서 돌아온 후와 주
말에

해석 자동차 덕분에 아버지는 집에서 통근 시간이 상당히 걸리는 곳에서 일할 수 있게 되어서 그는 종종 아이들이 일어나기 전에 일어나
고, 직장에서 돌아온 후와 주말에 짧은 시간 동안만 아이들을 본다.

☑ 가목적어-진목적어 구문 「S + make/find/think/keep + it + 형·명 + to RV/that절」이 쓰였으며, to RV 행동의 주체를 나타내기 위해 의
미상 주어 for father가 to RV 앞에 왔다. PATTERN 57

☑ before the children do에서 do는 rise를 대신하여 쓰인 대동사이다.

☑ 두 개의 등위접속사 and 중 첫 번째는 주어 he에 대한 단수 동사 rises와 sees를 병렬 연결하고, 두 번째는 on his return from work와
during the weekends를 병렬 연결한다. PATTERN 58

DAY 15

📄 본서 p. 76

141

Should a bird fly (into your house), it would be an indication <**that** important news is
<u>V1</u>   <u>S1</u>   <u>V1</u>   <u>S</u> <u>V</u>   <u>SC</u>   <u>(동격)</u> <u>S2</u>   <u>V2</u>

on the way>.
<u>SC2</u>

만약 새가 날아온다면 / 당신의 집 안으로 / 그것은 암시일 것이다 / 중요한 소식이 / 오는 중이라는

해석 만약 당신의 집으로 새가 날아들어 온다면, 그것은 중요한 소식이 오는 중이라는 암시일 것이다.

☑ 실현 가능성이 매우 낮은 미래를 가정하는 가정법 미래 「If + S + should + RV ~, S + should/would/could/might[shall/will/can/may]
+ RV」에서 if가 생략되면 종속절은 주어와 동사가 도치되어 「Should + S + RV ~」 구조가 된다. 따라서 Should가 문장 맨 앞에 올 경우
가정법 미래 도치를 의심해 보자. 그리고 가정법 미래는 '(가능성이 적지만) ~한다면 ~할 것이다'라고 해석한다.

☑ it = 종속절 전체(Should a bird fly into your house)

☑ 추상명사 an indication과 that important news is on the way는 동격을 이루며, 이때 that은 동격의 that이고 완전한 절을 이끈다.
PATTERN 39

142

She (never) passed her old home ***but*** she thought of the happy years [(that) she had
S   V   O   S₁   V₁   O₁   (O관·대 생략) S₂ V₂

spent (there) (with her family)].

그녀는 / 결코 지나가지 않았다 / 그녀의 예전 집을 / 그녀가 떠올리지 않고서는 / 행복한 시간들을 / <그런데 그 시간을> 그녀가
그곳에서 보냈었다 / 그녀의 가족과 함께

해석 그녀는 그녀의 예전 집을 그녀의 가족과 함께 그곳에서 보냈었던 행복한 시간들을 떠올리지 않고서는 결코 지나가지 않았다[그녀는
그녀의 예전 집을 지나갈 때마다 항상 그녀의 가족과 함께 그곳에서 보냈었던 행복한 시간들을 떠올렸다].

☑ 이중 부정 「cannot/never A but S + V」는 'A할 때마다 꼭[항상] ~한다'라고 해석할 수 있다. (= cannot/never A without RVing) 참고로,
여기서 but은 '~하지 않고서는'이라는 뜻의 종속접속사이다.

☑ 명사구 the happy years 뒤에 주어와 동사로 이루어진 절이 왔다. 타동사 had spent의 목적어가 없는 불완전한 절이므로 목적격 관계
대명사가 생략된 절이 앞의 명사를 수식하는 것으로 보아야 한다. 참고로, 선행사가 시간을 나타내서 관계부사 when이 생략되었다고
생각할 수 있으나 관계부사는 완전한 절을 이끈다. PATTERN 41

143

All [(that) I ask (in return)] is <***that*** you take good enough care of yourself ***so that***
S (O관·대 생략) S₁ V₁   V   SC   S₂   V₂   O₂

(someday) you can do the same thing (for someone else)>.
        S₃   V₃   O₃

보답으로 내가 바라는 전부는 / ~이다 / 당신이 자신을 충분히 잘 돌보는 것 / 그래서 언젠가 / 당신이 같은 일을 할 수 있도록 / 다
른 사람에게

해석 보답으로 내가 바라는 전부는, 당신이 자신을 충분히 잘 돌봐서 언젠가 당신이 같은 일을 다른 사람에게 할 수 있게 되는 것이다.

☑ 부사 enough가 형용사를 수식할 때 형용사 뒤에 위치하여 「형용사 + enough + 명사」 구조를 이룬다.

☑ 부사절 접속사 so that은 '① ~하기 위해(목적) ② 그 결과[그래서] ~하다(결과)'로 해석한다.

144

The exchange of ideas and knowledge (between different cultures) has enriched our
S   V   O

collective understanding of <***what*** it means to be human>.

아이디어와 지식의 교환은 / 서로 다른 문화 간의 / 풍부하게 해왔다 / 우리의 집단적 이해를 / 인간이 된다는 것이 무엇을 의미하
는지에 대한

해석 서로 다른 문화 간의 아이디어와 지식의 교환은 인간이 된다는 것이 무엇을 의미하는지에 대한 우리의 집단적 이해를 풍부하게 해왔다.

☑ 주어가 「명사 of 명사」 형태의 명사구일 때 진짜 주어를 찾아 동사의 수를 일치시킨다. 여기서는 문장의 진짜 주어가 The exchange이
므로 단수 동사 has enriched로 수일치했다.

☑ what it means to be human에서 it은 가주어이고 to be human이 진주어이다. PATTERN 56

145

Becoming good at handling information is going to be one of the most important
S / V / SC
skills of the twenty-first century, not just (in school) but (in the real world).

정보를 다루는 데 능숙하게 되는 것은 / 될 것이다 / 21세기의 가장 중요한 기술 중 하나가 / 학교에서뿐만 아니라 / 실제 세상에서도

해석 정보를 다루는 데 능숙하게 되는 것은 학교에서뿐만 아니라 실제 세상에서도 21세기의 가장 중요한 기술 중 하나가 될 것이다.
☑ 구와 절은 반드시 하나의 단위로 보아야 문장 구조 파악 및 해석을 쉽게 할 수 있다. PATTERN 01, 02
　Becoming ~ information: 명사구 / one of ~ century: 명사구 / not just ~ world: 부사구(전명구)
☑ 「RVing + V」의 RVing는 문장의 주어 자리에 온 동명사이며 단수 동사로 수일치한다. PATTERN 48
☑ 상관접속사 「not just[only] A but (also) B」는 'A뿐만 아니라 B도'라는 뜻으로, 같은 품사를 연결한다. PATTERN 58

146

Art, [which has been created (for centuries)], ranges (from cave paintings and
S　S관·대　V　V
sculptures of early civilizations) (to contemporary works [found (in galleries and

museums)]).

예술은 / 수 세기 동안 창조된 / 다양하다 / 초기 문명의 동굴 벽화와 조각품에서 / 현대 작품까지 / 미술관과 박물관에서 발견되는

해석 수 세기 동안 창조된 예술은 초기 문명의 동굴 벽화와 조각품에서 미술관과 박물관에서 볼 수 있는 현대 작품까지 다양하다.
☑ 동사 range는 주로 전치사구 from A to B와 함께 쓰이므로 하나의 구처럼 알아두도록 하자. (range from A to B: (범위가) A에서 B까지 다양하다)
☑ 분사구 found ~ museums는 앞의 명사구 contemporary works를 수식하고 있는데, 현대 작품이 '발견되는' 것이므로 수동의 과거분사구가 쓰였다. PATTERN 53

147

A Melbourne study of 6,000 people showed <that owners of dogs and other pets had
S　V　O　S1　V1
lower cholesterol, blood pressure, and heart attack risk compared with people [who
O1　S관·대
didn't have pets]>.
V2　O2

6천 명의 사람을 대상으로 한 멜버른의 한 연구는 / 보여 줬다 / 개와 다른 반려동물의 주인은 가졌다는 것을 / 더 낮은 콜레스테롤, 혈압, 그리고 심장 마비 위험을 / 사람들과 비교했을 때 / 반려동물을 기르지 않았던

해석 6천 명의 사람을 대상으로 한 멜버른의 한 연구는 개와 다른 반려동물을 기르는 사람들이 반려동물을 기르지 않았던 사람들에 비해 콜레스테롤, 혈압, 그리고 심장 마비 위험이 더 낮다는 것을 보여 줬다.
☑ 「동사 + that + S + V」의 that은 명사절 접속사이며, 명사절에는 what절, if[whether]절, that절, 의문사절, 복합관계사절 등이 있다. 이처럼 타동사의 목적어 자리에 명사절이 올 경우, '~라는 것을/~인지/~하는지 V하다'라고 해석한다. PATTERN 38
☑ 분사구문 compared with는 주로 같은 내용의 두 대상을 비교할 때 쓴다. 여기서는 owners of dogs and other pets와 people who didn't have pets를 비교한다.

148

It has been calculated <**that** people [who worked (in cities) (during the 1990s)] spent
가S V   진S S₁ S관·대 V₂   V₁
the equivalent of three whole years of their lives ((in) battling (through the rush-hour
O₁   (생략)
traffic) (on their way to and from work))>.

그것은 계산되어 왔다 / <뭐가?> 사람들이 / 도시에서 일했던 / 1990년대에 / 보냈다는 것이 / 그들 인생의 3년에 상당하는 시간을
/ 혼잡한 교통과 싸우는 데 / 출퇴근길에

해석 1990년대 도시에서 일했던 사람들이 출퇴근길에서 혼잡한 교통과 싸우느라 보냈던 시간을 모두 계산하면 인생에서 3년에 해당하는
시간이라고 한다.

☑ it ~ that은 보통 가주어-진주어 구문이거나 it ~ that 강조 구문이다. 여기서는 가주어-진주어 구문으로 쓰였으며, 직독직해 시 '그것(it)
은 형/명이다 <뭐가?> that절 이하가'로 끊어 읽도록 한다. PATTERN 56
☑ spend + 돈·시간·노력 + (in) RVing: ~하는 데 돈·시간·노력을 쓰다[들이다]
☑ on one's[the] way to and from: ~을 오가는 길에

149

Instilling knowledge is (obviously) not irrelevant (to educational practices), but their
S₁   V₁   SC₁   S₂
priorities are determined (by the much more important question of <**how** one enables
        V₂   S   V
a student to become an autonomous thinker>).
O   OC

지식을 주입하는 것은 / 분명히 무관하지는 않다 / 교육 실천과 / 하지만 그것의 우선순위는 / 결정된다 / 훨씬 더 중요한 물음에
의해 / 누군가가 어떻게 할 수 있게 하는지에 대한 / 학생이 / 자율적으로 생각하는 사람이 되도록

해석 지식을 주입하는 것은 교육 실천과 분명히 무관하지는 않지만, 그것의 우선순위는 누군가가 어떻게 학생이 자율적으로 생각하는 사
람이 되도록 하는지에 대한 훨씬 더 중요한 물음에 의해 결정된다.

☑ 동명사 RVing vs 현재분사 RVing: 명사 앞에 온 RVing는 명사를 목적어로 취하는 동명사일 수도 있고, 명사를 능동의 의미로 수식하는
현재분사일 수도 있다. RVing와 명사의 관계를 따져보고 쓰임을 파악하도록 하자. (Instilling knowledge: '지식을 주입하는 것'(동명사)
(O) / '주입하는 지식'(현재분사) (X)) PATTERN 06
☑ 전치사 of의 목적어 자리에 온 「how + S + V」는 의문사 how가 이끄는 간접의문문이다. PATTERN 34
☑ COREAFP 동사 중 하나인 enable의 5형식 「enable + O + to RV」는 'O가 to RV할 수 있게 하다'라고 해석한다. PATTERN 25

150

Anyone [who has used e-mail (much)] has (probably) noticed <**how** easily one's
S   S관·대   V1   O1   V   O1   S2

casual, quickly typed comment can be misunderstood>, <**how** suddenly the tone
                   V2   O2   S3

of e-mails can change>, and <**how** big conflicts can develop (rapidly) (from a few
       V3   O3   S4   V4

lines)>.

누구나 / 전자우편을 많이 사용해 왔던 / 아마 알아차렸을 것이다 / 얼마나 쉽게 / 어떤 한 사람이 무심결에, 신속하게 써넣은 의견
이 / 오해될 수 있는지 / 어떻게 갑자기 / 전자우편의 어조가 / 변할 수 있는지 / 그리고 어떻게 커다란 갈등이 / 생길 수 있는지 /
순식간에 / 몇 줄로부터

> 해석 어떤 한 사람이 무심결에 (자판으로) 신속하게 써넣은 의견이 얼마나 쉽게 오해될 수 있는지, 전자우편의 어조가 어떻게 갑자기 변할
> 수 있는지, 또 어떻게 몇 줄의 글로 인해 커다란 갈등이 순식간에 생길 수 있는지는 전자우편을 많이 사용해 본 사람이라면 아마 알아
> 차렸을 것이다.

☑ 동사 has noticed의 목적어 자리에 등위접속사 and를 중심으로 세 개의 how 의문사절이 병렬 구조를 이루고 있다. 이처럼 의문사절이
문장 내에 쓰일 때 명사절 역할을 하며 주어, 목적어, 보어 자리에 온다. 「how + S + V」는 '어떻게 ~하는지'라고 해석하고 「how + 형·부
+ S + V」는 '얼마나 형·부하는지'라고 해석한다. PATTERN 34, 58
   cf. 「however + 형·부 + S + V / no matter how + 형·부 + S + V」: 아무리 형·부해도(부사절)

☑ one의 의미: ① 앞에서 언급된 것과 같은 종류의 불특정한 하나 ② 한 개, 하나 ③ (일반적인) 사람, 누구나

DAY 16   📄 본서 p. 79

151

This genetic change may cause the child to be born defective (in some way).
S   V   O   OC   유사보어

이 유전적 변이는 / 야기할지도 모른다 / 아이가 태어나도록 / 장애를 가진 채 / 어떤 식으로든

> 해석 이 유전 변이는 아이를 어떤 식으로든 장애를 가지고 태어나게 할지도 모른다.

☑ COREAFP 동사 중 하나인 cause의 5형식 「cause + O + to RV」는 'O가 to RV하도록 야기하다'라고 해석한다. PATTERN 25

☑ to 부정사 내 be born이 완전자동사이지만, 아이가 어떤 상태로 태어났는지를 나타내기 위해 유사보어(defective)를 써서 의미를 보충하
였다. 이처럼 유사보어를 취할 수 있는 동사로는 be born, live, grow up, marry, die, go, leave, come, return, sit, stand, lay 등이 있다.

☑ in some way: 어떤 식으로든, 어떤 점에서는

152

(In fact), it's more likely <**that** high productivity creates job satisfaction (rather than
　　　　　가S　V　SC　　　　　진S　　　S　　　　　　　V　　　　　O
the other way around)>.

사실 / 그것은 가능성이 더 크다 / <뭐가?> 높은 생산성이 / 직업 만족감을 만든다는 점이 / 반대의 경우보다는

해석 사실, 직업에 대한 만족감이 높은 생산성을 가져온다기보다는 높은 생산성이 직업에 대한 만족감을 가져올 가능성이 더 크다.

☑ 가주어 it-진주어 that절 구문의 직독직해는 '그것(it)은 형/명이다 <뭐가?> that절 이하가'로 하도록 하자. PATTERN 56

☑ A rather than B: B라기보다는 A이다 (= not so much B as A) PATTERN 59

153

The young girl felt accustomed to living (in the new society) and got taught a lot of
　S　　　　　V1　SC1　　　　　　　　　　　　　　　　　　　V2　　　　O2
customs and manners.

그 어린 소녀는 / 느꼈다 / 사는 것에 익숙해졌다고 / 새로운 사회에서 / 그리고 배웠다 / 많은 관습과 예의범절을

해석 그 어린 소녀는 새로운 사회에서 사는 데 익숙해졌다고 느꼈으며, 많은 관습과 예의범절을 배웠다.

☑ 오감동사(look, sound, smell, taste, feel)의 주격 보어 자리에는 형용사/「like + 명사」/「like + S + V」가 올 수 있다. PATTERN 17

☑ 수동태 「be동사 + p.p.」 대신 「get + p.p.」가 쓰였는데, 격식체/비격식체, 약간의 뉘앙스 등의 차이가 있다. 수동태의 be동사가 상태나 결과에 초점을 맞춘 반면, get은 행동이나 과정을 강조하며 변화에 초점을 맞춘다고 볼 수 있다. PATTERN 09

154

Newspapers and television are said to be the main sources [from which the public
　S　　　　　　　　　　V　　　　　SC　　　　전O관·대　　S
derives its knowledge and information of the facts].
　V　　　O

신문과 텔레비전은 / 말해진다 / 주된 원천이라고 / <그런데 그 원천에서> 일반 대중은 / 얻는다 / 사실에 관한 지식과 정보를

해석 신문과 텔레비전은 일반 대중이 사실에 관한 지식과 정보를 얻는 주된 원천이라고 말해진다.

☑ 명사(선행사)를 수식하는 관계사절의 「전치사 + 관계대명사」는 두 가지 방식(① ~하는 ② 그런데 그 명사 + 전치사)으로 해석할 수 있다. (derive A from B: B에서 A를 얻다[끌어내다]) PATTERN 31

☑ Newspapers and television are said to be the main sources ~
　← People say that newspapers and television are the main sources ~
　← It is said that newspapers and television are the main sources ~

155

The politician's success (in converting the people (to his way of thinking)) was
S   V   O   V

(largely) a result of his persuasive criticisms of the existing order.
SC

그 정치인의 성공은 / 사람들을 바꾸는 데 있어서 / 자신의 사고방식으로 / 주로 결과였다 / 기존 질서에 대한 설득력 있는 비판의

해석 그 정치인이 사람들을 자신의 사고방식대로 바꾸는 데 성공한 것은 주로 기존 질서를 설득력 있게 비판한 결과였다.

☑ 전치사 뒤에는 명사(구/절)가 오므로 「전치사 + RVing」의 RVing는 동명사(~하는 것)이다. PATTERN 54

| on[upon] RVing RV하자마자 | by RVing RV함으로써 |
| in RVing RV하는 것에 있어서, RV할 때 | without RVing RV하는 것 없이, RV하지 않고 |

☑ way of thinking: 사고방식

156

The integration of technology (into education) has transformed learning experiences,
S   V   O

making them more interactive and accessible (to students worldwide).
V   O   OC

기술의 교육으로의 통합은 / 변화시켰다 / 학습 경험을 / <그러면서> 만들었다 / 그것들을 / 더 상호 작용적이고 접근하기 쉽게 /
전 세계 학생들에게

해석 기술의 교육으로의 통합은 학습 경험을 변화시켜서, 학습 경험이 전 세계 학생들에게 보다 상호 작용적이고 접근하기 쉽게 되었다.

☑ making ~ worldwide는 분사구문으로, 의미상 주어는 주절의 주어 The integration of technology into education과 동일하며, 「make + O + OC(형용사)」의 5형식 구조를 이루고 있다. PATTERN 20, 55

☑ 비교급 more는 등위접속사 and로 연결된 두 형용사(interactive / accessible)를 동시 수식하고 있다. PATTERN 03

157

All of us have had the experience of not being able to find the right words [to get
S   V   O₁

across our meaning], (the experience) of being misunderstood, or (the experience) of
(생략)   O₂   (생략)   O₃

finding <that we don't make ourselves clear>.
         S   V   O   OC

우리 모두는 / 가진 적이 있다 / 적절한 말을 찾지 못하는 경험을 / 우리의 의미를 이해시킬 수 있는 / 오해를 받는 (경험을) / 또는
발견하는 (경험을) / 자신이 말하고자 하는 바를 분명하게 하지 못하는 것을

해석 우리 모두는 우리의 의미를 이해시킬 수 있는 적절한 말을 찾지 못하거나 오해를 받거나 자신이 말하고자 하는 바를 분명하게 하지
못하는 것을 발견하는 경험을 가진 적이 있다.

☑ 등위접속사 or를 중심으로 명사구 the experience of RVing가 병렬 구조를 이루고 있으며, 반복되는 'the experience'를 생략하였다.
PATTERN 58

☑ 동명사의 부정형은 동명사 앞에 not/never를 붙인다. PATTERN 06

☑ make oneself clear: (상대방에게) 자기의 말을 이해시키다

Most helpful (to the calm and peaceful atmosphere) [that the two-year old child needs
SC   O관·대 S   V₁

but cannot produce (for himself/herself)] is the presence of comforting music, (in
     V₂   V S

almost any form).

가장 도움이 되는 것은 / 조용하고 평화로운 분위기에 / <그런데 그 분위기를> 두 살배기 아이는 필요로 한다 / 하지만 스스로 만들어 낼 수는 없다 / 위안이 되는 음악의 존재이다 / 거의 어떤 형태로든

> 해석 두 살짜리 아이에게 필요하지만 스스로 만들어 낼 수 없는 차분하고 평화로운 분위기(를 조성하는 것)에 가장 도움이 되는 것은 거의 어떤 형태로든 위안이 되는 음악이 있는 것이다.

☑ 문장 맨 앞에 형용사가 나오는 경우는 ① 「형용사(SC) + be동사 + S」 구조로 형용사 보어를 강조하기 위해 문두로 보내 주어와 동사가 도치된 경우(형용사한 것은 S이다) ② 「형용사, S + V」 구조로 형용사 앞에 being이 생략된 형태의 분사구문일 경우(형용사하다, 그런 S가 V하다)이다. 여기서는 뒤에 be동사 is가 나오므로 형용사 보어(Most helpful)의 도치 구문이며, 동사의 수는 뒤에 오는 주어(the presence)에 일치시켜 단수로 썼다.

Because the dignity of all human beings was of paramount importance (to them), they
        S₁   V₁ SC₁   S

believed <**that *no matter what*** kind of work a person did, everyone's contribution (to
 V   O   O₂   S₂   V₂ S₃

society) was of equal value>.
   V₃ SC₃

모든 인간의 존엄성은 / 최고로 중요한 것이므로 / 그들에게 / 그들은 / 믿었다 / 인간이 어떤 종류의 일을 하든지 간에 / 모든 사람의 공헌은 / 사회에 대한 / 동일한 가치가 있다고

> 해석 모든 인간의 존엄성은 최고로 중요한 것이므로 그들은 인간이 어떤 종류의 일을 하든 사회에 대한 모든 사람의 공헌은 동일한 가치가 있다고 믿었다.

☑ 양보의 부사절 「no matter what + S + V」는 '~하는 것이면 무엇이든지 간에(= whatever)'라고 해석한다. PATTERN **37**
  cf. 명사절 「whatever + S + V」: ~하는 것이면 무엇이든 (= anything that)

☑ 「of + 추상명사」 = 형용사

of ability 유능한 (= able)	of importance 중요한 (= important)
of use 유용한 (= useful)	of value 가치 있는 (= valuable)
of help 도움 되는 (= helpful)	of interest 흥미로운 (= interesting)

cf. 「with/in/on/by + 추상명사」 = 부사

with ease 쉽게 (= easily)	in reality 사실은, 실제로 (= really)
with care 주의 깊게 (= carefully)	on purpose 고의로, 일부러 (= purposely)
with kindness 친절히 (= kindly)	by accident 우연히 (= accidentally)

160

(Within no longer than a decade or two (decades)), the probability of spending part of
　　　　　　　　　　　　　　　　　　(생략)　　　　　　　S

one's life (in a foreign culture) will exceed the probability (a hundred years ago) of
　　　　　　　　　　　　　　　 V　　　　　　O

(ever) leaving the town [in which one was born].
　　　　　　　　　　　　전O관·대 S　　V

지금부터 10년이나 20년 이내에 / 어떤 사람이 그 생애의 일부분을 보낼 확률은 / 외국 문화에서 / 넘어설 것이다 / 확률을 / 100
년 전에 마을을 떠나 본 적이 있을 / 그 사람이 태어났던

> 해석 지금부터 10년이나 20년 이내에, 어떤 사람이 외국 문화에서 생애 일부분을 보내게 될 확률은 100년 전에 자신이 태어난 고향 마을
> 을 떠나 본 적이 있을 확률을 넘어서게 될 것이다.

☑ no longer than: ~이내
　cf. 비교급 관용 표현

no more than 단지 ~에 지나지 않은, ~일 뿐 (= only)	no less than 다름 아닌, ~만큼 (= as much as)
not more than 기껏해야 (= at most)	not less than 적어도 (= at least)

161

I cannot help but regret <**how** little I am able to contribute (to the discussion of the
S V　　　　　　　　　　　O　　　　　　S V

many debatable questions)>.

나는 / 유감스러워하지 않을 수 없다 / 거의 기여할 수 없는 것을 / 많은 논란의 여지가 있는 문제의 토론에

> 해석 나는 많은 논란의 여지가 있는 문제의 토론에 거의 기여할 수 없는 것을 유감스러워하지 않을 수 없다.

☑ 동사 regret의 목적어 자리에 온 「how + 형·부 + S + V」는 의문사 how가 이끄는 간접의문문으로서, '얼마나 형·부하는지'라고 해석한다.
　PATTERN 34
☑ cannot help but RV: RV하지 않을 수 없다 (= cannot help RVing = cannot but RV = can do nothing but RV = cannot choose but
　RV = have no choice but to RV = There is nothing for it but to RV)
☑ 부사 little: (부정의 의미) 거의 않는 *vs* a little: (긍정의 의미) 조금, 약간

66 심슨 구문 300제 [구문분석집]

162

When you feel compelled to deal with other people's issues, your goal of becoming
<u>S</u> <u>V</u> <u>SC</u> <u>S</u>

more peaceful becomes all but impossible.
<u>V</u> <u>SC</u>

당신이 강요받는다고 느낄 때 / 다른 사람들의 문제를 다루도록 / 좀 더 평온해지려는 당신의 목표는 / 거의 불가능해진다

해석 당신이 다른 사람들의 문제를 다루도록 강요받는다고 느낄 때, 좀 더 평온해지려는 당신의 목표는 거의 불가능해진다.

☑ 주격 보어 자리에 온 p.p. 형태의 compelled는 COREAFP 동사 중의 하나인 compel의 수동형이며, 원래 5형식일 때 「compel + O + to RV」로 쓰이고 'O가 to RV하도록 강요하다'라고 해석한다. PATTERN 25

☑ but과 관련된 숙어

all but + 명사 ~을 제외하고 전부	anything but 결코 ~가 아닌 (= never)
all but + 형용사 거의 ~한	nothing but 단지 ~뿐 (= only)

163

We cannot study the lives of great men (without noticing <**how** often an apparent
<u>S</u> <u>V</u> <u>O</u> <u>V1</u> <u>O1</u> <u>S2</u>

misfortune was (for them) an exceedingly fortunate thing>).
<u>V2</u> <u>SC2</u>

우리는 / 연구할 수 없다 / 위인들의 삶을 / 알아채는 것 없이는 / 얼마나 흔히 / 외관상의 불행이 / 그들에게 / 지극히 다행인 일이 었는지를

해석 우리가 위인들의 전기를 연구하면, 외관상으로는 불행한 것이 얼마나 흔히 그들에게 지극히 다행인 일이었는지를 반드시 알게 된다.

☑ 이중 부정 「cannot[never] A without RVing」는 'A할 때마다 꼭[항상] RV한다 / RV하지 않고는 결코 A하지 않는다'라고 해석할 수 있다. (= 「cannot[never] A but S + V」 = 「when A, S + always + V」 = 「whenever A, S + V」)

164

The front pages of newspapers tell of the disintegration of the social fabric, and the
<u>S</u> <u>V</u> <u>O1</u> <u>O2</u>

resulting atmosphere of anxiety [in which we all live].
전O·관·대 S (동격) V

신문의 첫 페이지들은 / 알려 준다 / 사회 조직의 붕괴에 대해 / 그리고 그 결과로 조성되는 불안한 분위기에 대해 / <그런데 그 분위기 안에서> 우리 모두가 살고 있다

해석 신문의 첫 페이지들은 사회 조직의 붕괴와 그 결과로 조성되는 우리 모두가 살고 있는 불안한 분위기에 대하여 알려 준다.

☑ 관계대명사절을 문장으로 바꾸면, and we all live in an atmosphere of anxiety가 된다. 부사구(전명구) in an atmosphere of anxiety 를 제외하면 문장이 주어(S)와 동사(V)만으로 이루어져 있는 1형식 문장인데, 「S + V + 전 + 명」의 구조에서는 「전 + 명」도 중요한 정보로 해석해야 한다. PATTERN 31

165

If you were to store ten bits of information (each second of your life), (by your l00th
<u>S</u> <u>V</u> <u>O</u>

birthday), your memory-storage area would be (only) (half) full.
<u>S</u> <u>V</u> <u>SC</u>

만약 당신이 저장한다면 / 10비트의 정보를 / 당신의 삶에서 매초 / 100살 때쯤까지 / 당신의 기억 저장소는 / 단지 절반만 채워질
것이다

[해석] 만약 당신이 당신의 삶에서 매초 10비트의 정보를 저장한다 해도, 당신의 기억 저장소는 100살 때쯤에도 단지 절반만 채워질 것이다.

☑ 실현 가능성이 매우 낮은 미래를 가정하는 가정법 미래 「If + S + were to RV ~, S + should/would/could/might + RV」 문장으로, '(가
능성이 적지만) ~한다면 ~할 것이다'라고 해석한다. 참고로, if가 생략되면 종속절은 주어와 동사가 도치되어 「Were + S + to RV ~」 구
조가 된다. 따라서 Were가 문장 맨 앞에 올 경우 가정법 미래 도치를 의심해 보자.

166

Advances (in information technology) meant <**that** deregulated financial markets
<u>S</u> <u>V</u> <u>O</u> <u>S</u>

could shift massive flows of capital (across national boundaries) (within seconds)>.
<u>V</u> <u>O</u>

정보 기술의 발전은 / 의미했다 / 규제 철폐된 금융 시장이 / 이동시킬 수 있었다는 것을 / 거대한 자본 흐름을 / 국경을 넘어 / 몇
초 안에

[해석] 정보 기술의 발전은 규제 철폐된 금융 시장이 거대한 자본 흐름을 몇 초 안에 국경을 넘어 이동시킬 수 있음을 의미했다.

☑ 「동사 + that + S + V」의 that은 명사절 접속사이며, 타동사의 목적어 역할로 that이 올 경우 that은 흔히 생략되기도 한다. 참고로, that
절 외 명사절에는 what절, if[whether]절, 의문사절, 복합관계사절 등이 있다. PATTERN 38

167

Grateful (for the support of their friends and community), they organized a great event
<u>S</u> <u>V</u> <u>O</u>

(to express their appreciation and (to) give back (to those [who had been there (for
to 부정사(목적) V₁ O₁ V₂ S관·대 V

them)])).

성원에 감사하다 / 그들의 친구들과 지역 사회의 / <그런> 그들은 / 멋진 행사를 준비했다 / 감사의 마음을 전하기 위해 / 그리고
보답하기 위해 / 사람들에게 / 그들을 위해 있어 준

[해석] 친구들과 지역 사회의 성원에 감사한 그들은 그들을 위해 있어 준 사람들에게 감사의 마음을 전하고 보답하기 위해 멋진 행사를 준비
했다.

☑ 「(접속사) + RVing/p.p./형용사 ~, S + V」는 분사구문이 문장 맨 앞에 온 구조로, RVing는 능동을, p.p.는 수동을 의미하며, 형용사 분사
구문인 경우는 앞에 being이 생략되어 있다. 분사구문을 직독직해 시 'RV하다/p.p.되어지다/형용사하다, <그런> S가 V하다'로 끊어 읽
도록 하자. PATTERN 47

☑ to 부정사의 to vs 전치사 to: to 뒤에 RV가 오면 to 부정사이고, 뒤에 명사(구)가 오면 전치사 to이다. 이 문장에서는 to express가 to 부
정사의 부사적 용법(목적)으로, to those의 to는 '~에게'라는 뜻의 전치사로 쓰인 것을 볼 수 있다. 이 이외에 'want to meet(만나고 싶
다)'처럼 to 부정사와 쓰이는 또는 'look forward to meeting(만나기를 고대하다)'처럼 전치사 to와 함께 쓰이는 표현은 따로 암기해야
한다. PATTERN 05

☑ be there for sb: (위로·도움이 필요할 때) ~를 위해 있어 주다

168

History has recorded many instances of creative and imaginative people [whose
S   V   O   소유격 관·대

talents were not (initially) recognized (by their contemporaries)] or [whose talents
S₁   V₁   소유격 관·대 S₂

were not evident (at an early age)].
V₂   SC₂

역사는 기록해 왔다 / 창의적이고 상상력이 풍부한 사람들의 많은 예들을 / <그런데 그들의> 재능은 / 처음에는 인정받지 못했다 / 그들의 동시대 사람들에 의해 / 혹은 <그런데 그들의> 재능은 / 눈에 띄지 않았다 / 이른 나이에는

해석 역사는 처음에는 재능이 동시대인들에 의해 인정받지 못했거나 그들의 재능이 이른 나이에는 눈에 띄지 않았던 창조적이고 상상력이 풍부한 사람들의 많은 예들을 기록해 왔다.

☑ 명사구 creative and imaginative people을 수식하는 두 개의 소유격 관계대명사절(whose)이 등위접속사 or를 중심으로 병렬 구조를 이루고 있다. 「선행사(명사1) + whose + 명사2」는 '선행사(명사1)의 명사2'라는 소유격 의미를 나타내며, 소유격 관계대명사절은 절의 길이에 따라 두 가지 방식(① ~하는 ② 그런데 그 명사1의 명사2)으로 해석할 수 있다. PATTERN 30, 58

169

The type of clothing [(that) we wear], the kind of houses [in which we live], the type
S₁   (O관·대 생략) S₁ V₁   S₂   전O관·대 S₂ V₂   S₃

of recreation [(that) we enjoy], and the kind of food [(that) we eat], are the result of
          (O관·대 생략) S₃ V₃   S₄   (O관·대 생략) S₄ V₄   V   SC

the influences of the groups [to which we belong].
                     전O관·대 S₅ V₅

옷의 종류는 / 우리가 입는 / 집의 종류는 / 우리가 사는 / 오락의 종류는 / 우리가 즐기는 / 그리고 음식의 종류는 / 우리가 먹는 / 집단의 영향의 결과이다 / 우리가 속해 있는

해석 우리들이 입는 옷, 우리들이 사는 집, 우리들이 즐기는 오락, 그리고 우리들이 먹는 음식은 우리들이 속한 집단에서 받은 영향의 결과이다.

☑ 등위접속사 and를 중심으로 네 개의 「명사 + 관계사절」이 병렬 구조를 이루고 있다. PATTERN 58
☑ 문장 중간에 온 「명사 + (that) + S + V」는 목적격 관계대명사 that이 생략된 관계대명사절이 앞의 명사를 수식하는 구조이다. 참고로, 목적격 관계대명사 뒤에는 목적어가 없는 불완전한 절이 오고, 「전치사 + 관계대명사」 뒤에는 완전한 절이 온다. PATTERN 41

170

Professionals (such as designers, architects, and software engineers) [who (heavily)
S   S관·대

rely on computers (for their work)] will find themselves (no longer) required to endure
V   O   V   O   OC

the daily commute (to their workplaces).

전문직 종사자들은 / 디자이너, 건축가, 소프트웨어 엔지니어와 같은 / 컴퓨터에 크게 의존하는 / 업무를 위해 / 깨닫게 될 것이다
/ 자기 자신이 / 더 이상 요구받지 않는다는 것을 / 매일 직장으로의 통근을 견디도록

해석 디자이너, 건축가, 소프트웨어 엔지니어와 같이 업무 시 컴퓨터에 크게 의존하는 전문직 종사자들은 더 이상 매일 직장으로 통근할 필
요가 없다는 것을 깨닫게 될 것이다.

☑ 주어 Professionals 뒤에 전명구(such as ~ software engineers)와 주격 관계대명사절(who ~ their work)을 하나의 단위로 괄호 치면
본동사가 will find라는 것을 쉽게 파악할 수 있다. PATTERN 01, 42

☑ find의 5형식 「find + O + OC(형/명/RVing/p.p./to RV/that절)」 문장으로, O와 OC의 관계가 그들 자신이 '~하도록 요구받는' 것이므로
OC 자리에 수동 의미를 나타내는 p.p.(required)가 왔다. PATTERN 20

DAY 18   📄 본서 p. 85

171

The book is written (in such easy English) [as beginners can understand].
S   V   유사관·대 S   V

그 책은 쓰여 있다 / 그러한 쉬운 영어로 / 초보자들도 이해할 수 있는

해석 그 책은 초보자들도 이해할 수 있는 그러한 쉬운 영어로 쓰여 있다.

☑ 「as/such/the same + 명사 + as + 불완전한 절」 구조에서 as는 앞의 명사(such easy English)를 선행사로 받는 유사관계대명사이다.

172

The boy and the girl walked (in the forest) (with their heads bent), (with birds singing
S   V   전O1   전OC1   전O2   전OC2

(merrily) (above their heads)).

그 소년과 소녀는 / 숲속을 걸었다 / 머리를 숙인 채로 / 새들이 즐겁게 노래 부르면서 / 그들의 머리 위에서

해석 그 소년과 소녀는 머리를 숙인 채로, 새들이 그들의 머리 위에서 즐겁게 노래 부르면서 숲속을 걸었다.

☑ 부대상황(동시동작)을 나타내는 「with + O + OC(형용사/RVing/p.p./부사/전명구)」 구문은 'O가 OC한 채로/OC하면서'라고 해석한다.
이때 O와 OC는 의미상 '주어-동사'의 관계로 보고 능동이면 RVing를, 수동이면 p.p.를 쓴다. 여기서는 머리가 '숙여지는' 것이므로 수동
의 bent가, 새들이 '노래하는' 것이므로 능동의 singing이 쓰였다. PATTERN 61

173

New therapies include inactivating damaged genes and boosting the immune system's
S   V   O₁   O₂
ability [to destroy cancerous cells].

새로운 요법은 / 포함한다 / 손상된 유전 인자를 비활성화하는 것을 / 그리고 면역 체계의 능력을 높이는 것을 / 암에 걸린 세포를 파괴하는

해석 새로운 요법은 손상된 유전 인자를 비활성화하는 것과 암에 걸린 세포를 파괴하는 면역 체계의 능력을 높이는 것을 포함한다.

☑ include는 동명사를 목적어로 취하는 동사이며, 동명사는 동사에서 명사로 변형된 형태지만 동사의 성질을 가지고 있어 뒤에 보어나 목적어를 취할 수 있다. PATTERN 54

☑ 「명사 + to RV」 구조에서 명사가 way, effort, ability, time, possibility, opportunity, tendency, right이면 to RV는 주로 앞에 온 명사를 수식하며, 'to RV하는/할 명사'라고 해석한다. PATTERN 50

174

Internet advertisements can not only raise awareness (about goods or services), but
S₁   V₁   O₁
they can also provide consumers with additional information (on demand).
S₂   V₂   IO₂   DO₂의 일종

인터넷 광고들은 / 높여 줄 수 있을 뿐만 아니라 / 인식을 / 상품이나 서비스에 대한 / 그 광고들은 / 또한 제공할 수 있다 / 소비자들에게 / 추가 정보를 / 고객이 원할 경우

해석 인터넷 광고들은 상품이나 서비스에 대한 인식을 높여 줄 수 있을 뿐만 아니라, 그것들은 고객이 원할 경우 소비자들에게 추가 정보를 또한 제공할 수 있다.

☑ 제공 동사 「provide + A + with + B」는 4형식(A에게(서) '전치사 + 명사'를 V하다)의 일종으로 보고 'A에게 B를 제공하다'라고 해석하는 것이 자연스럽다. (= 「provide + B + for + A」) PATTERN 28

175

No matter what road is chosen, the travelers [who started (from different valleys)]
S₁   V₁   S   S관·대 V₂
will (all) meet (on the top of the mountain), *provided* they keep on ascending.
V   S₃   V₃

어떤 길이 선택되든 간에 / 등산객들은 / 각각 다른 계곡에서 출발했던 / 모두 만날 것이다 / 산 정상에서 / 만약 그들이 / 오르는 것을 계속한다면

해석 각각 다른 계곡에서 출발한 등산객들이 어떤 길을 택한다 해도 계속 오르기만 한다면 모두 산 정상에서 만나게 될 것이다.

☑ 양보의 부사절 「No matter what + S + V」는 '~하는 것이면 무엇이든지 간에(= Whatever)'라고 해석한다. PATTERN 37
cf. 명사절 「whatever + S + V」: ~하는 것이면 무엇이든 (= anything that)

☑ provided (that): 만약 ~한다면 (= providing (that), supposing (that), if)

176

(Of all the ways [that automobiles damage the urban environment and lower the
　　관.부　S　　　　　　V₁　　　O₁　　　　　　　　V₂　　O₂
quality of life (in big cities)]), few are as maddening and unnecessary as car alarms.
　　　　　　　　　　　　　　　　S　V　SC　　　　　　　　　　비교대상

모든 방식 중에서 / 자동차가 도시 환경을 해치고 / 삶의 질을 떨어뜨리는 / 대도시의 / 거의 없다 / 자동차 경보 장치만큼 화나게
하고 불필요한 것은

해석 자동차가 도시 환경을 해치고 대도시의 삶의 질을 떨어뜨리는 모든 방식 중에서 자동차 경보 장치만큼 화나게 하고 불필요한 것은 거
의 없다.

☑ 「of + 명사, S + V」 구조는 「of + 명사」를 강조하거나 명사 뒤에 수식어가 길게 붙을 때 문장 맨 앞으로 오며, 해석은 '명사 중에서 S가 V
하다'라고 한다.

☑ 방법 명사 all the ways를 수식하는 관계사절이 완전한 절이므로 that은 관계부사로 쓰였다. 이처럼 관계부사 when, where, why,
how를 대신하여 that이 쓰일 수 있다. PATTERN 32

☑ few: (부정의 의미) 소수[거의 없는] vs a few: (긍정의 의미) 몇몇, 조금

177

The recognition of the importance of mental health and well-being has prompted
S　　　　　　　　　　　　　　　　　　　　　　　　　　　　　V
initiatives [to prioritize psychological support and emotional resilience (in communities)].
O

인식은 / 정신 건강과 웰빙의 중요성에 대한 / 유발했다 / 이니셔티브(계획)를 / 심리적 지원과 정서적 회복력을 우선시하는 / 지역
사회에서

해석 정신 건강과 웰빙의 중요성에 대한 인식은 지역 사회에서 심리적 지원과 정서적 회복력을 우선시하는 이니셔티브(계획)를 유발했다.

☑ 보통 명사 뒤의 to RV는 두 가지 용법인데, 형용사적 용법인지 부사적 용법인지는 해석을 통해서 파악해야 한다. 여기서는 명사 initiatives
뒤에 온 to RV가 '우선시하는 계획'이라는 의미로 앞의 명사를 수식하는 형용사적 용법(~하는/~할)으로 쓰였다. PATTERN 50

178

Artists, musicians, and performers [who showcase their talents (in local venues and
S　　　　　　　　　　　　　　　　S관.대　V　　　O
events)] will (soon) find themselves (no longer) restricted (by the boundaries of
　　　　　V　　　　　O　　　　　　　　OC
conventional art forms).

예술가, 음악가, 공연자들은 / 자신의 재능을 선보이는 / 지역 공연장과 행사에서 / 곧 발견하게 될 것이다 / 자기 자신이 / 더 이상
얽매이지 않는다는 것을 / 전통적인 예술 형식의 경계에 의해

해석 지역 공연장과 행사에서 자신의 재능을 선보이는 예술가, 음악가, 공연자들은 더 이상 전통적인 예술 형식의 경계에 얽매이지 않는
자기 자신을 곧 발견하게 될 것이다.

☑ find의 5형식 문장으로, 목적어가 주어 Artists, musicians, and performers와 동일한 대상이기 때문에 재귀대명사 themselves가 쓰였으
며, O와 OC의 관계가 그들이 '제약을 받는[얽매이는]' 것이므로 OC 자리에 수동 의미를 나타내는 p.p.(restricted)가 왔다. PATTERN 20

☑ no longer: 더 이상 ~이 아닌[않는] (= not ~ any longer)

179

The United States, (with less than 5 percent of the world's population), has (about)
 S   V   O

35 ~ 50 percent of the world's civilian-owned guns, (according to a 2007 report (by

the Switzerland-based Small Arms Survey)).

미국은 / 세계 인구의 5% 미만을 지닌 / 보유한다 / 세계 민간 소유 총기의 약 35~50%를 / 2007년 보고서에 따르면 / 스위스에
기반을 둔 Small Arms Survey에 의한

해석 스위스에 기반을 둔 Small Arms Survey의 2007년 보고서에 따르면, 세계 인구의 5% 미만인 미국은 세계 민간 소유 총기의 약
35~50%를 보유하고 있다.

☑ less than: ~ 미만(의) (*cf.* more than: ~이상(의))

☑ 국가명인 the United States는 -s가 붙어 복수형이지만 보통 단수 취급한다. 이와 같은 국가로는 the Philippines, the Netherlands가
있다.

☑ '명사-p.p.' 형태의 형용사는 '명사에 의해 p.p.된'이라고 해석한다. (civilian-owned: 민간인에 의해 소유된 / Switzerland-based: 스위
스에 기반을 둔) PATTERN 62

180

Once you've got a conversation going, the best way [to keep it going] is by asking the
      S₁   V₁   O₁   going   OC₁   S   V   SC₁

other person questions [that don't require (just) a "yes" or "no" answer], or (by asking
                        S관·대 V₂   O₂   (SC₂ 생략)

the other person) questions [that show genuine interest (on your part) *as* you hear
                              S관·대 V₃   O₃   S₄   V₄

<**what** they have to say>].
  O₄   S₅   V₅

일단 당신이 대화가 진행되도록 했다면 / 가장 좋은 방법은 / 그것이 계속 진행되게 하는 / 상대방에게 묻는 것이다 / 질문들을 /
오로지 "그렇다" 또는 "아니다"라는 답변만을 요구하지 않는 / 또는 (상대방에게 묻는 것이다) / 질문들을 / 진실된 관심을 보여 주
는 / 당신 쪽에서 / 당신이 들을 때 / 상대방이 말해야 하는 것을

해석 일단 대화가 이루어지도록 하였다면, 그것이 계속 진행되게 하는 가장 좋은 방법은 상대방에게 오로지 "그렇다" 또는 "아니다"라는 답
변만을 요구하지 않는 질문들을 하거나 상대방이 말하는 것을 들을 때 당신 쪽에서 진실된 관심을 보여 주는 질문들을 하는 것이다.

☑ 접속사 once는 '일단 ~하면'이라는 뜻이며, 일단 문장 맨 앞에 접속사가 나오면 콤마(,)에서 끊고 해석하도록 하자. PATTERN 44

☑ get과 keep은 「get + O + OC(RVing)」와 「keep + O + OC(RVing)」 구조로 OC 자리에 RVing가 올 수 있는데 주로 능동·진행의 의미를
나타낸다. PATTERN 20

181

The true wealth does **not** consist in <**what** we have>, but (does consist) in <**what** we are>.
S ‾ V1 ‾ O1 ‾ S1 ‾ V1 ‾ (V2 생략) ‾ O2 ‾ S2 ‾ V2

참된 부는 / 있는 것이 아니라 / 우리가 가지고 있는 것(재산)에 / (있다) / 우리가 어떤 사람인지(인격)에

> 해석 참된 부는 우리가 가지고 있는 것(재산)에 있는 것이 아니라 우리가 어떤 사람인지(인격)에 있다.

☑ 상관접속사 「not A but B(A가 아니라 B인)」가 두 개의 동사구 consist in을 연결하며 뒤에 반복되는 부분은 생략하였다. PATTERN 58

☑ consist in의 목적어 자리에 what 의문사절이 쓰였는데, what은 '① 무엇(의문대명사) ② 무슨, 어떤(의문형용사)'으로 해석한다. PATTERN 33

182

비인칭S
It was long **before** I realized <**that** the only thing [that mattered (to me) (in a work of
V ‾ SC ‾ S1 ‾ V1 ‾ O1 ‾ S2 ‾ S관·대

art)] was <**what** I thought about it>>.
V2 ‾ SC2

오래 걸렸다 / 내가 깨닫기 전까지 / 단 하나는 / 나에게 중요한 / 예술 작품에 있어서 / 그것에 대해 내가 어떻게 생각하는지였다

> 해석 오랜 시일이 지나서야 예술 작품에 있어서 단 하나 나에게 중요한 것은 예술 작품에 대해 내가 어떻게 생각하는지였다는 것을 나는 깨달았다.

☑ 날씨·시각·요일·날짜·거리·계절·명암 등을 나타낼 때 비인칭주어 it을 쓰며(해석 X), 대명사/가주어/가목적어 it과 구별해야 한다. 그리고 여기서 두 개의 that 중에 앞의 that은 동사 realized의 목적어 역할을 하는 명사절 접속사이므로 주어 It과 더불어 진주어 that절로 착각해선 안 된다. PATTERN 38

☑ It was long before ~: 오랜 시간이 지나서 ~했다
   cf. It was not long before ~: 오래지 않아[곧] ~했다

183

The male moths live longer than the females, the former averaging about four weeks
S ‾ V ‾ 비교대상 ‾ 의미상 주어1 ‾ V1 ‾ O1

and the latter (averaging) half that time or a little more.
의미상 주어2 ‾ (생략) ‾ O2

수컷 나방은 / 더 오래 산다 / 암컷 나방보다 / <그러면서> 전자는 평균 약 4주이다 / 그리고 후자는 (평균) 그 시간의 절반 또는 좀 더 길다

> 해석 수컷 나방은 암컷 나방보다 더 오래 사는데, 전자는 평균 약 4주에 달하고 후자는 그 절반 또는 좀 더 긴 정도이다.

☑ 비교급·원급 비교 구문 독해의 핵심은 비교되는 두 대상을 잡는 것이다. 여기서는 두 대상이 The male moths와 the females(= the female moths)이며, 분사구문에서 이를 각각 the former(전자)와 the latter(후자)로 언급하여 보충 설명하였다. PATTERN 59

☑ 완전한 절 뒤에 온 「콤마(,) + RVing」의 RVing는 분사구문으로, 여기서는 두 분사구문이 연달아 나와 반복되는 말인 분사 averaging을 뒤에서 생략하고 분사구문의 주어만 표시하였다. 이처럼 분사구문의 주어가 주절의 주어와 다를 경우(The male moths ≠ the former/ the latter) 분사구문 앞에 주격으로 의미상 주어를 나타낸다. PATTERN 55

184

The promotion of healthy lifestyles and wellness initiatives has led to a decline (in
S   V   O₁
preventable diseases) and an overall improvement (in public health).
                              O₂

건강한 생활 양식과 건강 증진 이니셔티브(계획)의 장려는 / 이어졌다 / 예방 가능한 질병의 감소로 / 그리고 공중 보건의 전반적
인 개선으로

> **해석** 건강한 생활 양식과 건강 증진 이니셔티브(계획)의 장려로 인해 예방 가능한 질병이 감소하고 공중 보건이 전반적으로 개선되었다.

☑ 주어가 「명사 of 명사」 형태의 명사구일 때 진짜 주어를 찾아 동사의 수를 일치시킨다. 여기서는 문장의 진짜 주어가 The promotion이
므로 단수 동사 has led to로 수일치했다.

☑ lead to는 '~으로 이어지다, ~을 초래하다'라는 뜻으로, 「A(원인) lead to B(결과)」의 인과 관계를 나타낸다. PATTERN 15
cf. 「B(결과) result[come/originate] from A(원인)」: B는 A에서 비롯되다[기인하다]

185

A keen consciousness (on the part of the general public) (as to the role of the
S
newspaper) is a prerequisite (to the successful maintenance of a democratic society).
           V SC

날카로운 의식은 / 일반 대중들이 갖는 / 신문의 역할에 대해 / 필수 조건이다 / 민주주의 사회의 성공적인 유지에 있어

> **해석** 신문의 역할에 대해 일반 대중들이 갖는 날카로운 의식은 민주 사회의 성공적인 유지에 필수 조건이다.

☑ 주격 보어는 주어를 보충 설명해 주는 말로, 명사(구/절)나 형용사가 온다. 명사(구/절)가 오는 경우 'S = SC(명사)'이고, 형용사가 오는
경우 'S의 상태 및 성질 = SC(형용사)'이다. PATTERN 17

☑ on the part of sb: ~가 만든[한], ~에 의한
as to: ~에 대해[관해] (= as for, concerning, regarding, with[in] regard to)

186

Technological breakthroughs, (such as the Internet and telecommunications), have
S   V
facilitated global connectivity and collaboration (on a scale [(which was) (never
           O   (S관·대 + be동사 생략)
before) imagined]).

기술 혁신은 / 인터넷과 통신과 같은 / 촉진해 왔다 / 전 세계적인 연결과 협업을 / 규모로 / 이전에는 상상할 수 없었던

> **해석** 인터넷과 통신과 같은 기술 혁신은 이전에는 상상할 수 없었던 규모로 전 세계적인 연결과 협업을 촉진해 왔다.

☑ 분사구 never before imagined는 앞의 명사 a scale을 수식하고 있는데, 규모가 '상상이 되지 않는' 것이므로 수동의 과거분사구가 쓰
였다. 참고로, 분사구는 앞에 「주격 관계대명사 + be동사」인 which[that] was가 생략된 형태로도 볼 수 있다. PATTERN 53

187

(In countries [where infant mortality is very high], (such as in Africa)), tribes (only)
　　　　관.부　　S₁　　　　　　　　V₁　　SC₁　　　　　　　　　　　　　　　　S

name their children **when** they reach five years old, the age [at which their chances of
　V　　　O　　　　　　　S₂　V₂　　O₂　　　　　(동격)　　　　　전O관·대 S₃

survival begin to increase].
　　　　　　V₃

국가들에서는 / <그런데 그 국가들에서> 유아 사망률이 매우 높다 / 아프리카에서처럼 / 부족들은 / 오직 아이들의 이름을 짓는다
/ 그들이 5살에 도달할 때 / 그 나이 <그런데 그 나이에> 그들의 생존 가능성이 / 커지기 시작한다

해석 아프리카처럼 유아 사망률이 매우 높은 국가들에서, 부족들은 생존 가능성이 커지기 시작하는 나이인 5살이 되어야만 아이들의 이름
을 짓는다.

☑ 장소 명사(countries)를 관계부사 where가 이끄는 절이 수식하고 있다. 참고로, 관계부사는 완전한 절을 이끈다. PATTERN 32

☑ five years old를 보충 설명하기 위해 온 「콤마(,) + 명사구(the age)」가 앞의 명사구와 동격 관계를 이룬다. PATTERN 58

☑ 명사(선행사)를 수식하는 관계사절의 「전치사 + 관계대명사」는 두 가지 방식(① ~하는 ② 그런데 그 명사 + 전치사)으로 해석할 수 있다.
　PATTERN 31

188

The failure of the summit may be a blessing in disguise, **because** (when it comes to
　S　　　　　　　　　　　　　V　　　SC

dealing with climate change), the last thing [(that) we need (right now)] is (yet) another
　　　　　　　　　　　　　　　　S₁　　　　(O관·대 생략) S₃ V₃　　　V₁　　SC₁

empty agreement and (yet) more moral posturing.
　　　　　　　　　　　　SC₂

그 정상 회담의 실패는 / 아마 전화위복일지 모른다 / 왜냐하면 / 기후 변화를 다루는 것에 관한 한 / 우리에게 당장 필요한 마지막
것이 / 또 하나의 공허한 협정이기 때문이다 / 그리고 거기에 더하여 도덕적 가식이기 때문이다

해석 그 정상 회담의 실패는 전화위복일지 모르는데 왜냐하면 기후 변화를 다루는 문제에 관한 한 우리에게 당장 필요한 것은 또 하나의
공허한 협정과 거기에 더하여 도덕적 가식이 결코 아니기 때문이다.

☑ deal with: ~을 다루다 (= handle, address)

☑ 「the last thing + (that) + S + V」는 '결코 S + V하지 않는 것'이라는 뜻으로, 명사 바로 뒤에 목적어가 없는 불완전한 절이 오므로 목적
격 관계대명사 that이 생략된 구조이다. PATTERN 41
　cf. 「the last man + to RV」: 결코 to RV하지 않을 사람

☑ yet의 의미: ① (부정문에서) 아직 (~않다) ② (의문문에서) 이미, 벌써 ③ (긍정문에서) 아직도 ④ (최상급과 함께) 지금까지 ⑤ 머지않아,
언젠가 ⑥ (another/more 앞에 쓰여 강조의 의미로) 또 게다가, 그 위에

189

Volunteers and community activists [who work (tirelessly) (to address social
S   S관·대 V   to 부정사(목적)
issues and (to) improve the lives of others)] will (soon) find themselves (no longer)
                  V   O
constrained (by the limitations of conventional methods and approaches).
OC

자원봉사자와 지역 사회 활동가들은 / 끊임없이 노력하는 / 사회 문제를 해결하기 위해 / 그리고 다른 사람들의 삶을 개선하기 위해 / 곧 발견하게 될 것이다 / 자기 자신들이 / 더 이상 얽매이지 않는다는 것을 / 전통적인 방식과 접근법의 한계에 의해

해석 사회 문제를 해결하고 다른 사람들의 삶을 개선하기 위해 끊임없이 노력하는 자원봉사자와 지역 사회 활동가들도 더 이상 전통적인 방식과 접근법의 한계에 얽매이지 않는 자기 자신을 곧 발견하게 될 것이다.

☑ 등위접속사 and를 중심으로 to 부정사(to address / to improve)가 병렬 구조를 이루는데, 뒤에 오는 to 부정사의 to는 흔히 생략한다. PATTERN 58

☑ find의 5형식 문장으로, 목적어가 주어 Volunteers and community activists와 동일한 대상이기 때문에 재귀대명사 themselves가 쓰였으며, O와 OC의 관계가 그들이 '제약을 받는[얽매이는]' 것이므로 OC 자리에 수동 의미를 나타내는 p.p.(constrained)가 왔다. PATTERN 20

☑ no longer: 더 이상 ~이 아닌[않는] (= not ~ any longer)

190

There is a deep-rooted tendency [to dislike, to distrust, and to regard as inferior
  V1 S1   V1   V2   V3   OC3의 일종
individuals or groups [speaking a language [(which is) different from one's own]]]
O123   (S관·대 + be동사 생략)
just as one considers the monkey a lower animal ***because*** it has no language (at all).
    S4 V4   O4   OC4   S5 V5 O5

깊게 뿌리박힌 경향이 있다 / 싫어하는 / 의심하는 / 그리고 열등하다고 간주하는 / 개인 또는 집단을 / 언어를 사용하는 / 자기들의 언어와는 다른 / 사람이 간주하는 것과 꼭 마찬가지로 / 원숭이가 하등 동물이라고 / 왜냐하면 그것은 언어를 전혀 갖고 있지 않기 때문에

해석 원숭이가 언어를 전혀 가지고 있지 않기 때문에 사람들이 그들을 하등 동물이라고 간주하는 것과 꼭 마찬가지로, 사람들은 자기들의 언어와는 다른 언어를 사용하는 개인 또는 집단을 싫어하고 의심하고 열등시하는 경향이 깊이 뿌리박혀 있다.

☑ 간주 동사 「regard + A + as + B」는 5형식(A가 '전치사 + 명사'하도록 V하다)의 일종으로 보고 'A를 B로 간주하다'라고 해석하는 것이 자연스럽다. 그리고 여기서처럼 목적어(A)가 수식어로 인해 길어질 때 O와 OC의 도치가 일어날 수 있다는 점에 유의하자. PATTERN 20

☑ 명사구 individuals or groups를 분사구 speaking 이하가, 명사 a language를 형용사구 different from one's own이 뒤에서 수식하고 있는데, 이처럼 명사 뒤에 수식어구(형용사구/분사구/전치사구)가 온 경우 「주격 관계대명사 + be동사」가 생략된 것으로 볼 수 있다. 주격 관계대명사절에서 「주격 관계대명사 + be동사」의 생략이 가능하기 때문이다. PATTERN 04, 53

☑ different from(~와는 다른)은 비교 구문은 아니지만 두 대상을 비교하는 표현 중 하나이다. 비교 대상끼리는 보통 내용 또는 품사의 병렬 구조를 이루는데, 여기서 쓰인 a language와 one's own(= one's own language)이 그 예이다.

☑ not/no ~ at all: 전혀[결코] ~이 아닌 (= not a bit = not ~ in the least = by no means = in no way = far from = anything but = simply not = on no account)

191

(Nonetheless), most New Yorkers don't (even) own guns, much less carry one (around
S   V₁   O₁   V₂   O₂
with them).

그럼에도 불구하고 / 대부분의 뉴욕 시민들은 / 소유조차 하지 않는다 / 총을 / 지니고 다니는 것은 말할 것도 없이

해석 그럼에도 불구하고, 대부분의 뉴욕 시민들은 총을 지니고 다니는 것은 말할 것도 없이 소유조차 하지 않는다.

☑ 「A(부정문), + much[still] less + B」: B는 말할 것도 없이[더욱이 B는 아니다]
    cf. 「A(긍정문), + much[still] more + B」: B는 말할 것도 없이[더욱이 B도 그렇다]
☑ 부정대명사 one은 앞에 나온 명사 guns를 가리키지만 특정하지 않은 막연한 하나(a gun)를 나타낸다.

192

Predicting interview questions and thinking about answers (in advance) will help you
S   V   O
feel more confident.
OC

면접 질문을 예상하는 것은 / 그리고 대답을 미리 생각해 보는 것은 / 도울 것이다 / 당신이 / 좀 더 자신감을 가질 수 있도록

해석 면접 질문을 예상하고 대답을 미리 생각해 보는 것은 당신이 좀 더 자신감을 가질 수 있도록 도울 것이다.

☑ 「RVing + V」의 RVing은 문장의 주어 자리에 온 동명사이며, 동명사는 동사에서 명사로 변형된 형태지만 동사의 성질을 가지고 있어 뒤
    에 보어나 목적어를 취할 수 있다. 특히 여기서처럼 「RVing + (관사 없는) 명사」 형태라면 RVing 뒤에 명사 보어/목적어를 취하는 동명
    사인지, 명사를 앞에서 능동의 의미로 수식하는 현재분사인지 구별해야 한다.(명사를 RV하는 것 *vs* RV하는 명사) PATTERN 06, 48
☑ 등위접속사 and를 중심으로 두 개의 동명사구가 병렬 구조인 Predicting ~ in advance를 하나의 명사구로 보는 것처럼, 구와 절은 반드
    시 하나의 단위로 보아야 문장 구조 파악 및 해석을 쉽게 할 수 있다. PATTERN 03, 58
☑ 준사역동사 help는 「help + O + OC((to) RV)」의 문장 구조로 쓰이므로 OC 자리에 RV(feel)가 왔다. PATTERN 24

193

Environmental awareness has grown, leading to efforts [to protect and preserve the
S   V   V   O
planet (for future generations)].

환경에 대한 의식이 / 높아졌다 / <그러면서> (결과적으로) 노력으로 이어졌다 / 지구를 보호하고 보존하려는 / 미래 세대를 위해

해석 환경에 대한 의식이 높아지면서 미래 세대를 위해 지구를 보호하고 보존하려는 노력으로 이어졌다.

☑ 'leading to'로 인해 주절(높아진 환경 의식)이 원인을, 분사구 leading to 이하(지구를 보호하고 보존하려는 노력)가 결과를 나타낸다.
    leading to ~ ← and this has led to ~ 또는 which has led to ~ PATTERN 55
☑ 「명사 + to RV」 구조에서 명사가 way, effort, ability, time, possibility, opportunity, tendency, right이면 to RV는 주로 앞에 온 명사를
    수식하며, 'to RV하는/할 명사'라고 해석한다. PATTERN 50

194

I reminded myself <**that** *since* Harry had (surely) dressed her down (already), the last

S　V　　　　IO　　　　　DO　　　S₁　V₁　　　　　　　　　　O₁　　　　　　　　S₂

thing [(that) she needed] was (yet) another scolding>.

　　　(O관·대 생략) S₃　V₃　　V₂　　SC₂

나는 나 자신에게 상기시켰다 / Harry가 그녀를 이미 확실히 꾸짖었기 때문에 / 그녀에게 필요한 마지막 것은 / 또 다른 꾸지람이
라고

해석 나는 나 자신에게 Harry가 이미 그녀를 확실히 꾸짖었으니, 그녀에게 또 다른 꾸지람은 결코 필요가 없다는 것을 상기시켰다.

☑ 인지 동사 「remind + A(사람) + of B/that절/의문사절/to RV」 구조로 목적어 뒤에 다양한 형태가 오지만, 'A에게 ~을 상기시키다'라고
해석한다. PATTERN 27

☑ 「the last thing + (that) + S + V」: 결코 S + V하지 않는 것 PATTERN 41
cf. 「the last man + to RV」: 결코 to RV하지 않을 사람

☑ yet에는 다양한 의미가 있는데, 여기서는 another 앞에 와서 '거기에 또[그것에 더하여]'라는 강조의 의미로 쓰였다.

195

A common mistake (in talking to celebrities) is to assume <**that** they don't know

S　　　　　　　　　　　　　　　　　　　V　SC　　　　　　　　S　　V

(much) (about anything else (except their occupations))>.

흔히 저지르는 실수는 / 유명 인사들에게 말을 걸 때 / 가정하는 것이다 / 그들이 많이 알지 못한다고 / 다른 어떤 것에 대해서는 /
자신들의 직업을 제외한

해석 유명 인사들에게 말을 걸 때 흔히 저지르는 실수는 그들이 자신들의 직업을 제외한 다른 어떤 것에 대해서는 많이 알지 못한다고 가
정하는 것이다.

☑ in RVing: RV하는 것에 있어서, RV할 때 PATTERN 54

☑ 「be동사 + to RV」는 ① to RV하는 것이다(대개 주어가 사물) ② be to 용법(대개 주어가 사람)으로 해석하는데, 여기서는 to RV가 명사
적 용법으로 쓰여 '가정하는 것이다'라고 해석한다. PATTERN 49

196

(In terms of using mental energy (creatively)), (perhaps) the most basic difference

　　　　　　　　　　　　　　　　　　　　　　　　　　　　　　　S

(between people) consists in <**how** much attention they have (to deal with novelty)>.

　　　　　　　　V　　　　　　O　　　O　　　　　S　　V　　to 부정사(목적)

창조적으로 정신력을 사용한다는 관점에서 / 아마도 / 가장 기본적인 차이점은 / 사람들 사이의 / 있다 / 얼마나 많은 주의력을 /
그들이 가지느냐에 / 새로운 것을 감당하기 위해

해석 창조적으로 정신력을 사용한다는 관점에서, 아마도 사람들 사이의 가장 기본적인 차이점은 그들이 새로운 것을 감당하기 위해 얼마
나 많은 주의력을 가지느냐에 있다.

☑ 동사구 consists in 뒤 목적어 자리에 온 「how + 형·부 + S + V」는 의문사 how가 이끄는 간접의문문으로서, '얼마나 형·부하는지'라고
해석한다. PATTERN 34

☑ 문장 끝에 온 to RV는 to 부정사의 부사적 용법(목적)이며, 'to RV하기 위해'라고 해석한다. 의문사 how절만 놓고 봤을 때 동사 have to
RV가 쓰인 것 같지만, 사실 일반동사 have의 목적어인 '형용사 + 명사' 형태의 much attention이 의문부사 how의 수식을 받기 위해 앞
으로 간 것이므로 to deal with novelty는 별개의 to RV로 봐야 하며 여기서는 목적을 나타내는 부사적 용법으로 쓰였다. PATTERN 51

197

The number of people (under 70) [dying from smoking-related diseases] is larger than
S   V SC

the total number of deaths [caused (by breast cancer, AIDS, and traffic accidents)].
비교대상

사람의 수는 / 70세 미만의 / 흡연과 관련된 질병으로 죽는 / 더 많다 / 총사망자 수보다 / 유방암, 에이즈, 그리고 교통사고로 인한

> **해석** 70세 미만의 흡연 관련 질병으로 인한 사망자의 수는 유방암, 에이즈, 그리고 교통사고로 인한 총사망자 수보다 더 많다.

- ☑ 「The number of(~의 수) + 복수 명사 + 단수 동사」
- ☑ 「under + 숫자」: ~ 미만의 (*cf.* 「숫자 + and under」: ~ 이하의)
  die from[of]: ~으로 인해 죽다
- ☑ '명사-p.p.' 형태의 형용사는 '명사에 의해 p.p.된'이라고 해석한다. (smoking-related: 흡연과 관련된) PATTERN 62
- ☑ 비교급 비교 구문의 두 비교 대상은 'The number of people under 70'와 'the total number of deaths'이며, 둘 다 분사구(dying / caused)의 수식을 받고 있다. PATTERN 53, 59
- ☑ 「B(결과) be caused by A(원인)」: B는 A로 인해 발생하다 (*cf.* 「A(원인) cause B(결과)」: A는 B를 야기하다[초래하다])

198

There is a general apathy, (*if* not positive distrust), of science itself (as a search
  V₁ S₁   (삽입구)   S₁

for truth); for, (to the ordinary American), science is identified with mechanical
                   S₂ V₂   O₂

inventions.

일반적인 무관심이 존재한다 / 적극적인 불신까지는 아니더라도 / 과학 그 자체에 대한 / 진리 탐구로서의 / 왜냐하면 / 평범한 미국인들에게 / 과학은 / 동일시되기 때문이다 / 기계식 발명품들과

> **해석** 진리 탐구로서의 과학 그 자체에 대한 적극적인 불신까지는 아니더라도 일반적인 무관심이 존재하는데, 평범한 미국인들에게 있어서 과학은 기계식 발명품들과 동일시되기 때문이다.

- ☑ 삽입구/삽입절 유형은 크게 ① 「주어 + 동사(think/believe/know/tell/say/hear 등)」 ② 두 개의 콤마(,)나 대시(—) 사이에 오는 구/절 ③ if/though/while/however 등이 이끄는 구/절로 나뉘는데, 여기서는 「if + 형용사」 형태의 분사구문이 삽입구로 쓰였다. (if not positive distrust ← if it(= a general apathy) is not positive distrust)
- ☑ 두 개의 완전한 문장을 연결하는 등위접속사 for는 대개 앞에 콤마(,)나 세미콜론(;)을 동반하여 쓰이며, 앞 문장에 대한 이유를 나타내어 '왜냐하면 (~이기 때문이다)'으로 해석한다. 참고로, 다른 등위접속사(and, or, but 등)는 단어와 단어, 구와 구, 절과 절을 연결하는 반면, so와 for는 문장만 연결한다. PATTERN 58
- ☑ identify A with B: A를 B와 동일시하다

199

Many nations (in the Far East) give their children a unique name [which (in some
S   V   IO   DO   S관·대

way) describes the circumstances of the child's birth or the parents' expectations and
     V   O₁   O₂

hopes (for the child)].

극동의 많은 국가들은 / 준다 / 아이들에게 / 독특한 이름을 / <그런데 그 이름은> 어떤 식으로든 묘사한다 / 아이의 출생 상황을 /
또는 아이를 향한 부모의 기대와 희망을

해석 극동의 많은 국가들은 아이들에게 어떤 식으로든 아이의 출생 상황이나 아이를 향한 부모의 기대와 희망을 묘사하는 독특한 이름을
지어준다.

☑ 앞 명사에 대한 보충 설명인 관계대명사절은 절의 길이에 따라 두 가지 방식(① ~하는 ② 그런데 그 명사)으로 해석할 수 있다. 여기서는
사물 명사 a unique name을 선행사로 받아 주어가 없는 불완전한 절을 이끄는 주격 관계대명사 which가 쓰였다. PATTERN 30

200

Although the date has (long) been celebrated (as a day (for exchanging love
          S₁   V₁

messages)), **it** was not (until the 18th century) **that** it became commercialized, (with
                 It ~ that 강조 구문   S   V   SC

cards, chocolates, and small gifts exchanged (between people [who bear each other
전O₂   전OC₂   S관·대 V₃   IO₃

either strong friendship or affection])).
DO₃

비록 그날이 / 오래 기념되었지만 / 하나의 날로서 / 사랑의 메시지를 주고받기 위한 / 18세기가 되어서야 비로소 / 그것은 상업화
되었다 / 카드, 초콜릿, 그리고 작은 선물이 주고받아지면서 / 사람들 사이에서 / 서로에게 깊은 우정이나 애정을 지닌

해석 비록 그날이 사랑의 메시지를 주고받는 날로서 오래 기념되었지만, 18세기가 되어서야 서로 깊은 우정이나 애정을 느끼는 사람들끼
리 카드와 초콜릿, 그리고 작은 선물을 주고받으며 그날이 상업화되었다.

☑ it ~ that은 보통 가주어-진주어 구문이거나 it ~ that 강조 구문이다. 여기서는 부사구 not until the 18th century를 강조하기 위해 it과
that 사이에 위치시킨 it ~ that 강조 구문으로 쓰였다. 「It was not until A that B」는 'A하고 나서야 비로소 B하다'라고 해석하지만, 보
통 강조 구문은 직독직해 시 '바로 A이다 ~한 것은'으로 끊어 읽는다. PATTERN 56

☑ 부대상황(동시동작)을 나타내는 「with + O + OC[형용사/RVing/p.p./부사/전명구]」 구문은 'O가 OC한 채로/OC하면서'라고 해석한
다. 이때 O와 OC의 관계가 카드, 초콜릿, 그리고 간단한 선물이 '주고받아지는[교환되는]' 것이라는 수동의 관계이므로 p.p. 형태인
exchanged가 쓰였다. PATTERN 61

☑ 「bear + IO + DO(감정 등)」: ~에게 (감정 등)을 품다[갖다] PATTERN 19

201

Putting a man to death (by hanging or electric shock) is an extremely cruel form of
S　　　　　　　　　　　　　　　　　　　　　　　　　　　　V　SC

punishment.

사람을 처형하는 것은 / 교수형이나 전기 충격으로 / 매우 잔인한 형태의 형벌이다

> 해석 교수형이나 전기 충격으로 사람을 처형하는 것은 매우 잔인한 형태의 형벌이다.

☑ 문장 맨 앞에 온 RVing는 동명사이거나 분사구문인데, 「RVing + V」 구조이면 동명사가 주어로 쓰인 문장이고 「RVing ~, S + V」 구조이
면 분사구문이다. 동명사는 'RV하는 것은 V하다'라고 해석하고, 분사구문은 'RV하다 <그런> S가 V하다'라고 해석한다. 참고로, 문장의
주어 자리에 온 동명사는 단수 동사로 수일치한다. PATTERN 48

202

Not *until* his life was over were his works appreciated (by people) (in general) and
　　　　　　S　　　　V　　V₁　S₁　　V₁

purchased (at high prices).
V₂

그의 삶이 끝나고 나서야 비로소 / 그의 작품들은 / 인정받았다 / 일반 사람들에 의해 / 그리고 구매되었다 / 고가로

> 해석 그의 삶이 끝나고 나서야 비로소 그의 작품들이 일반 사람들에 의해서 인정받았고, 고가로 구매되었다.

☑ 부정어(Not until)가 강조를 목적으로 문두에 올 때 주어와 동사의 도치가 일어난다.
☑ 「Not until A + B(V + S)」: A하고 나서야 비로소 B하다
　= 「It was not until A that B(S + V)」
　= 「not B until A」
☑ 등위접속사 and를 중심으로 동사의 수동태를 완성하는 p.p.(appreciated / purchased)가 병렬 구조를 이루고 있다. PATTERN 58

203

Founded (in 1960) (to gain greater control (over the price of oil)), OPEC consists of
　　　　　　　　　to 부정사(목적)　　　　　　　　　　　　　　　　　　　S　　　V

the main Arabic oil-producing countries.
O

1960년에 설립되었다 / 더 강력한 통제권을 확보하기 위해 / 유가에 대한 / <그런> OPEC은 / 구성되어 있다 / 아랍의 주요 산유국들로

> 해석 유가에 대한 더 강력한 통제권을 확보하기 위해 1960년에 설립된 OPEC은 아랍의 주요 산유국들로 구성되어 있다.

☑ 문장 맨 앞에 p.p.가 오고 뒤에 「콤마(,) + S + V」가 있으면 분사구문이다.(「p.p. ~, S + V」) 수동의 과거분사(p.p.)가 이끄는 분사구문은
직독직해 시 'p.p.되어지다 <그런> S가 V하다'로 끊어 읽도록 하자. PATTERN 47
☑ OPEC: 석유 수출국 기구(Organization of Petroleum Exporting Countries)
☑ consist는 완전자동사로 주로 「consist + 전치사 + 명사」의 형태로 쓰인다.
　- consist of: ~으로 구성되다 (= be composed of = be made up of)
　- consist in: ~에 있다[존재하다]
☑ '명사-RVing' 형태의 형용사는 '명사를 RV하는'이라고 해석한다. (oil-producing: 석유를 생산하는) PATTERN 62

204

It is my opinion \<**that** Susan and Linda should have been more careful (about their
manners) (in front of their teacher) (yesterday)\>.

그것은 나의 생각이다 / \<뭐가?\> Susan과 Linda가 / 좀 더 신경 썼어야 했다는 것이 / 그들의 예의에 대해서 / 그들의 선생님 앞에서 / 어제

> **해석** Susan과 Linda가 어제 그들의 선생님 앞에서 좀 더 예의에 신경 썼어야 했다는 것이 내 생각이다.

☑ it ~ that은 가주어-진주어 구문으로 쓰였으며 보어 자리에 my opinion처럼 명사가 올 수 있다. 여기서 한 가지를 덧붙이면, 주격 보어는 주어를 보충 설명해 주는 말이고 명사(구/절)가 오는 경우 'S = SC(명사)' 관계를 형성하므로 이 문장은 'My opinion is that ~'이라고 바꿔 쓸 수도 있다. PATTERN 56

☑ 「should + RV」: (현재) ~해야 한다 vs 「should + have + p.p.」: (과거) ~했어야 했다(하지만 하지 않았다) PATTERN 12, 13

205

Being a good observer and reactor means being attentive and sensitive (to other
people's cues), (in both their facial and body language).

좋은 관찰자와 반응자가 되는 것은 / 의미한다 / 주의 깊고 민감하다는 것을 / 다른 사람들의 신호에 / 얼굴 언어와 신체 언어 두 가지 모두에서

> **해석** 좋은 관찰자와 반응자가 되는 것은 얼굴과 신체로 나타나는 언어 두 가지 모두에서 다른 사람이 보내는 신호에 주의 깊고 민감하다는 것을 의미한다.

☑ 「RVing + V + RVing」구조의 문장인데, 문장 맨 앞에 위치한 RVing는 뒤에 동사로 이어지는 것으로 보아 주어 역할을 하는 동명사이고, 동사 뒤에 온 RVing는 타동사 means의 목적어 자리에 온 것이므로 목적어 역할을 하는 동명사이다. 이처럼 동명사는 문장 내 주어, 목적어, 보어 자리에 올 수 있으며 모두 'RV하는 것'으로 해석한다. PATTERN 06, 48

☑ 상관접속사 「both A and B」는 'A와 B 둘 다'라는 뜻으로, 여기서는 facial language와 body language를 병렬 연결하고 있다. (반복되는 language를 생략함) PATTERN 58

206

Aung San Suu Kyi, the Burmese dissident, was under house arrest (in 1991) and it
prohibited her from traveling to Norway (to accept her Nobel Peace Prize).

미얀마의 반체제 인사인 Aung San Suu Kyi는 / 가택 연금 상태에 있었다 / 1991년에 / 그리고 그것은 / 그녀로 하여금 못하게 했다 / 노르웨이로 가는 것을 / 노벨 평화상을 받기 위해

> **해석** 1991년에 미얀마의 반체제 인사인 Aung San Suu Kyi는 가택 연금 상태에 있었고, 그로 인해 그녀는 노벨 평화상을 받기 위해 노르웨이에 갈 수 없었다.

☑ 금지·억제 동사 「prohibit + A + from + RVing」는 5형식(A가 '전치사 + 명사'하도록 V하다)의 일종으로 보고 'A가 RV하는 것을 금지하다'라고 해석하는 것이 자연스럽다. PATTERN 29

☑ Aung San Suu Kyi를 보충 설명하기 위해 온 「콤마(,) + 명사구(the Burmese dissident)」가 앞의 명사와 동격 관계를 이루며, 대명사 it은 앞에 나온 house arrest를 대신하고 있다. PATTERN 58

☑ 문장 끝에 온 to RV는 to 부정사의 부사적 용법(목적)으로 쓰였으며, traveling to Norway의 목적을 나타내고 있다. PATTERN 51

207

I encourage all of my clients to read the newspaper or (to) listen to the news (on the
S V   O   OC₁   OC₂

radio or television), **because** it is so important to know <**what** is going on (in the
     가S V SC   진S

world)>.

나는 권장한다 / 나의 모든 고객들에게 / 신문을 보도록 / 또는 뉴스를 듣도록 / 라디오나 텔레비전에서 / 왜냐하면 / 그것은 매우
중요하기 때문이다 / <뭐가?> 아는 것이 / 무슨 일이 일어나고 있는지 / 세상에서

해석 나는 모든 고객들에게 신문을 보거나 라디오나 텔레비전에서 뉴스를 들으라고 권장하는데, 왜냐하면 세상에서 무슨 일이 일어나고
있는지를 아는 것이 매우 중요하기 때문이다.

☑ COREAFP 동사 중 하나인 encourage의 5형식 「encourage + O + to RV」는 'O가 to RV하도록 권장하다[격려하다]'라고 해석한다. 여
기서는 또한 등위접속사 or를 중심으로 OC 자리에 온 to 부정사(to read / to listen)가 병렬 구조를 이루는데, 뒤에 오는 to 부정사의 to
는 흔히 생략한다. PATTERN 25, 58

☑ go on의 의미: ① 계속되다 ② 일어나다 ③ (불·전기 등이) 들어오다 ④ (시간이) 흐르다

208

Some developing countries are participating (through studies of molecular biology (for
S   V

genome research) and studies of organisms [that are (particularly) interesting (to their
     S관·대 V   SC

regions)]).

몇몇 개발 도상국은 / 참여하고 있다 / 게놈 연구용 분자 생물학 연구를 통해 / 그리고 생물들에 대한 연구를 통해 / 그들 지역에 각
별히 흥미로운

해석 몇몇 개발 도상국은 게놈 연구용 분자 생물학 및 그들 지역에 각별히 흥미로운 생물들에 대한 연구를 통해 참여하고 있다.

☑ 국가 관련 명사구

developing country 개발 도상국	developed[advanced] country 선진국
least developed country 최빈 개발 도상국	world[great/super] power 강대국

☑ 명사구 studies of organisms 뒤에 주어가 없는 불완전한 절을 이끄는 주격 관계대명사 that이 왔는데, 선행사가 「명사 of 명사」일 경우
에는 관계대명사절에 선행사를 넣어서 해석해 보면 진짜 선행사를 파악할 수 있다. 지역에 흥미를 일으키는 주체가 '연구'가 아닌 '생물'
이라고 보는 것이 더 자연스러우므로 선행사는 organisms이다. PATTERN 02, 30

209

The problem is <**that** _when_ nutrients are studied (in isolation), we ignore the vastness
of the system (as a whole), making it (extremely) difficult to know <**what** any given
nutrient's effect (really) is (within the system)>>.

> 문제는 ~라는 것이다 / 영양소들이 연구될 때 / 개별로 / 우리는 간과한다 / 그 체계의 광대함을 / 전체로서의 / <그러면서> 만든다 / 그것이 극도로 어렵도록 / <뭐가?> 어떤 특정한 영양소의 효과가 정말로 어떤지 아는 것이 / 그 체계 안에서

☑ **해석** 문제는 영양소들이 개별로 연구될 때, 우리는 전체로서의 그 체계의 광대함을 간과하게 되고, 어떤 특정한 영양소의 효과가 정말로 그 체계 안에서 어떤지를 아는 것을 극도로 어렵게 만든다는 것이다.

☑ 5형식 문장에서만 쓰이는 가목적어(it)-진목적어(to RV) 구문 「S + make/find/think/keep + it + 형·명 + to RV」는 직독직해 시 'S가 V 한다 그것이 형·명하도록/하는 것을 <뭐가?> to RV가'로 끊어 읽도록 한다. PATTERN 57

☑ 문장의 주격 보어 자리에 온 that 명사절이 복문의 「when + S + V, S + V, 분사구문(making)」의 구조로 되어 있으며, 분사구문의 의미상 주어는 we이고, 문맥상 뒤에 온 분사구문은 앞의 절 전체와 인과 관계를 나타내고 있다. PATTERN 44, 55

210

(Despite the fact <**that** many Koreans spend time and money (to improve their
English proficiency)>), the sad news is <**that** the majority of them cannot succeed in
speaking excellent English _unless_ they have grown up and spent a substantial period
of time (in English-speaking countries) _when_ they were young>.

> 사실에도 불구하고 / 많은 한국인들이 / 시간과 돈을 들인다는 / 그들의 영어 숙련도를 향상시키기 위해 / 슬픈 소식은 / 그들의 대다수는 / 성공하지 못한다는 것이다 / 훌륭한 영어를 구사하는 것에 / 그들이 자라지 않는 한 / 그리고 상당한 기간을 보내지 않는 한 / 영어권 국가에서 / 그들이 어렸을 때

☑ **해석** 많은 한국인들이 그들의 영어 숙련도를 향상시키기 위해 시간과 돈을 들인다는 사실에도 불구하고 슬픈 소식은 그들의 대다수가 어릴 적에 영어권 국가에서 상당한 기간을 보내며 자라지 않는 한 훌륭한 영어를 구사하는 것에 성공하지 못한다는 것이다.

☑ 대조의 의미를 나타내는 전치사구 「despite the fact that S + V」는 부사절 「though[although/even though] S + V」와 같다. 이때, 추상명사 the fact 뒤에 온 that은 동격의 that이고 완전한 절을 이끈다. PATTERN 39

☑ 주격 보어는 주어를 보충 설명해 주는 말로, 명사(구/절)나 형용사가 온다. 명사(구/절)가 오는 경우 'S = SC(명사)'이고, 형용사가 오는 경우 'S의 상태 및 성질 = SC(형용사)'이다. 각각 'S는 SC이다', 'S는 SC하다'라고 해석한다. (슬픈 소식은 ~라는 것이다 / 그들은 어렸다) PATTERN 17

211

(Behind the clouds) is the sun (still) shining.
<u>　　　　　　　</u>　 <u>V</u> <u>S</u>　<u>　　　　SC</u>

구름 뒤에는 / 태양이 / 여전히 빛나고 있다

해석 구름 뒤에는 태양이 여전히 빛나고 있다.

☑ 장소·방향·범위의 부사구(Behind the clouds)가 강조를 목적으로 문두에 올 때 주어와 동사의 도치가 일어날 수 있다. 참고로, 도치가 일어나는 경우로는 ① 부정어(not, never, no, hardly 등) 도치 ② 「only + 부사구/절」 도치 ③ 유도부사(There/Here) 구문 도치 ④ 가정법 if 생략 도치 ⑤ 동의 표현(So/Neither/Nor) 도치 등이 있다.
(← The sun is still shining behind the clouds.)

212

Napoleon was (rarely), (*if* ever), deceived (in regard to a man's actual ability).
<u>　　　　</u> <u>　　</u>　<u>　　　　</u>　<u>　(삽입구)</u>　<u>　　　　　　</u>

S　　 V

Napoleon은 / 좀처럼 속지 않았다 / 그런 적이 있다고는 하더라도 / 사람의 실제적인 능력에 관해서

해석 Napoleon은 사람의 실제적인 능력에 관해서 그런 적이 있다고는 하더라도[전혀 속지 않은 것은 아니지만] 좀처럼 속지 않았다.

☑ 접속사 if의 의미: ① ~인지 아닌지(명사절 - 타동사의 목적어) ② 만약 ~한다면(부사절) ③ 설사[혹시] ~일지라도(부사절 - 주로 삽입구/절)
☑ rarely[seldom](,) if ever: 설사 ~하더라도 드문[좀처럼 ~않는]

213

Having a driver's license makes it easy for teenagers to go out (to parties, movies, and
<u>　　　　　　　　　　　　　　</u> <u>　　　</u> <u>가O</u> <u>OC</u> <u>의미상 주어</u>　<u>진O</u>

S　　　　　　　　　　　 V

malls).

운전면허를 취득하는 것은 / 만든다 / 그것이 쉽도록 / <뭐가?> 십 대들이 가는 것이 / 파티, 영화관 및 쇼핑몰에

해석 운전면허를 취득하는 것은 십 대들이 파티, 영화관 및 쇼핑몰에 가는 것이 쉽도록 만든다.

☑ 「RVing + V」의 RVing는 문장의 주어 자리에 온 동명사이며 단수 동사로 수일치한다. PATTERN 48
☑ to 부정사의 의미상 주어는 「for + 목적격」으로 표시하며, 가목적어(it)-진목적어(to RV) 구문의 직독직해는 'S가 V한다 그것이 형·명하도록/하는 것을 <뭐가?> to RV가'로 하도록 하자. PATTERN 57

214

To like many people (spontaneously) and (without effort) is (perhaps) the greatest of
<u>S</u>   V   SC

all sources of personal happiness.

많은 사람들을 좋아하는 것은 / 자연스럽게 / 그리고 / 애쓰지 않고 / 아마도 개인적인 행복의 모든 원천들 중 가장 큰 것이다

해석 자연스럽게 그리고 애쓰지 않고 많은 사람들을 좋아하는 것은 아마도 개인적인 행복의 모든 원천들 중 가장 큰 것이다.

☑ 문장 맨 앞에 나온 To RV는 주로 to 부정사의 부사적 용법(목적)이거나 명사적 용법(주어)이다. 여기서는 뒤에 단수 동사(is)가 있는 것으로 보아 명사적 용법으로 쓰여 문장의 주어 역할을 하고 있다. PATTERN 46

☑ 「최상급 + in 장소, 범위(~에서) / of 복수 명사(~ 중에서)」

215

There (still) remain many issues [to be resolved] (even after her lifelong devotion (to
               V   S

the poor and helpless) (in this obscure village)).

여전히 남아 있다 / 많은 문제들이 / 해결되어야 할 / 심지어 그녀의 평생의 헌신 이후에도 / 가난하고 의지할 곳 없는 사람들에 대한 /
이 벽촌의

해석 심지어 그녀가 이 벽촌의 가난하고 의지할 곳 없는 사람들을 위해 평생 헌신을 한 이후에도 여전히 해결되어야 할 문제들이 많이 남
아 있다.

☑ 수식어를 제외하면 「There + V + S」 구조의 1형식 문장이지만, 1형식의 구조에서는 부사(구)도 중요한 정보로 해석해야 한다.
PATTERN 16

☑ 「명사 + to RV」 구조에서 to be resolved는 명사 many issues를 수식하고 있으며, 많은 문제들이 '해결되는' 것이므로 수동형으로 쓰였다.
PATTERN 50

☑ 「the + 형용사」 = 복수 명사

the young 젊은이들	the old[elderly] 노인들
the poor[needy] 가난한 사람들	the rich[wealthy] 부자들
the unemployed 실업자들	the homeless 노숙자들
the disabled 장애인들	the injured 부상자들
the strong[powerful] 강자들	the weak[helpless] 약자들

216

Improved access (to education and information) has empowered individuals to contribute
<u>S</u>   V   O   OC

(to the advancement of civilization) (in meaningful ways).

향상된 접근성은 / 교육과 정보에 대한 / 개인이 할 수 있게 했다 / 기여하는 것을 / 문명의 발전에 / 의미 있는 방식으로

해석 교육과 정보에 대한 접근성이 향상되어 개인이 의미 있는 방식으로 문명의 발전에 기여할 수 있게 되었다.

☑ 「empower + O + to RV」 구조의 5형식 문장으로, 'O가 to RV할 수 있게 하다[to RV할 능력을 주다]'라고 해석한다. PATTERN 20

217

We're confident <**that** *once* you see <**how** enjoyable our software is>, and <**how**
productive it can make you>, you'll join the ranks of our more than 1 million satisfied
customers>!

S V O S1 V1 O1(1) O1(2)
S2 V2 O2

우리는 확신한다 / 당신이 알게 되면 / 우리의 소프트웨어가 얼마나 재미있는지를 / 그리고 얼마나 당신의 생산성을 높일 수 있는
지를 / 당신은 합류할 것이다 / 우리에게 만족하고 있는 백만 명 이상의 고객 대열에

> **해석** 저희 소프트웨어가 얼마나 재미있고 얼마나 여러분의 생산성을 높일 수 있는지 알게 되신다면, 여러분도 저희 제품에 만족하고 계시
> 는 백만 명 이상의 고객 대열에 합류하시게 될 거라고 확신합니다!

- ☑ 「be confident of + 명사(구) / that S + V」: ~을 확신하다 PATTERN 38
- ☑ once가 이끄는 조건 부사절에서는 현재시제가 미래시제를 대신하므로 현재시제의 동사 see가 쓰였다.
- ☑ 동사 see의 목적어 자리에 등위접속사 and를 중심으로 두 개의 how 의문사절이 병렬 구조를 이루고 있는데, 「how + 형·부 + S + V」는
  '얼마나 형·부하는지'로 해석한다. PATTERN 34, 58
- ☑ join the ranks of: ~의 대열에 들어서다

218

These 'teleworkers' will use the Internet and high-capacity optical links (to keep in
touch with their employers and clients, [who may be (in distant parts of the world)]).

S V O to 부정사(목적)
S관·대 V

이러한 '재택근무자들'은 / 이용할 것이다 / 인터넷과 대용량 광통신을 / 고용주들 및 고객들과 연락하기 위해 / 세계의 다른 먼 지
역에 있을 수도 있는

> **해석** 이러한 '재택근무자들'은 세계의 다른 먼 지역에 있을 수도 있는 고용주들 및 고객들과 연락하기 위해 인터넷과 대용량 광통신을 이
> 용할 것이다.

- ☑ 「명사 + to RV」의 to RV는 ① 앞의 명사를 수식하거나(to RV하는/할) ② 목적(to RV하기 위해)을 나타낸다. 여기서는 인터넷과 대용량
  광통신 이용의 목적을 나타내는 부사적 용법으로 쓰였다. PATTERN 50
- ☑ 콤마(,)와 함께 관계대명사 who가 나왔으므로 계속적 용법의 관계대명사절이며 선행사(their employers and clients)에 대한 추가 정보
  를 제공한다. (← and they(= the employers and clients) may be in distant parts of the world)

219

Researchers studied men [who have experienced low-level inflammation of the
arteries (for several years)] and found them to be three times as likely to suffer a heart
attack and twice as likely to have strokes as normal men.

연구진은 / 연구했다 / 사람들을 / 동맥의 가벼운 정도의 염증을 겪어 온 / 수년 동안 / 그리고 발견했다 / 그들이 / 심장 마비를 일으킬 확률이 3배라는 것을 / 그리고 뇌졸중을 일으킬 확률이 2배라는 것을 / 정상인보다

해석 연구진은 수년 동안 동맥에 가벼운 정도의 염증을 겪어 온 사람들을 연구한 결과, 이들이 정상인보다 심장 마비를 일으킬 확률은 3배, 뇌졸중을 일으킬 확률은 2배나 된다는 사실을 발견했다.

☑ find의 5형식 「find + O + OC(형/명/RVing/p.p./to RV/that절)」는 'O가 OC임을 발견하다/알게 되다/깨닫다'라고 해석한다.
PATTERN 20

☑ 형용사 likely의 원급 비교 구문의 두 비교 대상은 them(= men who have ~ years)과 normal men이다. 보통 배수사와 함께 쓰인 원급 비교 구문은 「A + V + 배수사(twice, three times 등) + as + 형/부 + as + B」의 구조를 이루는데, 'A는 B보다 ~배 더 …한/하게 V하다' 라고 해석한다. 참고로, 여기서는 등위접속사 and를 중심으로 「형용사의 원급 비교 + to RV」가 병렬 관계에 있다. PATTERN 58, 59

220

(For example), *US News and World Report* shows <**that** a picture of the "typical"
millionaire is an individual [who has worked (eight to ten hours) (a day) (for thirty
years) and is (still) married to his or her high school or college sweetheart]>.

예를 들어 / <US News and World Report>는 / 보여 준다 / "전형적인" 백만장자의 모습은 / 한 개인이라는 것을 / <그런데 그 개인은> 일해 왔다 / 하루에 8시간에서 10시간을 / 30년 동안 / 그리고 아직도 결혼 생활을 한다 / 그들의 고등학교나 대학교 때의 애인과

해석 예를 들어, "전형적인" 백만장자의 모습은 30년 동안 하루에 8시간에서 10시간 일해 왔고, 아직도 고등학교나 대학교 때의 애인과 결혼 생활을 유지하는 사람이라는 것을 <US News and World Report>는 보여 준다.

☑ show의 목적어 자리에 온 that절이 복잡해 보이지만 핵심어와 수식어 구분만 잘한다면, 2형식 「S + V + SC」의 단순한 구조임을 파악할 수 있다. PATTERN 17

☑ eight to ten hours a day처럼 단위를 나타내는 단어와 함께 쓰이는 관사 a/an은 '~당(= per)'이라는 뜻이다.

☑ 등위접속사 and를 중심으로 두 개의 주격 관계대명사절이 병렬 구조를 이루는데, 뒤에 반복되는 주격 관계대명사 who가 생략되었다.
PATTERN 58

☑ marry(~와 결혼하다)는 자동사로 착각하기 쉬운 타동사로, 뒤에 전치사 없이 바로 명사를 목적어로 취하며, 수동태일 때는 be[get] married to로 쓴다. PATTERN 09

221

(Today) the number of workers [who go on strike (for higher wages)] is (almost)
   S   S관·대 V   V SC

(twice) that of twenty years ago.

오늘날 / 노동자의 수는 / 파업을 하는 / 높은 임금을 위해 / 거의 두 배이다 / 20년 전의 노동자 수의

해석 오늘날 높은 임금을 위해 파업을 하는 노동자의 수는 20년 전에 비해 거의 두 배이다.

☑ 「The number of(~의 수) + 복수 명사 + 단수 동사」

☑ that of twenty years ago = the number of workers who went on strike for higher wages twenty years ago

222

No word was spoken, but the wide variety of gestures made clear (to everyone) <what
   S₁   V₁   S₂   V₂ OC₂   O₂

the performer was saying>.
   S   V

말을 하지 않았다 / 하지만 매우 다양한 몸짓이 / 명확히 해주었다 / 모든 사람들에게 / 연기자가 무엇을 말하고 있는지를

해석 말을 하지는 않았지만 매우 다양한 몸짓이 모든 사람들에게 연기자가 무엇을 말하고 있는지를 명확히 해주었다.

☑ 5형식 동사 make/keep/find/think/consider의 목적어가 길 경우, O와 OC를 도치시켜 「S + V + OC(형) + O(긴 명사)」 구조를 이룬다. PATTERN 20

☑ what의 의미는 세 가지(① ~하는 것(관계대명사) ② 무엇(의문대명사) ③ 무슨, 어떤(의문형용사))이며, 여기서처럼 문장에 따라 관계대명사(연기자가 말하고 있는 것)와 의문대명사(연기자가 무엇을 말하고 있는지) 둘의 해석 차이가 거의 없는 경우도 있다. PATTERN 30, 33

223

I talked (with him) (a long while) (about our boyhood days), [after which we had a
   S V   전O관·대 S₁ V₁ O₁

good dinner]. I had thought him shy, [which he was not].
               S V   O OC C관·대 S₂ V₂

나는 이야기했다 / 그와 / 오랫동안 / 우리의 소년 시절에 대해 / <그런데 그 후에> 우리는 맛있게 저녁을 먹었다 // 나는 생각했었다 / 그가 수줍어한다고 / 그런데 그는 그렇지 않았다

해석 나는 우리의 소년 시절에 대해 그와 오랫동안 이야기를 나누었으며, 그 후 맛있게 저녁을 먹었다. 나는 그가 수줍어한다고 생각했었는데, 그는 그렇지 않았다.

☑ 「전치사 + 관계대명사」의 after which와 관계대명사 which가 각각 콤마(,) 뒤에 와서 계속적 용법으로 쓰였는데, 이처럼 계속적 용법의 관계대명사는 명사 외 품사(형용사), 구, 절을 선행사로 받을 수 있다. PATTERN 31

224

<u>These food taboos</u> <u>may be</u> <u>so strong</u> ***that*** (just) <u>the thought of eating forbidden foods</u>
S ・・・・・・・・・・ V ・・・ SC ・・・・・・・・・・ S

<u>can cause</u> <u>an individual</u> <u>to become sick</u>.
V ・・・・・ O ・・・・・・・ OC

이러한 음식에 대한 금기는 / 너무 강력할 수도 있다 / 그래서 금지된 음식을 먹는다는 생각만으로도 / 하게 할 수 있다 / 사람이 병이 나도록

해석 이러한 음식에 대한 금기가 너무도 강력해서 금지된 음식을 먹는다는 생각만으로도 사람이 병이 나게 할 수 있다.
☑ 결과의 부사절 「so + 형/부 + that / so + 형 + a(n) + 명 + that / such + a(n) + 형 + 명 + that」: 너무 ~해서 (그 결과) ~하다
☑ 「명사 of 명사」 형태의 명사구 the thought of eating forbidden foods에서 of는 동격(~라는)을 나타낸다. PATTERN 02

225

It ~ that 강조 구문
It was ***when*** <u>I</u> <u>started</u> <u>my new job</u> ***that*** <u>I</u> <u>realized</u> <u>the importance of effective</u>
　　　　　　　 S₁ V₁ ・・・ O₁ ・・・・・・ S V ・・・・・・ O

<u>time management skills</u>, <u>understanding</u> <***that*** <u>they</u> <u>were</u> <u>crucial</u> (for success) (in the
　　　　　　　　　　　　 V₂ ・・・・・・・ O₂ S₃ ・ V₃ ・ SC₃

workplace)>.

바로 내가 새 직장을 다니기 시작했을 때였다 / 내가 깨달은 것은 / 효과적인 시간 관리 기술의 중요성을 / <그러면서> 이해하게 되었다 / 그것들이 결정적이라는 것을 / 성공하는 데 / 직장에서

해석 효과적인 시간 관리 기술의 중요성을 깨닫고 그 기술이 직장에서 성공하는 데 결정적이라는 것을 이해하게 된 것은 바로 내가 새 직장을 다니면서부터였다.
☑ it ~ that은 보통 가주어-진주어 구문이거나 it ~ that 강조 구문이다. 여기서는 when이 이끄는 부사절을 강조하기 위해 it과 that 사이에 위치시킨 it ~ that 강조 구문으로 쓰였다. 보통 강조 구문은 직독직해 시 '바로 A이다 ~한 것은'으로 끊어 읽는다. PATTERN 56
☑ 완전한 절 뒤에 온 「콤마(,) + RVing」의 RVing는 분사구문으로, 주절의 I realized와 병렬 구조를 이루는 and understood로 바꿀 수 있다. PATTERN 55

226

(Among interesting things [to observe ***as*** <u>you</u> <u>travel</u> (around the world)]) <u>are</u> <u>the</u>
　　　　　　　　　　　　　　　　　　　 S₁ ・ V₁ ・・・・・・・・・・・・・・ V ・ S

<u>diverse cultural traditions</u> and <u>customs of different communities</u>, [<u>which</u> <u>vary</u> (widely)
　　　　　　　　　　　　　　　　　　　　　　　　　　　　　　 S관·대 V₂

(from one region to another)].

흥미로운 것들 중에는 / 관찰하게 되는 / 당신이 세계 일주 여행을 할 때 / 다양한 문화적 전통과 관습이 있다 / 각기 다른 공동체의 / <그런데 그 전통과 관습은> 지역마다 크게 다르다

해석 당신이 세계 일주 여행을 할 때 관찰하게 되는 흥미로운 것들 중에는 지역마다 크게 다른 각기 다른 공동체의 다양한 문화적 전통과 관습이 있다.
☑ 장소·방향·범위의 부사구(Among ~ world)가 강조를 목적으로 문두에 올 때 주어와 동사의 도치가 일어나며, 이때 동사는 뒤에 오는 주어에 수일치한다.
☑ 명사구 interesting things는 to 부정사(to observe ~ world)의 수식을, the diverse ~ communities는 관계대명사절(which vary ~ another)의 수식을 받고 있다. PATTERN 30, 50

227

The new knowledge and the new techniques [developed (in biological research) (over
S
recent decades)] have (slowly) begun to provide an understanding of human disease
V   O
and the hope of definitive therapeutic and preventive measures.

새로운 지식과 새로운 기술은 / 생물학 연구에서 개발된 / 최근 수십 년 동안 / 서서히 제공하기 시작하였다 / 인간의 질병에 대한
이해를 / 그리고 확실한 치료상의 조치와 예방 조치의 희망을

해석 최근 수십 년 동안 생물학 연구에서 개발된 새로운 지식과 기술은 인간의 질병에 대한 이해와 확실한 치료상의 조치와 예방 조치의
희망을 서서히 제공하기 시작하였다.

☑ 이 문장은 「명사 and 명사」, 「명사 of 명사」, 명사를 수식하는 분사구 등 구의 길이만 길 뿐 3형식 「S + V + O」의 간단한 구조이다. 이처
럼 구와 절은 반드시 하나의 단위로 보아야 문장 구조 파악 및 해석을 쉽게 할 수 있다. PATTERN 03, 18

228

Environmental activists [frustrated with the UK government's inability [to (rapidly)
S
accelerate the growth of renewable energy industries]] have utilized social media
V   O
platforms (to mobilize public support and (to) raise awareness).
          to 부정사(목적)

환경운동가들은 / 영국 정부가 할 수 없는 것에 실망한 / 재생 에너지 산업의 성장을 빠르게 가속할 / 활용해 왔다 / 소셜 미디어 플
랫폼을 / 대중의 지지를 모으기 위해 / 그리고 인식을 높이기 위해

해석 영국 정부가 재생 에너지 산업의 성장을 빠르게 가속하지 못한 것에 실망한 환경운동가들은 소셜 미디어 플랫폼을 활용하여 대중의
지지를 모으고 인식을 높여 왔다.

☑ 분사(RVing/p.p.)는 명사 앞이나 뒤에 와서 명사를 수식하는데, 현재분사(RVing)는 능동/진행의 의미로 '~하는', 과거분사(p.p.)는 수동/
완료의 의미로 '~된'으로 해석한다. 여기서는 분사구 frustrated ~ industries가 앞의 명사구 Environmental activists를 수식하고 있는
데, 환경운동가들이 '좌절감을 느낀' 것이므로 수동의 과거분사구가 쓰였다. PATTERN 53

☑ 두 개의 「명사(구) + to RV」가 있는데, to rapidly accelerate는 명사구 the UK government's inability를 수식하는 형용사적 용법으로,
명사구 social media platforms 뒤의 to mobilize는 목적을 나타내는 부사적 용법으로 쓰였다. PATTERN 50

229

A study showed <**that _if_** schoolchildren eat fruit, eggs, bread and milk (before going
to school), they will learn (more quickly) and (will) be able to concentrate on their
lessons (for a longer period of time) than _if_ their breakfast is poor>.

한 연구는 / 보여 줬다 / 만약 학생들이 과일, 달걀, 빵과 우유를 먹는다면 / 학교 가기 전에 / 그들은 배울 것이다 / 더 빨리 / 그리고 집중할 수 있을 것이다 / 그들의 수업에 / 좀 더 오랜 시간 동안 / 아침 식사가 부실할 때보다

해석 한 연구는 만약 학생들이 학교 가기 전에 과일, 달걀, 빵과 우유를 먹는다면 아침 식사가 부실할 때보다 더 빨리 배우고 더 오랜 시간 수업에 집중할 수 있다는 것을 보여 줬다.

☑ 비교급·원급 문장 독해의 핵심은 비교되는 두 대상을 잡는 것이다. 두 대상 A, B 중에서 B의 위치는 비교급에서는 than 다음에, 원급에서는 두 번째 as 다음에 오는데 B를 잡으면 A를 쉽게 잡을 수 있다. 여기서는 비교급 비교 구문의 두 비교 대상이 부사절(if schoolchildren eat ~ school / if their breakfast is poor)이다. PATTERN 59

230

(In those countries), the widespread availability of safe and reliable contraception
[combined (with the pervasive postponement of childbearing) **as well as** (with legal
access (to abortion) (in most of them))] has resulted in a sharp reduction of unwanted
births and, (consequently), (has resulted) in a reduction of the number of adoptable
children.

그러한 국가들에서는 / 광범위한 이용 가능성은 / 안전하고 신뢰할 수 있는 피임법의 / 결합한 / 만연한 출산 연기와 / 낙태에 대한 합법적인 접근뿐만 아니라 / 대부분의 그것들에서 / 초래했다 / 원치 않는 출산의 급격한 감소를 / 그리고 결과적으로 / (초래했다) / 입양 가능한 아동 수의 감소를

해석 그러한 국가들에서는, 안전하고 신뢰할 수 있는 피임법의 광범위한 이용 가능성이 대부분 국가에서의 낙태에 대한 합법적인 접근뿐만 아니라 만연한 출산 연기와 결합하여 원치 않는 출산의 급격한 감소를 초래하고 결과적으로 입양 가능한 아동 수의 감소를 초래했다.

☑ 「S + 과거분사구 + V」의 형태로 과거분사구 combined ~ them이 주어를 수식하고 있는데, 이처럼 주어 뒤에 수식어구가 있는 경우 주어와 동사 간의 수일치에 유의한다. 문장의 진짜 주어는 the widespread availability이므로 단수 동사 has resulted in으로 수일치했다. PATTERN 53

☑ 상관접속사 「B as well as A(A뿐만 아니라 B도)」를 중심으로 두 개의 전명구 with the pervasive ~ childbearing과 with legal access ~ them이 병렬 구조를 이룬다. PATTERN 58

231

To think of the future (in relation to the present) is essential (to civilization).
S   V   SC

미래를 생각하는 것은 / 현재와 관련지어 / 필수적이다 / 문명에 있어

해석 현재와 관련지어 미래를 생각하는 것은 문명에 있어 필수적이다.

☑ 문장 맨 앞에 나온 To RV는 주로 to 부정사의 부사적 용법(목적)이거나 명사적 용법(주어)이다. 여기서는 뒤에 단수 동사(is)가 있는 것으로 보아 명사적 용법으로 쓰여 문장의 주어 역할을 하고 있다. PATTERN 46

☑ → It is essential to civilization to think of the future in relation to the present.

232

There is not any modern nation but has, (in some way), contributed to our science or
    V S   유사관·대 V   O

art or literature.

어떤 현대 국가도 없다 / 어떤 면에서 공헌을 하지 않은 / 우리의 과학, 예술 혹은 문학에

해석 현대 국가치고, 어떤 면에서도 우리의 과학, 예술 혹은 문학에 공헌을 하지 않은 나라는 없다.

☑ 「부정어(not, no, none)를 포함한 말 + but + 불완전한 절」 구조에서 but은 앞의 부정어를 포함한 말을 선행사로 받는 유사관계대명사이다. but 자체에 '~않는'이라는 의미를 가지고 있기 때문에 관계사절에 부정어가 없더라도 부정의 의미를 넣어 해석한다. (but = that ~ not)

☑ = There is not any modern nation that has not, in some way, contributed to our science or art or literature.
= Every modern nation has, in some way, contributed to our science or art or literature.

233

I know, **as** does the Minister, <**that** we can be (anything but) certain <**that** there will not
S V   V₁   S₁   O   S₂ V₂   O₂   V₃

be further successful terrorist incidents>>.
   S₃

나는 알고 있다 / 장관이 그런 것처럼 / 우리는 결코 확신할 수 없다는 것을 / 더 이상 성공적인 테러 사건이 없을 것이라고

해석 나는 장관이 그런 것처럼, 더 이상 성공적인 테러 사건이 없을 것이라고 결코 확신할 수 없다는 것을 알고 있다.

☑ as가 이끄는 양태 부사절(~처럼, ~듯이)에서 주어가 대명사가 아니라 일반명사인 경우 선택적으로 주어와 대동사의 도치가 일어난다. 여기서는 양태 부사절 as does the Minister로, know를 대신하면서 주어에 수일치한 대동사 does가 쓰였다.

☑ anything but은 '결코 ~가 아닌(= never)'이라고 해석하며, 이때 but은 all, anything, no one, nothing, 의문사 등의 뒤에 쓰여 '~을 제외하고, ~외에(= except)'라는 뜻의 전치사이다.

234

We should not, (therefore), attempt to abolish competition, but (only) (attempt) to see

S V₁ ————————————————————————————————— O₂ (생략) V₂

to it <**that** it takes forms [which are not (too) injurious]>.

가O₂ 진O₂ S₁ V₁ O₁ S관·대 V₂ SC₂

우리는 / 따라서 / 없애려고 애써야 하는 것이 아니라 / 경쟁을 / 단지 (애써야 한다) / 조처하는 것을 / 그것이 형태를 취하도록 /
지나치게 유해하지 않은

해석 따라서 우리는 경쟁을 없애려고 애써서는 안 되며 단지 그 경쟁이 지나치게 유해한 형태가 되지 않도록 애써야 한다.

☑ 상관접속사 「not A but B」가 조동사 should와 함께 쓰인 동사구(attempt to RV)를 병렬 연결하고 있는데, 이처럼 뒤에서 반복되는 말은 흔히 생략한다. PATTERN 58

☑ 가목적어-진목적어의 기타 구문 PATTERN 57

take it that	~라고 확신하다
has it that	(rumor, word, legend 등) ~에 따르면
see (to it) that	~하도록 하다[조처하다]

235

<**What** may seem (perfectly) clear (to a native English speaker)> may be (too)

S V₁ SC₁ V SC

complex (for a student [whose second or third language is English]).

소유격 관·대 S₂ V₂ SC₂

아주 분명해 보일 수 있는 것은 / 영어를 모국어 쓰는 사람에게 / 너무 복잡할 수 있다 / 학생에게는 / 제2 혹은 제3 언어가 영어인

해석 영어를 모국어로 쓰는 사람에게는 아주 분명해 보일 수 있는 것이 영어가 제2 혹은 제3 언어인 학생에게는 너무 복잡할 수 있다.

☑ what의 의미는 세 가지(① ~하는 것(관계대명사) ② 무엇(의문대명사) ③ 무슨, 어떤(의문형용사))이며, 여기서는 관계대명사(~하는 것)의 뜻으로 '영어를 모국어로 쓰는 사람들에게는 아주 분명해 보일 수 있는 것'이라고 해석하는 것이 자연스럽다. PATTERN 30, 33

☑ 명사 a student를 소유격 관계대명사 whose가 이끄는 절이 수식하고 있다. PATTERN 30

236

The recognition of the rights of indigenous peoples has led to efforts [to preserve their

S V O

cultures, languages, and traditional ways of life].

원주민의 권리 인정은 / 이어졌다 / 노력으로 / 그들의 문화, 언어, 전통적 삶의 방식을 보존하기 위한

해석 원주민의 권리가 인정되면서 그들의 문화, 언어, 전통적 삶의 방식을 보존하기 위한 노력이 이어졌다.

☑ 「명사 + to RV」 구조에서 명사가 way, effort, ability, time, possibility, opportunity, tendency, right이면 to RV는 주로 앞에 온 명사를 수식하며, 'to RV하는/할 명사'라고 해석한다. PATTERN 50

☑ lead to: ~으로 이어지다, ~을 초래하다 (= result in, bring about, give rise to) PATTERN 15

237

Each disc <u>includes</u> a brief introduction (to the artist) and <u>some interesting information</u>
S   V   O₁   O₂

[which gives guidance (in discovering more (about classical music))].
S관·대   V   O

각각의 음반은 / 담고 있다 / 음악가에 대한 간략한 소개를 / 그리고 흥미로운 정보를 / <그런데 그 정보가> 안내를 제공한다 / 더
많은 것을 발견하는 데에 있어서 / 고전 음악에 대해

> **해석** 각각의 음반은 음악가에 대한 간략한 소개와 고전 음악에 대해 더 많은 것들을 발견하도록 안내를 해주는 흥미로운 정보를 담고 있다.

> ☑ 명사구 some interesting information 뒤에서 주어가 없는 불완전한 절을 이끄는 which는 주격 관계대명사이며, 주격 관계대명사절의 동사는 선행사에 수일치하여 단수형 gives가 쓰였다. 앞 명사에 대한 보충 설명인 관계대명사절은 절의 길이에 따라 두 가지 방식(① ~하는 ② 그런데 그 명사)으로 해석할 수 있다. PATTERN 30

238

Just as the ability [to understand the spoken word] <u>is</u> necessary *if* you are to
           S₁   V₁   SC₁   S₂   V₂

comprehend a play, you cannot fail to profit (by the knowledge of the words of opera).
         O₂   S   V

능력이 / 대사를 이해하는 / 필수적인 것과 마찬가지로 / 만일 당신이 이해하고자 한다면 / 연극을 / 당신은 이익을 얻지 않을 수
없다 / 오페라 용어에 대한 지식에 의해

> **해석** 만일 당신이 연극을 이해하고자 한다면 대사를 이해하는 능력이 필수적인 것과 마찬가지로, 당신은 오페라 용어에 대한 지식을 통해 이익을 얻지 않을 수 없다.

> ☑ 양태 접속사 just as는 '~처럼, ~대로, ~와 마찬가지로'라고 해석한다.
> ☑ 「be동사 + to RV」는 ① to RV하는 것이다(대개 주어가 사물) ② be to 용법(대개 주어가 사람)으로 해석하는데, 여기서는 be to 용법인 '이해하고자 한다(의도)'로 쓰였다. PATTERN 49
> ☑ cannot fail to RV: to RV하지 않을 리가 없다[반드시 to RV하다] (= be bound to RV)

239

A common reaction (to the proposition) <**that** computers will (seriously) compete
S   (동격) S₁   V₁

with human intelligence> is to highlight the unique qualities of human thought and
     O₁   V   SC

emotion [that may not be replicable (by machines)].
          S관·대   V₂   SC₂

일반적인 대응은 / 주장에 대한 / 컴퓨터가 진실로 경쟁하게 될 것이라는 / 인간의 지능과 / 강조하는 것이다 / 인간의 사고와 감정
의 고유한 특성을 / 복제될 수 없는 / 기계에 의해

> **해석** 컴퓨터가 인간의 지능과 진실로 경쟁하게 될 것이라는 주장에 대한 일반적인 대응은 기계가 복제할 수 없는 인간의 사고와 감정의 고유한 특성을 강조하는 것이다.

> ☑ 「be동사 + to RV」에서 to RV의 쓰임을 판단할 때는 주어와의 관계를 따진다. 만약 'S = to RV'의 관계가 성립하면 'to RV하는 것이다(명사적 용법)'라고 해석하고, 성립하지 않으면 be to 용법(예정/의무/가능/조건·의도/운명)으로 해석한다. 여기서는 '일반적인 대응 = 강조하는 것'의 관계가 성립하므로 '강조하는 것이다'로 해석한다. PATTERN 49
> ☑ 추상명사 the proposition(주장, 명제)과 that computers ~ human intelligence는 동격을 이루며, 이때 that은 동격의 that이고 완전한 절을 이끈다. PATTERN 39

Active euthanasia means <that a physician or other medical personnel takes
S   V   O   S1   V1
a deliberate action [that will induce death]>. Passive euthanasia means letting a patient
O1   S관·대 V2   O2   S   V   O1
die (for lack of treatment) or suspending treatment [that has begun].
                              O2   S관·대 V

적극적인 안락사는 / 의미한다 / 의사 혹은 다른 의료진이 / 의도적인 조치를 취하는 것을 / 죽음으로 유도할 // 수동적인 안락사는
/ 의미한다 / 환자가 죽게 내버려두는 것을 / 치료의 결여로 / 또는 치료를 중지하는 것을 / 시작된

해석 적극적인 안락사는 의사 혹은 다른 의료진이 죽음으로 유도할 의도적인 조치를 취하는 것을 의미한다. 수동적인 안락사는 환자가 치료의 결여로 죽도록 내버려두거나 (이미) 시작된 치료를 중지하는 것을 의미한다.

☑ 동사 뒤의 that은 대개 명사절 접속사이고, 명사 뒤의 that은 대개 관계사이다. that 앞에 무엇이 왔느냐에 따라 that의 쓰임을 구별할 수 있다. PATTERN 30, 38

☑ 뒤 문장에서 동사 means의 목적어 자리에 등위접속사 or를 중심으로 두 개의 동명사구(letting / suspending)가 병렬 구조를 이루고 있다. PATTERN 58

☑ 사역동사 「let + O + OC(RV/be p.p.)」 구조에서 O와 OC의 관계가 환자가 '죽는' 것이라는 능동의 관계이므로 OC 자리에 RV(die)가 쓰였다. 참고로, die는 완전자동사로, 능동태로만 쓰인다. PATTERN 23

☑ 두 문장의 주어가 'active vs passive' 관계이므로 둘이 대조된다는 것을 파악할 수 있다.

DAY 25

📖 본서 p. 106

Students develop self-confidence [which makes learning and personal growth possible].
S   V   O   S관·대 V   O   OC

학생들은 / 자신감을 기른다 / <그런데 그 자신감은> 만든다 / 학습과 개인적 성장이 / 가능하도록

해석 학생들은 자신감을 기르는데, 그 자신감은 학습과 개인적 성장이 가능하도록 만든다.

☑ 명사 self-confidence 뒤에서 주어가 없는 불완전한 절을 이끄는 which는 주격 관계대명사이며, 주격 관계대명사절의 동사는 선행사에 수일치하여 단수형 makes가 쓰였다. PATTERN 30

☑ 사역동사 make는 명사, 형용사, RV, p.p.를 목적격 보어로 취할 수 있다. 여기서는 형용사 possible이 목적격 보어 자리에 와서 목적어의 상태를 설명하고 있다. PATTERN 20

242

(Of the 300 to 400 people) [who die (every day) (in our country) (as a result of smoking)],
　　　　　　　　　　　　　　 S관·대　V

many are young smokers.
‾S‾ ‾V‾ ‾SC‾

300명 내지 400명의 사람들 중에서 / <그런데 그 사람들은> 매일 죽는다 / 우리나라에서 / 흡연으로 / 많은 사람들이 / 젊은 흡연자이다

해석 우리나라에서 매일 흡연으로 죽는 300명 내지 400명의 사람들 중에서 많은 사람들이 젊은 흡연자이다.

☑ 문장 맨 앞에 'Of + 명사'가 나온 경우, 콤마를 찾아라. 부사구를 강조하거나 문맥상 앞뒤의 흐름이 중요할 경우 「Of + 명사, S + V」처럼 부사구가 문장 맨 앞에 올 수 있다.

☑ ← Many of the 300 to 400 people who die every day in our country as a result of smoking are young smokers.

243

If you cannot decide <**which** (of the two things) you should do>, you are likely to get
　 S₁ V₁　　　　　　　　O₁　　　　　　　　S₂ V₂　　　 S　V

yourself into trouble (by doing neither).
‾O‾　 ‾OC‾

만약 당신이 결정할 수 없다면 / 두 가지 중에 당신이 어느 것을 해야 할지 / 당신은 빠뜨리기 쉽다 / 당신 자신을 / 곤경에 / 둘 중 어느 것도 하지 않음으로써

해석 만약 당신이 두 가지 중에 어느 것을 해야 할지 결정할 수 없다면 둘 중 어느 것도 하지 않음으로써 당신 자신을 곤경에 빠뜨리기 쉽다.

☑ 동사 뒤에 온 which는 의문사로, 의문사가 이끄는 절은 문장 내 주어, 목적어, 보어 자리에 온다. which는 what과는 달리 주로 'of the two things'와 같은 일정 수의 선택 범위와 함께 쓰이는데 '~ 중에 어느 것'이라고 해석한다. PATTERN 33

☑ get oneself in trouble은 스스로 어떤 행동을 해서 곤경에 처하는 상황을 의미하고, get[be] in trouble은 일반적으로 곤경에 처하는 상황을 의미한다.

☑ two things에 대응되는 neither((둘 중의) 어느 쪽도 ~아니다)가 쓰였다.

244

Though her actor father discouraged all of his kids from becoming child actors, she
　　　　 ‾S‾　　　　 ‾V‾　　 ‾O‾　　 ‾OC의 일종‾　　　　　　 ‾S‾

began going to auditions *while* (she was) (in high school).
‾V‾ ‾O‾　　　　　　　　　　(생략)

비록 배우인 그녀의 아버지가 반대했지만 / 그의 자녀들 모두가 / 아역 연기자가 되는 것을 / 그녀는 시작했다 / 오디션을 보러 다니기를 / 고등학생일 때

해석 비록 배우인 그녀의 아버지가 그의 자녀들 모두가 아역 연기자가 되는 것을 반대했지만, 그녀는 고등학생일 때 오디션을 보러 다니기 시작했다.

☑ 금지·억제 동사 「discourage + A + from + RVing」는 5형식(A가 '전치사 + 명사'하도록 V하다)의 일종으로 보고 'A가 RV하는 것을 그만두게 하다'라고 해석하는 것이 자연스럽다. PATTERN 29

☑ when, while, though, if와 같은 접속사가 이끄는 부사절의 주어가 주절의 주어와 같을 때 「주어 + be동사」를 생략할 수 있으므로 'while (she was) in high school'로 쓰였다.

245

As our understanding of civilization continues to evolve, ***so*** (too) does our responsibility
S   V   V   S
[to ensure its sustainability and prosperity (for all)].

문명에 대한 우리의 이해가 / 계속 발전함에 따라 / 역시 그러하다(커지고 있다) / 우리의 책임도 / 그것의 지속 가능성과 번영을 보장할 / 모두를 위한

[해석] 문명에 대한 우리의 이해가 계속 발전함에 따라 모두를 위한 문명의 지속 가능성과 번영을 보장해야 할 우리의 책임도 커지고 있다.

☑ 동의 표현 도치 구문은 「so/neither + V(조동사/be동사/do동사) + S」 구조인데, 앞이 긍정문이고 일반동사구 continues to evolve를 대신하므로 so does our responsibility로 썼다. 대동사는 단수 주어(our responsibility)에 수일치한 does가 왔다.

☑ 「명사 + to RV」 구조에서 명사가 responsibility이므로 to ensure는 앞에 온 명사를 수식하는 형용사적 용법이며, '보장할 책임'이라고 해석하는 것이 자연스럽다. PATTERN 50

246

Efforts [to combat poverty and inequality] have resulted in improved access (to
S   V   O
education, healthcare, and economic opportunities) (for marginalized communities).

노력은 / 빈곤과 불평등에 맞서려는 / 초래했다 / 개선된 접근성을 / 교육, 의료, 경제적 기회에 대한 / 소외된 지역 사회를 위해

[해석] 빈곤과 불평등에 맞서려는 노력으로 소외된 지역 사회의 교육, 의료, 경제적 기회에 대한 접근성이 개선되었다.

☑ to 부정사의 to vs 전치사 to: to 뒤에 RV가 오면 to 부정사이고, 뒤에 명사(구)가 오면 전치사 to이다. 이 문장에서는 to combat이 to 부정사의 형용사적 용법(앞의 명사를 수식)으로, to education, healthcare, and economic opportunities의 to는 '~에 대한'이라는 뜻의 전치사로 쓰인 것을 볼 수 있다. PATTERN 05

☑ result in은 '~을 야기하다[초래하다]'라는 뜻으로 「A(원인) result in B(결과)」의 인과 관계를 나타낸다. (*cf.* result from: ~로부터 생기다, ~에서 기인하다) PATTERN 15

247

One custom [that is common (at weddings) (in the United States)] is throwing rice (at
S   S관·대 V₁ SC₁   V SC
the bride and groom) ***as*** they leave the place [where the wedding ceremony has (just)
S₂   V₂   O₂   관·부   S₃   V₃
been held].

한 가지 관습은 / 흔한 / 미국의 결혼식에서 / 쌀을 던지는 것이다 / 신부와 신랑에게 / 그들이 그 장소를 떠날 때 / <그런데 그곳에서> 결혼식이 방금 열렸다

[해석] 미국 결혼식에서의 흔한 한 가지 관습은 신부와 신랑이 그들의 결혼식이 방금 치러진 그 장소를 떠날 때 그들에게 쌀을 던지는 것이다.

☑ 「be동사 + RVing」는 ① RV하는 중이다(진행형; 대개 주어가 사람) ② RV하는 것이다(동명사; 대개 주어가 사물)로 해석하는데, 여기서는 throwing이 동명사로 쓰여 '던지는 것이다'라고 해석한다. PATTERN 08

☑ 장소 명사(the place)를 관계부사 where가 이끄는 절이 수식하고 있으며, 관계부사절은 두 가지 방식(① ~하는 ② 그런데 그 장소에서)으로 해석할 수 있다. PATTERN 32

248

The traditional goal of science has been to discover <**how** things are>, not <**how**
S₁ V₁ SC₁ V₁ O₁

they ought to be>, but can a clean-cut distinction (between fact and value) (in the
V₂ S₂

interaction of science and society) be sustained (any longer)?
V₂

과학의 전통적인 목적은 / 밝혀내는 것이었다 / 사물이 어떤지를 / 그것이 어때야 하는지가 아닌 / 그러나 / 명확한 구분이 / 사실과 가치 사이의 / 과학과 사회의 상호 작용에서 / 유지될 수 있는가 / 더 이상

해석 과학의 전통적인 목적은 사물이 어때야 하는지를 밝히는 것이 아닌, 사물이 어떤지를 밝혀내는 것이었지만, 과학과 사회의 상호 작용에서 사실과 가치 사이의 명확한 구분이 더 이상 유지될 수 있겠는가?

☑ 동사 discover의 목적어 자리에 온 「how + S + V」는 상태/방식/정도를 묻는 의문사 how가 이끄는 간접의문문으로서, '어떻게 ~하는지'라고 해석한다. 여기서는 두 how절이 각각 사물의 현재 '상태'와 기대되는 '상태'를 나타내고 있다. PATTERN 34

249

When Thomas Edison proclaimed (in 1922) <**that** the motion picture would replace
S₁ V₁ O₁ S₂ V₂

textbooks (in schools)>, he began a long string of spectacularly wrong predictions
O₂ S V O

(regarding the capacity of various technologies [to revolutionize teaching]).

Thomas Edison이 선언했을 때 / 1922년에 / 영화가 교과서들을 대체할 것이라고 / 학교에서 / 그는 시작했다 / 긴 일련의 굉장히 잘못된 예측들을 / 다양한 기술의 능력에 관하여 / 교육에 혁명을 일으킬

해석 Thomas Edison이 1922년에 영화가 학교에서 교과서를 대체할 것이라고 선언했을 때, 그는 교육에 혁명을 일으킬 다양한 기술의 능력에 관하여 긴 일련의 굉장히 잘못된 예측들을 시작했다.

☑ when 부사절 내 주절과 종속절이 나뉘어 있는데, 주절에 과거 시점 부사구 in 1922가 있는 것으로 보아 과거시제의 문장이라는 것을 알 수 있다. 보통 주절과 종속절의 시제는 일치시키는 것이 일반적인 원칙이며 주절이 과거시제이면 종속절은 과거, 과거완료시제가 온다. 여기서도 주절의 proclaimed, 종속절의 would replace 모두 과거시제로 일치시킨 것을 볼 수 있다.

☑ -ing로 끝나는 regarding(~에 관하여)은 분사형 전치사이다. 이와 같은 분사형 전치사로는 concerning(~에 관하여), following(~ 후에), including(~을 포함하여), excluding(~을 제외하고), excepting(~을 제외하고), owing to(~ 때문에), depending on(~에 따라) 등이 있다.

250

Medical illnesses (such as stroke, heart attack, cancer, Parkinson's disease, and hormonal disorders) can cause depressive illness, making the sick person apathetic and unwilling to care for his or her physical needs, (thus) prolonging the recovery period.

S / V / O / V1 / O1 / OC1 / V2 / O2

의학적 질병들은 / 뇌졸증, 심장 마비, 암, 파킨슨병, 그리고 호르몬 장애와 같은 / 야기할 수 있다 / 우울증을 / <그러면서> 환자들을 만든다 / 무기력하게 / 그리고 자신들의 신체적 필요를 돌보지 않게 / <그러면서> 결국에는 회복 기간을 연장시킨다

해석 뇌졸증, 심장 마비, 암, 파킨슨병, 그리고 호르몬 장애와 같은 의학적 질병들이 우울증을 일으켜서 환자들을 무기력하게 하고, 자신들의 신체적 필요를 돌보지 않게 하여 결국에는 회복 기간을 연장시킨다.

☑ 「S + V, RVing/p.p./형용사」는 분사구문이 문장 끝에 온 구조로, 대개 콤마(,)로 주절과 분사구문이 분리되어 있다. 여기서는 분사구문 making, prolonging이 주절에 대한 추가적인 정보를 제공하고 있으며, 직독직해 시 주절을 해석한 후 앞에 '그러면서'를 붙여서 분사구문을 해석하도록 하자. PATTERN 55

☑ 동사 cause는 '일으키다, 야기하다'라는 뜻으로, 「A(원인) cause B(결과)」의 인과 관계를 나타낸다. cause와 같은 뜻을 가진 동사로는 trigger, bring about, result in, lead to, give rise to 등이 있다.

DAY 26

251

It ~ that 강조 구문
It was not (until 1962) **that** the first communications satellite, Telstar, went up.

S (동격) V

1962년이 되어서야 비로소 / 최초의 통신 위성인 Telstar호가 / 발사되었다

해석 1962년이 되어서야 비로소 최초의 통신 위성인 Telstar호가 발사되었다.

☑ it ~ that은 보통 가주어-진주어 구문이거나 it ~ that 강조 구문이다. 여기서는 not until 1962를 강조하기 위해 it과 that 사이에 위치시킨 it ~ that 강조 구문으로 쓰였다. 「It was not until A that B」는 'A하고 나서야 비로소 B하다'라고 해석하지만, 보통 강조 구문은 직독직해 시 '바로 A이다 ~한 것은'으로 끊어 읽는다. PATTERN 56
(← Not until 1962 did the first communications satellite, Telstar, go up.
= The first communications satellite, Telstar, did not go up until 1962.)

252

Most glaciologists believe <(that) it would take another 300 years for the glaciers to
S　　　　　　V　　　O　가S V　　　　O　　　　　　　　　　의미상 주어　　　　진S

melt (at the present rate)>.

대부분의 빙하학자들은 믿는다 / 그것은 300년이 더 걸릴 것이라고 / <뭐가?> 빙하가 녹는 것이 / 현재의 속도로

[해석] 대부분의 빙하학자들은 현재의 속도로는 빙하가 (완전히) 녹는 데 300년이 더 걸릴 것이라고 믿는다.

☑ 문장 중간에 「S + V」가 나올 경우는 두 가지로 볼 수 있다. 여기서처럼 「동사/형용사 + (that) + S + V」의 명사절 접속사 that이 생략된 구조이거나 「명사 + (that) + S + V」의 목적격 관계대명사 that의 생략된 구조이다. 대개 앞에 동사/형용사가 왔는지 명사가 왔는지로 구분한다. PATTERN 40

☑ 「it takes + 시간 + for + 목적격(사람) + to RV」: ~가 to RV하는 데 얼마만큼의 시간이 걸리다 (= 「it takes + 사람 + 시간 + to RV」)

253

The spread of democratic ideals and human rights has fostered greater equality and
S　　　　　　　　　　　　　　　　　　　　　V　　　　　　　O

justice (within societies).

민주적 이상과 인권의 확산은 / 촉진해 왔다 / 더 큰 평등과 정의를 / 사회 내

[해석] 민주적 이상과 인권의 확산은 사회 내 평등과 정의의 증진을 촉진해 왔다.

☑ 정치 이념 관련 단어

democratic 민주적인	liberal 자유민주적인
conservative 보수적인	progressive 진보[혁신]적인
republican 공화주의의	monarchy 군주제
anarchy 무정부 상태	socialism 사회주의
communism 공산주의	capitalism 자본주의

☑ '사회적 가치' 관련 어휘: democratic ideals(민주적 이상), human rights(인권), equality(평등), equity(형평성), justice(정의), freedom(자유), liberty(자유), dignity(존엄성), fairness(공정성), inclusivity(포용성), tolerance(관용), empathy(공감), peace(평화), sustainability(지속 가능성), diversity(다양성), social responsibility(사회적 책임)

254

　　　　　　　　　　　　　　　　　　　　　　　to 부정사(목적)

Many people stop (at least) (once) (in their lives) (to ask themselves <**what** their lives
S　　　　V　　　　　　　　　　　　　　　　　　V　　IO　　　　DO₁

are all about> and <**whether** they are living well>).
　　　　　　　　　　　DO₂

많은 사람들은 멈춰 선다 / 최소한 / 한 번은 / 그들의 삶에서 / 그들 스스로에게 묻기 위해 / 그들의 삶이 모두 무엇에 관한 것인지를 / 그리고 그들이 잘 살고 있는지를

[해석] 많은 사람들은 살면서 최소한 한 번쯤은 자신의 삶에서 가장 중요한 것은 무엇인지 그리고 자신이 잘 살고 있는지에 대해 스스로 묻기 위해 멈춰 선다.

☑ stop to RV: to RV하기 위해 멈춰 서다(to 부정사의 부사적 용법) vs stop RVing: RV하는 것을 그만두다(동명사) PATTERN 51, 54

☑ be all about: ~이 최고[전부]다

☑ 동사 ask의 직접목적어 자리에 등위접속사 and를 중심으로 두 개의 명사절(what / whether)이 병렬 구조를 이루고 있다. PATTERN 58

255

Looking back, it seems most odd <**that** (never) (once) (in all the years) [that I was at
비인칭 독립분사구문　가S　V　　SC　　진S　　　　　　　　　　　　　　　　관·부 S₁ V₁ SC₁

school] was there any general discussion (about careers)>.
　　　　　V₂　　　S₂

돌아보면 / 그것은 아주 이상하게 보인다 / <뭐가?> 결코 한 번도 / 긴 세월 동안에 / 내가 학교에 다녔던 / 어떤 폭넓은 토론이 없
었다는 것이 / 직업에 대한

해석 돌아보면 내가 학교에 다녔던 긴 세월 동안에 한 번도 직업에 대해서 폭넓은 토론이 이루어진 적이 없다는 것이 아주 이상하게 보인다.

☑ Looking back처럼 분사구문의 의미상 주어가 일반인(we, they, you, people) 또는 가주어 it일 경우 주절의 주어와 다르더라도 생략하여
관용적으로 쓰이는 구문을 비인칭 독립분사구문이라고 한다. 많이 쓰이는 것 중에는 judging from(~으로 판단하건대), based on(~에 근
거하여), generally speaking(일반적으로 말하자면), speaking of(~에 관해 말하자면) 등이 있다. PATTERN 47

☑ 부정어(never)가 강조를 목적으로 문두에 와서 「be동사 + there + S」의 구조로 도치가 일어난 것을 볼 수 있다.

256

Melancholy is caused less (by the failure) [to achieve great ambitions or desires] than
S　　　　　V　　　　　　　　　　　　　　　　　V₁　　　　O₁

(by the inability) [to perform small necessary acts].
　　　　　　　　　　V₂　　　　O₂

우울함은 야기된다 / 실패에 의해서라기보다는 / 큰 야망이나 소원을 성취하는 데 있어서 / 무능력함에 의해서 / 사소하고 필요한
행동들을 하는 데 있어서

해석 우울함은 큰 야망이나 소원을 성취하는 데 있어서의 실패에 의해서라기보다는 사소하고 필요한 행동들을 하는 데 있어서의 무능력
함에 의해서 야기된다.

☑ 「less A than B」: A라기보다는 차라리 B (= B rather than A) PATTERN 59

☑ than 뒤의 비교 대상을 먼저 잡으면, 비교급 비교 구문의 두 비교 대상은 by the failure와 by the inability이며 둘 다 to 부정사구의 수
식을 받고 있다는 것을 빠르게 파악할 수 있다. PATTERN 59

257

It is best to let them make their own mistakes and learn from them, (always) certain
가S V SC　진S　　　　　　　　　　　　　　　　　　　　　to 부정사(목적)

<**that** you will be there (to help them recover and start over)>.
　　　S₁　V₁　　　　　　　V₂　　　O₂　　　OC₂

그것은 최선이다 / <뭐가?> 그들이 스스로 실수하도록 하는 것이 / 그리고 그것들로부터 배우도록 하는 것이 / <그러면서> 항상
확신한다 / 당신이 있을 것이라고 / 그곳에 / 그들이 회복하고 다시 시작하도록 돕기 위해

해석 그들이 회복하고 다시 시작하게 돕도록 당신이 그곳에 있을 것이란 점을 항상 확신하면서, 그들 스스로 실수를 하고 그것으로부터 배
우도록 하는 것이 최선이다.

☑ make a mistake: 실수하다 / learn from one's mistakes: 실수를 통해 배우다

☑ let의 목적격 보어 자리에 등위접속사 and를 중심으로 두 개의 RV(make / learn)가 병렬 구조를 이루고 있다. PATTERN 23, 58

☑ 「S + V, 형용사」는 형용사 분사구문이 문장 끝에 온 구조로, 형용사 앞에 being이 생략되어 있다. PATTERN 47

☑ 준사역동사 help는 「help + O + OC((to) RV)」의 문장 구조로 쓰이므로 OC 자리에 RV(recover / start over)가 왔고, 해석은 'O가 OC하
도록 돕다'라고 한다. PATTERN 24

258

You can talk about the weather, something [(that) you've (just) read (in a magazine)],
S V   O1   O2   (O관·대 생략) S1 V1

<what type of day it is>, an interesting fact [(that) you've heard], something (about
O3   O4   (O관·대 생략) S2 V2   O5

your pet), or (even) a joke [(that) you've heard].
O6   (O관·대 생략) S3 V3

당신은 말할 수 있다 / 날씨 / 당신이 잡지에서 읽은 것 / 오늘이 어떤 날인지 / 당신이 들어 본 적이 있는 재미있는 사실 / 당신의 반려동물에 관한 것 / 또는 / 심지어 당신이 들어 본 적이 있는 농담에 관하여

해석 당신은 날씨, 잡지에서 읽은 것, 오늘이 어떤 날인지, 들어 본 적이 있는 재미있는 사실, 반려동물에 관한 것, 또는 심지어 들어 본 적이 있는 농담에 관하여 말할 수 있다.

☑ 등위접속사 or를 중심으로 6개의 명사(구/절)가 병렬 구조를 이루고 있다. PATTERN 58
☑ 문장 중간에 온 「명사 + (that) + S + V」는 목적격 관계대명사 that이 생략된 관계대명사절이 앞의 명사를 수식하는 구조이다. PATTERN 41

259

The substantial rise (in the number of working mothers), [whose costs (for childcare)
S   소유격 관·대 S1

were not considered (in the administration's policymaking)], was one of the main
V1   V   SC

reasons [that led to the unexpected result (at the polls)].
         S관·대 V2   O2

상당한 증가는 / 일하는 엄마들의 수에 있어서 / <그런데 그 엄마들의> 보육을 위한 비용이 / 고려되지 않았다 / 행정부의 정책 입안에 / 주된 이유들 중 하나였다 / <그런데 그 이유가> 이어졌다 / 예상치 못한 결과로 / 그 여론 조사에서

해석 보육을 위한 비용이 행정부의 정책 입안에는 고려되지 않았던, 직업을 가진 엄마들의 수에 있어서의 상당한 증가는 그 여론 조사에서 예상치 못한 결과를 가져온 주된 이유들 중 하나였다.

☑ 명사 working mothers를 소유격 관계대명사 whose가 이끄는 절이 수식하고 있다. 「선행사(명사1) + whose + 명사2」는 '선행사(명사1)의 명사2'라는 소유격 의미를 나타내며, 소유격 관계대명사절은 절의 길이에 따라 두 가지 방식(① ~하는 ② 그런데 그 명사1의 명사2)으로 해석할 수 있다. PATTERN 30
☑ 수식어가 길 뿐 핵심어만으로는 2형식의 단순한 구조의 문장이다. PATTERN 17

260

Molecules [found in red wine] have (for the first time) been shown to mimic the
<u>S</u>   <u>V</u>   <u>SC</u>

life-extending effects of calorie restriction, a finding [that could help researchers
                                                                        (동격)   <u>S관·대 V1</u>   <u>O1</u>

develop drugs [that lengthen life and prevent or treat aging-related diseases]].
<u>OC1</u>   <u>S관·대 V2</u>   <u>O2</u>   <u>V3</u>   <u>O3</u>

적포도주에서 발견된 분자는 / 처음으로 밝혀졌다 / 흉내 낸다고 / 생명을 연장시키는 칼로리 제한 효과를 / <그것은> 연구 결과이
다 / 연구원들이 약을 개발하도록 도울 수 있는 / 수명을 연장시키는 / 그리고 예방하거나 치료하는 / 노화와 관련된 질병

해석 적포도주에서 발견되는 분자가 생명을 연장시키는 칼로리 제한 효과를 흉내 내는 것이 처음으로 밝혀졌는데, 그것은 연구원들이 수
명을 연장시키고 노화와 관련 있는 질병을 예방하거나 치료하는 약을 개발하는 데 도움을 줄 수 있다는 연구 결과이다.

☑ ← Researchers have shown for the first time that molecules found in red wine mimic the life-extending effects of calorie
restriction, a finding ~

☑ a finding은 앞 문장 전체(Molecules found ~ calorie restriction)와 동격을 이룬다. PATTERN 58

☑ 명사 a finding과 drugs 뒤에서 각각 주어가 없는 불완전한 절을 이끄는 that은 주격 관계대명사이며, 주격 관계대명사절의 동사는 선행
사에 수일치한다. PATTERN 30

DAY 27

261

Jupiter is the fifth planet (from the Sun) and the biggest planet (in the solar system).
<u>S</u>   <u>V</u>   <u>SC1</u>   <u>SC2</u>

목성은 / 태양으로부터 5번째 행성이다 / 그리고 태양계의 가장 큰 행성이다

해석 목성은 태양으로부터 5번째 행성이고, 태양계의 가장 큰 행성이다.

☑ 주격 보어는 주어를 보충 설명해 주는 말로, 명사(구/절)나 형용사가 온다. 명사(구/절)가 오는 경우 'S = SC(명사)'이고, 형용사가 오는
경우 'S의 상태 및 성질 = SC(형용사)'이다. PATTERN 17

262

Some stations have automatic gates [through which passengers have to pass
<u>S</u>   <u>V</u>   <u>O</u>   <u>전O관·대 S</u>   <u>V</u>

(in order to get to the platforms)].
to 부정사(목적)

몇몇 역은 / 가지고 있다 / 자동 개찰구를 / <그런데 그 자동 개찰구를 통해> 승객들이 지나가야만 한다 / 플랫폼에 다다르기 위해

해석 몇몇 역에 승객들이 플랫폼에 다다르려면 통과해서 지나가야만 하는 자동 개찰구가 있다.

☑ automatic gates를 수식하는 관계사절의 「전치사 + 관계대명사」 through which는 '승객들이 통해서 지나가야만 하는'보다는 '그런데
그 자동 개찰구를 통해'라고 해석하는 것이 더 자연스럽게 이어진다. PATTERN 31

☑ in order to RV: to RV하기 위해 (= so as to RV = in order that + S + V = for the sake of + 명사(구)) PATTERN 52
cf. in order not to RV: to RV하지 않기 위해

263

Americans (in the process of creating a land of abundance) began to judge themselves
S   V   O
(by materialistic standards).

미국인은 / 풍요로운 국가를 만드는 과정에서 / 판단하기 시작했다 / 스스로를 / 물질주의적인 기준으로

해석 미국인은 풍요로운 국가를 만드는 과정에서 스스로를 물질주의적인 기준으로 판단하기 시작했다.
- ☑ in the process of: ~의 과정에서, ~의 진행 중에
- ☑ 주어와 목적어가 같은 대상을 말하고 있을 때 목적어 자리에 재귀대명사(자기 자신을[에게], 스스로를[에게])를 쓴다.

264

It ~ that 강조 구문
It was (during my travels (through the remote villages of Southeast Asia)) **that**

I discovered the true meaning of hospitality and kindness.
S V   O

그것은 바로 동남아시아의 오지 마을을 여행하면서였다 / 내가 발견한 것은 / 환대와 친절의 진정한 의미를

해석 내가 환대와 친절의 진정한 의미를 발견하게 된 것은 바로 동남아시아의 오지 마을을 여행하면서였다.
- ☑ 여기서 it ~ that은 부사구 during ~ Asia를 강조하기 위해 it과 that 사이에 위치시킨 it ~ that 강조 구문으로 썼다. PATTERN 56
  (← During my travels through the remote villages of Southeast Asia, I discovered the true meaning of hospitality and kindness.)

265

A child [who is lost] is (still) advised to find a policeman, but the sight of a police
S₁   S관·대 V SC   V₁   SC₁   S₂
officer (no longer) creates a feeling of reassurance.
                    V₂   O₂

한 아이는 / 길을 잃은 / 여전히 조언을 받는다 / 경찰을 찾도록 / 하지만 경찰을 보는 것은 / 더 이상 일으키지 않는다 / 안심의 감정을

해석 길을 잃은 아이는 여전히 경찰을 찾아보라는 조언을 받지만, 경찰을 보아도 더 이상 안심이 되지는 않는다.
- ☑ COREAFP 동사 중 하나인 advise의 5형식 문장이 수동태 「O + be advised + to RV」의 구조가 되었으므로 'O는 to RV하도록 조언을 받다'라고 해석한다. PATTERN 25
- ☑ the sight of a police officer, the smartphone, what과 같은 명사가 주어 자리에 와서 「무생물 주어 + V + O」의 구조를 이룬다. 우리말은 대부분 사람이 주어인 것과 다르게, 영어식 사고로는 무생물 주어를 쓰는 것이 문장이 더 간결하고 자연스럽기 때문에 자주 볼 수 있는 문장 형태이다. (= ~ but the child no longer feels reassured at the sight of a police officer)

We (often) hear <**that** it is one thing to hear, and it is another (thing) to see>. So we
S ‌ ‌ V ‌ ‌ O ‌ 가S1 V1 SC1 ‌ ‌ 진S1 ‌ ‌ 가S2 V2 SC2 ‌ ‌ 진S2 ‌ ‌ S

must be very careful *lest* we should believe (lightly) <**what** other people say>.
V ‌ ‌ SC ‌ ‌ S V ‌ ‌ O

우리는 / 종종 듣는다 / 그것은 한 가지라는 것을 / <뭐가?> 듣는 것은 / 그리고 그것은 다른 것이라는 것을 / <뭐가?> 보는 것은 //
그래서 우리는 / 매우 신중해야 한다 / 우리가 / 가볍게 믿지 않도록 / 남이 하는 말을

해석 우리는 종종 듣는 것과 보는 것은 별개의 것이라는 말을 듣는다. 그래서 우리는 우리가 남이 하는 말을 가볍게 믿지 않도록 매우 신중
해야 한다.

☑ 「A is one thing, and B is another / It's one thing to do A, and it's another (thing) to do B」: A와 B는 별개의 것이다 PATTERN 56
☑ 「lest + S + (should) + RV」: ~하지 않기 위하여 (= 「for fear (that) + S + (should) + RV」 = so that ~ not = in order that ~ not)

One of the chief reasons [why man (alone) has made rapid progress *while* other
S ‌ ‌ 관.부 S1 ‌ ‌ V1 ‌ ‌ O1 ‌ ‌ S2

animals remain <**what** they used to be>] is <**that** he came to know <**how** to use fire>>.
V2 ‌ ‌ SC2 ‌ ‌ V SC S3 V3 ‌ ‌ O3

주된 이유들 중의 하나 / 인간만이 / 빠른 진보를 만들었다 / 그런데 그에 반해 다른 동물들이 여전히 남아 있다 / 과거의 모습으
로 / <그 이유는> ~이다 / 인간이 / 알게 되었다는 것 / 불을 사용하는 방법을

해석 다른 동물들이 여전히 과거의 모습으로 남아 있는 데 반해서 인간만이 빠른 진보를 만든 주된 이유들 중의 하나는 인간이 불을 사용
하는 방법을 알게 되었다는 것이다.

☑ 「S + 준동사구/부사구/관계사절 + V」처럼 주어와 동사 사이에 수식어구가 삽입되어 문장 구조가 복잡한 경우 주어와 동사 간의 수일치
에 유의한다. 만약 수식어구가 긴 구조라면, '명사 <그런데 그 명사는> 수식어한다 <그런 명사는> V하다'라고 동사 앞에서 주어를 한 번
더 붙여서 해석하는 것도 직독직해의 한 방법이다.
☑ 「what + S + V」의 길이가 짧을 경우는 'what I am(현재의 나)', 'what I was(과거의 나)', 'what I want to be(내가 되고 싶어 하는 것)',
'what I had(내가 가졌던 것)'처럼 시제와 의미에 초점을 맞추어서 해석하도록 하자. PATTERN 33
☑ come to RV: to RV하게 되다 PATTERN 14
☑ 「의문사 + to RV」는 하나의 명사구를 이루며, how to RV는 '어떻게 ~하는지' 또는 '~하는 방법'이라고 해석한다. PATTERN 34

268

유사관·대
As is (often) the case (with them), ***when*** a wedding anniversary approaches, Korean
V1   SC1   S2   V2   S

husbands are forced to entertain their wives (with special gifts or trips (to destinations)
         V   SC

[(that) the wives want to visit]).
(○관·대 생략) S3   V3

그들에게 흔히 있는 일이듯이 / 결혼기념일이 다가오면 / 한국 남편들은 / 강요받는다 / 그들의 아내를 즐겁게 하도록 / 특별한 선
물 또는 목적지로 향하는 여행으로 / 아내들이 방문하기를 원하는

해석 한국 남편들에게 흔히 있는 일로, 결혼기념일이 다가오면 그들은 특별한 선물을 하거나, 아내가 가고 싶어 하는 곳으로 여행을 감으
로써 아내를 즐겁게 해 줘야 한다.

☑ 유사관계대명사 as의 경우, 앞 또는 뒤에 있는 문장 전체를 선행사로 받을 수 있다. 여기서는 As가 뒤에 오는 주절(Korean husbands ~
to visit)을 선행사로 받고 있다.

☑ 명사 destinations 뒤에 주어와 동사는 있지만 visit의 목적어가 없는 불완전한 절이 왔다. 「명사 + (that) + S + V」는 목적격 관계대명사
that이 생략된 관계대명사절이 앞의 명사를 수식하는 구조이다. PATTERN 41

269

More important than success, [which (generally) means promotion or an increase (in
SC   비교대상   S관·대   V1   O1

salary)], is the happiness [which can (only) be found (in doing work) [that one enjoys
         V S   S관·대 V2   ○관·대 S3   V3

(for its own sake) and (not (merely) for the rewards [(that) it brings])]].
                                                      (○관·대 생략) S4 V4

더 중요한 것은 / 성공보다 / 일반적으로 승진이나 월급 인상을 의미하는 / 행복이다 / 오로지 발견될 수 있는 / 일하는 것에서 / 사
람이 즐기는 / 그 자체를 위해서 / 그리고 단지 보상을 위해서가 아니라 / 일이 가져다주는

해석 일반적으로 승진이나 월급 인상을 의미하는 성공보다 더 중요한 것은 단지 일이 가져다주는 보상을 위해서가 아니라 그 자체로 즐길
수 있는 일을 하는 데서 오로지 발견될 수 있는 행복이다.

☑ 문장 맨 앞에 형용사가 나온 경우 콤마(,)나 be동사를 찾아라. 「형용사(SC) + be동사 + S」의 구조는 형용사 보어의 도치 구문으로 '형용
사한 것은 S이다'라고 해석하고, 「형용사, S + V」의 구조는 형용사 앞에 being이 생략된 형태의 분사구문으로 '형용사하다, 그런 S가 V
하다'라고 해석한다. 여기서는 뒤에 be동사 is가 나오므로 형용사 보어(More important)의 도치 구문이며, 동사의 수는 뒤에 오는 주어
(the happiness)에 일치시켜 단수로 썼다.

☑ 관계사절 내 one은 '(일반적인) 사람(들)'을 뜻하고, 대명사 its와 it은 문맥상 관계사절의 수식을 받는 명사 work를 가리킨다.

☑ 이 문장은 여러 개의 「명사 + 관계사절」과 등위접속사, 도치까지 복잡한 구조이다. 하지만 구/절을 하나의 단위로 보고, 핵심어와 수식
어를 구분 지으면 매끄럽게 해석할 수 있다.

270

(In this vein), physicians' advice (to smokers), [describing the number of years [to
          S   V₁   O₁
be gained **if** they do quit]], might be (somewhat) ineffective **as** compared with advice
          S₂   V₂   V   SC   비교대상
[describing the number of years of life [to be lost **if** they do not quit]].
   V₃   O₃   S₄   V₄

같은 맥락에서 / 내과 의사의 충고는 / 흡연자에 대한 / 연수를 묘사하는 / 얻게 되는 / 만약 그들이 담배를 끊는다면 / 다소 비효과
적일지도 모른다 / 충고와 비교해서 / 생명 연수를 묘사하는 / 잃게 되는 / 만약 그들이 담배를 끊지 않는다면

해석 같은 맥락에서, 금연 시 얻게 되는 수명의 연수를 묘사하는 흡연자에 대한 내과 의사의 충고는 금연을 하지 않는다면 잃게 되는 수명
의 연수를 묘사하는 충고에 비해 다소 비효과적일지도 모른다.

☑ compared with[to]도 두 대상을 비교하는 분사구문인데, 여기서는 내과 의사가 말한 두 개의 다른 충고(advice)를 비교하고 있다.
(as compared with ← as it(= physicians' advice ~ if they do quit) is compared with)

☑ 보통 동사를 강조할 때는 do를 사용하여 「do/does/did + RV」로 나타낸다. 여기서는 quit 대신 do quit을, don't quit 대신 do not quit으
로 썼다. 참고로, 문장이 의사가 흡연자에게 하는 충고인 점을 파악하면 quit 뒤에 smoking이 생략된 것임을 유추할 수 있다.

DAY 28

📖 본서 p. 115

271

Included (in the art collection) are sixteen photographs of the painter John Sloan.
  SC   V   S

포함된 것은 / 그 예술 수집품 속에 / 화가 John Sloan의 사진 16점이다

해석 그 예술 수집품 속에 포함된 것은 화가 John Sloan의 사진 16점이다.

☑ 문장 맨 앞에 형용사가 나오고 뒤에 be동사로 이어지는 것으로 보아 「형용사(SC) + be동사 + S」 구조의 형용사 보어 도치 구문이다. '형
용사한 것은 S이다'라고 해석하자.

272

Bullying has become so extreme and so common **that** many teens (just) accept it
  S   V   SC₁   SC₂   S   V   O
as part of high school life (in the 90s).
OC의 일종

왕따는 / 너무나 과격해지고 흔해져서 / 많은 십 대들이 / 단순히 / 받아들인다 / 그것을 / 고교 생활의 일부로 / 90년대에

해석 왕따는 90년대에 너무나 과격해지고 흔해져서, 많은 십 대들은 그것을 그저 고교 생활의 일부로 받아들인다.

☑ 결과의 부사절 「so + 형/부 + that / so + 형 + a(n) + 명 + that / such + a(n) + 형 + 명 + that」: 너무 ~해서 (그 결과) ~하다
☑ 「accept + A + as + B」는 'A를 B로 받아들이다'라는 뜻으로, 'A와 B'의 관계가 5형식의 'O와 OC'의 관계와 비슷하므로 5형식처럼 해석
하는 것이 자연스럽다. PATTERN 20

273

Wind and rain (continually) hit (against the surface of the Earth), breaking large rocks
<u>S</u>   <u>V</u>   <u>V</u>   <u>O</u>

(into smaller and smaller particles).

바람과 비는 / 계속해서 때렸다 / 지표면을 / <그러면서> 큰 바위를 부수었다 / 점점 더 작은 입자들로

> **해석** 바람과 비는 지표면을 계속해서 때리면서 큰 바위를 점점 더 작은 입자들로 부수었다.

- ☑ 완전한 절 뒤에 온 「콤마(,) + RVing」의 RVing는 분사구문으로, 주절에 대한 추가적인 정보를 제공한다. 분사구문의 의미상 주어인 Wind and rain이 '부수는' 것이므로 능동의 현재분사 breaking이 쓰였다. PATTERN 55
- ☑ 비교급 and 비교급: 점점 더 ~한/하게

274

When the students watched the film (with an authority figure present), their faces
    <u>S</u>   <u>V</u>   <u>O</u>   <u>전O</u>   <u>전OC</u>   <u>S</u>

showed (only) the slightest hints of reaction.
<u>V</u>   <u>O</u>

학생들이 / 영화를 봤을 때 / 권위 있는 인물이 참석한 채로 / 그들의 얼굴은 / 보여 주었다 / 단지 최소한의 반응의 기색을

> **해석** 학생들이 권위 있는 인물이 참석한 채로 영화를 봤을 때, 그들의 얼굴은 단지 최소한의 반응의 기색을 보여 주었다.

- ☑ 부대상황(동시동작)을 나타내는 「with + O + OC(형용사/RVing/p.p./부사/전명구)」 구문은 'O가 OC한 채로/OC하면서'라고 해석한다. 여기서는 형용사 보어 present(참석한, 출석한)가 쓰였다. PATTERN 61

275

They have certain ideas (about <**which** foods will increase their athletic ability, help
<u>S</u>   <u>V</u>   <u>O</u>   <u>S</u>   <u>V₁</u>   <u>O₁</u>   <u>V₂</u>

them lose weight, or put them in the mood (for romance)>).
<u>O₂</u>   <u>OC₂</u>   <u>V₃</u>   <u>O₃</u>   <u>OC₃의 일종</u>

그들은 / 어떤 생각들을 가지고 있다 / 어느 음식이 / 그들의 운동 능력을 증대시키는지에 대해 / 그들을 돕는지에 대해 / 체중을
줄이도록 / 또는 그들을 놓는지에 대해 / 낭만적인 분위기에

> **해석** 그들은 어느 음식이 그들의 운동 능력을 증대시키는지, 그들이 체중을 줄이도록 돕는지, 또는 그들을 낭만적인 분위기에 놓는지에 대해 어떤 생각들을 가지고 있다.

- ☑ 명사 뒤에 온 「전치사 + which」는 「전치사 + 관계대명사」이거나 전치사의 목적어로 온 의문사이다. 둘의 구분은 보통 뒤에 온 절이 완전한 절이면 관계대명사로, 불완전한 절이면 의문사(의문대명사)로 하지만, 여기서처럼 which가 의문형용사(어느, 어떤)로 쓰일 때는 뒤에 완전한 절로도 볼 수도 있으므로 해석으로 판단해야 한다. 관계대명사라면 「전치사 + 선행사」를 문장 끝으로 보냈을 때 자연스러운 해석이 되어야 한다. PATTERN 33
- ☑ 장소·안내 동사 「put/place/lead/drive + A + [부사 / 전치사 + B(장소)]」는 'A를 B에 놓다/두다/이끌다/몰다'라는 뜻이다. 'A와 B'의 관계가 5형식의 'O와 OC'의 관계와 비슷하므로 5형식처럼 해석하는 것이 자연스럽다.

276

(Through the study of ancient civilizations), we have gained a greater appreciation (for
<u>S</u> <u>V</u> <u>O</u>

the complexities of human interaction and societal organization).

고대 문명 연구를 통해 / 우리는 / 얻게 되었다 / 더 큰 이해를 / 복잡성에 대한 / 인간의 상호 작용과 사회 조직의

해석 고대 문명에 관한 연구를 통해 우리는 인간의 상호 작용과 사회 조직의 복잡성에 대해 더 잘 이해할 수 있게 되었다.

☑ 여기서는 「through + 원인, 결과」 구조로, 전치사 through 뒤에 온 명사구가 원인을, 주절이 그에 따른 결과를 나타낸다.

277

Agriculture, [which is (only) (about) 10,000 years old], may range (from the simple
S S관·대 V SC V

one (with the help of animals)) (to the commercial one of industrialized nations).

농업은 / 약 10,000년밖에 되지 않은 / 다양할 것이다 / 단순한 것부터 / 동물들의 도움을 통한 / 상업적인 것까지 / 산업 국가들의

해석 약 10,000년밖에 되지 않은 농업은 동물들의 도움을 통한 단순한 것부터 산업 국가들의 상업적인 것까지 다양할 것이다.

☑ 주어 Agriculture를 뒤에 온 which가 이끄는 주어가 없는 불완전한 절이 수식하며, 관계사절의 동사는 선행사에 맞춰 단수 동사(is)가 쓰였다. PATTERN 42

☑ one은 앞서 언급된 Agriculture를 대신하여 반복을 피하기 위해 사용되었다.

278

(Of all the travelers) [who have journeyed (to that enchanted realm of Once Upon a
S관·대 V

Time)], none has come back (with treasures) [more glistening than Hans Christian
S V 비교대상

Andersen (has)].
(생략)

모든 여행자들 중에서 / 여행한 / 옛날 옛적 마법의 나라를 / 어느 누구도 돌아오지 못했다 / 보물을 가지고 / 더 반짝이는 / Hans
Christian Andersen보다

해석 옛날 옛적 마법의 나라를 여행한 모든 여행자들 중에서 Hans Christian Andersen보다 더 반짝이는 보물을 가지고 돌아온 사람은 없다.

☑ 최상급의 대용 표현인 「부정어 + more[as] ~ than[as] + A」는 '어떤 것도 A보다 더[A만큼] ~하지 않다'라는 뜻이다. 참고로, 여기서는 형용사의 비교급 형태 more glistening than Hans Christian Andersen이 명사 treasures를 후치 수식하는 구조로 쓰였다. PATTERN 04, 59
cf. 「more ~ than + any other + 단수 명사 / more ~ than + all the other + 복수 명사」: 다른 어떤 것보다도 더 ~하다

279

Since words convey an impression as well as a meaning, a writer must choose his
  S1   V1   O1(1)   O1(2)   S   V   O
words *so that* the impression [(that) they convey] will be suitable (to the meaning
          S2   (O관·대 생략) S3 V3   V2   SC2
[(that) he intends the reader to understand]).
(O관·대 생략) S4 V4   O4   OC4

말은 전달하기 때문에 / 의미뿐만 아니라 인상을 / 작가는 선택해야 한다 / 그의 용어를 / 인상이 / 그것들이 전하는 / 적합하도록 /
의미에 / 그가 독자들이 이해하기를 의도하는

해석 말은 의미뿐만 아니라 인상도 전달하는 것이기 때문에, 작가는 말이 전달하는 인상이 그가 독자에게 이해시키려고 하는 의미에 적합
하도록 용어를 선택해야 한다.

☑ so that은 '① ~하기 위해(목적) ② 그 결과[그래서] ~하다(결과)'로 해석한다.

☑ 명사 the impression, the meaning 뒤에 각각 주어와 동사는 있지만 convey의 목적어와 understand의 목적어가 없는 불완전한 절이
왔으므로, 「명사 + (that) + S + V」는 목적격 관계대명사 that이 생략된 관계대명사절이 앞의 명사를 수식하는 구조이다. PATTERN 41

☑ Since절에서 소개한 an impression as well as a meaning을 뒤에서 the impression, the meaning으로 받아 둘의 연관성을 보여 주고
있다.

280

It ~ that 강조 구문
It is not so much <**what** a man wears> as the way [he wears it] **that** marks the born
  S   It ~ that 강조 구문   V   O
gentleman. The same can be said (of a woman); **it** is the manner [in which her clothes
           S1   V1   S2   전O관·대 S
are worn] **that** distinguishes a true lady.
  V   V2   O2

그가 무엇을 입는지라기보다는 그것을 어떻게 입는가이다 / 타고난 신사를 보여 주는 것은 // 같은 말을 할 수 있다 / 여자에 대해
서도 / 바로 그녀의 옷이 입혀진 방식이다 / 진짜 숙녀를 구별하는 것은

해석 무엇을 입는지보다는 그것을 어떻게 입는지가 그가 타고난 신사라는 것을 보여 준다. 여자에 대해서도 같은 말을 할 수 있다. 그녀가
옷을 입은 방식이 진짜 숙녀를 판가름해 준다.

☑ it ~ that은 보통 가주어-진주어 구문이거나 it ~ that 강조 구문이다. 여기서는 that 뒤에 바로 동사가 오는 것으로 보아, 주어를 강조하
기 위해 it과 that 사이에 위치시킨 it ~ that 강조 구문으로 썼다. PATTERN 56

☑ not so much A as B: A라기보다는 B인 (= B rather than A) PATTERN 59

☑ 이 두 문장은 「It + be동사 + [강조 내용(명사/부사(구/절))] + that절」의 구조 파악이 선행되어야 나머지 비교급 구문, 「핵심어 + 수식
어」를 잡을 수 있는 구조이다. 특히 뒤에 오는 문장에서 첫 번째 절은 일반적인 진술을 하고, 세미콜론(;)으로 분리된 두 번째 절은 그 진
술을 구체적으로 설명하고 있다. PATTERN 63

281

He is not (<**what** he used to be>) and will not be <**what** he used to be>.
S　V₁　　(SC₁ 생략)　　　　　　　　　　V₂　　SC₂

그는 / 아니다 / (예전의 그가) / 그리고 아닐 것이다 / 예전의 그가

해석 그는 예전의 그가 아니고, 앞으로도 아닐 것이다.

☑ 영어는 문장의 간결성, 효율성, 명확성 등의 이유로 반복되는 구/절을 흔히 생략한다. 생략이 일어나는 경우는 보통 ① 앞에 나온 구/절이 뒤에서 반복될 때 ② 등위접속사로 연결되어 공통 적용되는 구/절일 때 ③ 생략해도 말이 될 때 등이다. 여기서는 등위접속사 and를 중심으로 is not과 will not be가 대구를 이루고 있으므로 둘 모두에 공통 적용되는 'what he used to be'를 뒤에 한 번만 써 문장을 간결하게 하였다. PATTERN 58

282

One of the tricks [(that) our mind plays] is to highlight evidence [which confirms
S　　　　　　　　(O관·대 생략) S₁　　V₁　V　SC　　　　　　　　S관·대　V₂
<**what** we (already) believe>].
　O₂　　S₃　　　　　　　V₃

속임수 중 하나는 / 우리의 마음이 쓰는 / 강조하는 것이다 / 증거를 / 확인해 주는 / 우리가 이미 믿고 있는 것을

해석 우리의 마음이 쓰는 속임수 중 하나는 우리가 이미 믿고 있는 것을 확인해 주는 증거를 강조하는 것이다.

☑ 「One of + 복수 명사 + [수식어구] + is + to RV/RVing/명사절」은 '~ 중의 하나는 ~하는 것이다'라는 뜻으로 주어를 소개할 때 흔히 쓰는 2형식 구조이다. PATTERN 17
☑ 문장 중간에 온 「명사 + (that) + S + V」는 목적격 관계대명사 that이 생략된 관계대명사절이 앞의 명사를 수식하는 구조이다. PATTERN 41

283

A rapid increase (in the number of college graduates) has made the competition (for
S　　　　　　　　　　　　　　　　　　　　　　　　　　　　　　　V　　　　O
jobs) (much) greater than it used to be.
　　　　　　OC　　　　S　V

급속한 증가는 / 대학교 졸업생 수의 / 만들어 왔다 / 경쟁을 / 일자리에 대한 / 훨씬 더 크게 / 과거에 그랬던 것보다

해석 대학교 졸업생 수의 급속한 증가가 일자리에 대한 경쟁을 과거보다 훨씬 더 치열하게 만들어 왔다.

☑ 사역동사 make는 명사, 형용사, RV, p.p.를 목적격 보어로 취할 수 있다. 목적격 보어 자리에 온 명사는 목적어와 동격을, 형용사는 목적어의 상태를, RV는 목적어의 능동적 동작을, p.p.는 목적어가 받는 작용을 나타낸다. 여기서는 목적어(the competition for jobs)의 상태를 나타내기 위해 형용사 greater가 목적격 보어로 쓰였다. PATTERN 20
☑ 비교급을 강조하는 부사로는 much, still, even, (by) far, a lot이 있으며 '훨씬'이라고 해석한다.
☑ it = the competition for jobs

284

Scientists have (long) known <**that** higher air temperatures are contributing (to the
S   V   O   S   V

surface melting (on Greenland's ice sheet))>.

과학자들은 / 오랫동안 알고 있었다 / 더 높은 기온이 / 원인이 되는 것을 / 표면이 녹는 것에 / 그린란드 빙상의

해석 과학자들은 더 높은 기온으로 인해 그린란드 빙상의 표면이 녹고 있다는 것을 오랫동안 알고 있었다.

☑ ┌ contribute to: ~에 기여하다, ~의 원인이 되다
  └ contribute A to B: A를 B에 기여하다, 기부하다
   cf. attribute A to B: A를 B의 탓으로 돌리다

285

He seemed very grateful (to Crusoe) (for having saved his life), and ***as*** he appeared
S₁ V₁   SC₁   S   V

willing to accompany him, Crusoe took him (home) (as a servant).
SC   S₂   V₂   O₂

그는 / 매우 감사해하는 것처럼 보였다 / Crusoe에게 / 자기 생명을 구해준 것에 대해 / 그리고 그는 보였기 때문에 / 그를 기꺼이
따라갈 것처럼 / Crusoe는 / 그를 집에 데리고 갔다 / 하인으로

해석 그는 자기 생명을 구해준 것에 대해 Crusoe에게 매우 감사해하는 것처럼 보였고, 그가 그(Crusoe)를 기꺼이 따라갈 것처럼 보였기
때문에 Crusoe는 그를 하인으로 집에 데리고 갔다.

☑ 판단·입증 동사(seem, appear, prove, turn out)의 주격 보어 자리에는 명사/형용사/to RV가 올 수 있으며, '~인 것 같다, ~임이 판명되
다'라고 해석한다. PATTERN 17
☑ Crusoe가 '그의 생명을 구해준' 시점이 '그가 감사해하는 것처럼 보이는' 것보다 더 이전이므로 for 뒤에 동명사의 완료형 having saved
가 쓰였다. PATTERN 06
☑ 접속사 as의 의미: ① ~할 때 ② ~ 때문에 ③ ~함에 따라 ④ ~하는 대로, ~처럼, ~만큼 ⑤ ~이긴 하지만(형/부/명 + as + S + V)
☑ 대명사가 쓰인 문장일 때, 앞서 나온 (대)명사와 일치시켜 줘야 한다. as절의 he는 Crusoe가 구해준 사람이고 him이 Crusoe이다.

286

The career opportunities (in the field of technology) are vast, ranging (from software
S   V   SC

development and data analysis) (to cybersecurity and artificial intelligence).

직업 기회는 / 기술 분야의 / 방대하다 / <그러면서> (범위가) 이르다 / 소프트웨어 개발과 데이터 분석부터 / 사이버 보안과 인공
지능까지

해석 기술 분야의 직업 기회는 소프트웨어 개발과 데이터 분석부터 사이버 보안과 인공 지능에 이르기까지 방대하다.

☑ 완전한 절 뒤에 온 「콤마(,) + RVing」의 RVing는 분사구문으로, 주절에 대한 추가적인 정보를 제공한다. 분사구문의 의미상 주어는 주절
의 주어 The career opportunities와 같아 생략되었으며, range가 자동사이므로 능동의 현재분사 ranging이 쓰였다. PATTERN 55
☑ 동사 range는 범위를 나타낼 때 주로 전치사구 'from A to B' 또는 'between A and B'와 함께 쓰인다.

287

The company has presented several different alternatives (to the group), [none of
S   V   O   S₁

which was acceptable (to all of the members)] [who were present (at the time of the
전O관·대 V₁   SC₁   S관·대 V₂   SC₂

meeting)].

그 회사는 / 제시해 왔다 / 몇 가지 다른 대안을 / 그 그룹에게 / <그런데 그 대안의(대안 중에)> 어느 것도 / 받아들여지지 않았다
/ 모든 사람들에게 / 회의에 참석한

> **해석** 그 회사는 그 그룹에 몇 가지 다른 대안을 제시했지만, 그중 어느 것도 회의에 참석한 모든 사람들에게 수락되지 않았다.

- ☑ 계속적 용법의 관계대명사 앞에 부정대명사(all, both, none 등)가 온 「선행사(명사1), + 명사2(부정대명사) + of + which/whom」은 소유격 관계대명사처럼 '그런데 그 명사1의 명사2'로 해석하는 것이 자연스럽다. PATTERN 30
- ☑ 여기서처럼 관계대명사 who 뒤에 동사가 바로 오는 경우, who는 주격 관계대명사이며 동사(were)의 수는 선행사(all of the members)에 의해 결정된다. 참고로, 「all of the + 단수/복수 명사」가 주어 자리에 올 경우 명사에 동사의 수를 일치시킨다. PATTERN 30

288

If you ask somebody <if their parents are living (in the area)> and they frown or back
S₁   V₁   IO₁   DO₁ S₂   V₂   S₃   V₃

off (slightly), their visual cues show <**that** you've (probably) touched a sensitive
              S   V   O   S₄   V₄   O₄

subject area (for them)>.

만약 당신이 어떤 사람에게 묻는다면 / 그들의 부모가 그 지역에 살고 있는지를 / 그리고 그들이 얼굴을 찡그리거나 약간 뒤로 물
러선다면 / 그들의 시각적인 단서는 / 보여 준다 / 당신이 아마도 건드렸다는 것을 / 민감한 주제군을 / 그들에게

> **해석** 만약 당신이 어떤 사람에게 그들의 부모가 그 지역에 사는지를 물었는데 그들이 얼굴을 찡그리거나 약간 뒤로 물러선다면 그들의 시각적인 단서는 당신이 아마도 그들의 민감한 주제군을 건드렸다는 것을 보여 준다.

- ☑ 접속사 if의 의미: ① ~인지 아닌지(명사절 - 타동사의 목적어) ② 만약 ~한다면(부사절) ③ 설사[혹시] ~일지라도(부사절 - 주로 삽입구/절)
- ☑ someone/somebody, a consumer, a child 등 성별을 알 수 없는 명사를 대신하는 대명사는 대개 he or she 또는 성 중립성을 위해 they로 쓴다.

289

We have (thereby) been enabled to make conditions of human existence (incomparably)
<u>S₁</u>   <u>V₁</u>   <u>SC₁</u>   V   O

more favorable (in numerous respects), but our excessive enthusiasm (over our
<u>OC</u>   <u>S₂</u>

progress (in knowledge and power)) has overshadowed the need (for ethical reflection
                           <u>V₂</u>   <u>O₂</u>

and responsible management of the natural environment).

우리는 / 그리하여 가능하게 되었다 / 인간 존재의 조건을 만들도록 / 비교할 수 없을 정도로 더욱 유리하게 / 여러 측면에서 / 그러나 우리의 과도한 열정이 / 우리의 지식과 힘의 발전에 대한 / 가려 버렸다 / 필요성을 / 윤리적 성찰의 / 그리고 자연환경에 대한 책임 있는 관리의

> **해석** 그리하여 우리는 여러 측면에서 인간 존재의 조건을 비교할 수 없을 정도로 더욱 유리하게 만들 수 있었지만, 지식과 힘의 발전에 대한 우리의 과도한 열정이 윤리적 성찰과 자연환경에 대한 책임 있는 관리의 필요성을 가려 버렸다.

☑ enable의 5형식 문장 「enable + O + to RV」가 수동태로 변환될 때 be enabled 뒤에 그대로 to 부정사(to make)가 남고, make는 사역동사로 쓰일 때 형용사(more favorable)를 목적격 보어로 취할 수 있다. PATTERN 20, 25

☑ 등위접속사 but을 중심으로 대조되는 내용의 두 문장이 연결되어 있다. PATTERN 58

290

Concerned <that the causes of mass fainting have been neglected (in medical
                   <u>S₁</u>   <u>V₁</u>

science)>, two German physicians went (to a Michael Jackson concert [where some
       <u>S₁</u>   <u>V₁</u>   관·부   <u>S₂</u>

of the concert attendees had fainted (during the performance)]), and analyzed the
                  <u>V₂</u>   <u>V₂</u>   <u>O₂</u>

environmental factors [(which were) present at the concert] (to better understand their
                        (S관·대 + be동사 생략)   to 부정사(목적)

potential impact (on the incidents of mass fainting)).

우려가 되었다 / 집단 실신의 원인이 / 소홀히 다뤄지고 있다는 점이 / 의학계에서 / <그런> 두 명의 독일 의사는 / Michael Jackson 콘서트에 갔다 / <그 콘서트에서> 콘서트 관객 몇 명이 / 실신했었다 / 공연 중에 / 그리고 분석했다 / 환경적 요인을 / 콘서트에 존재하는 / 그것들의 잠재적 영향을 더 잘 이해하기 위해 / 집단 실신 사건에 대한

> **해석** 집단 실신의 원인이 의학계에서 소홀히 다뤄지고 있다는 점에 우려를 느낀 두 명의 독일 의사는 집단 실신 사건에 미치는 잠재적 영향을 더 잘 이해하기 위해 공연 중 실신한 관객이 있었던 Michael Jackson 콘서트에 가서 그곳에 존재하는 환경적 요인을 분석했다.

☑ 문장 맨 앞에 p.p.가 오고 뒤에 「콤마(,) + S + V」가 있으면 분사구문이다.(「p.p. ~, S + V」) 분사구문의 의미상 주어는 주절의 주어 two German physicians와 같아 생략되었으며, 두 명의 독일 의사가 '우려를 느낀' 것이므로 수동의 과거분사 concerned가 쓰였다. 과거분사(p.p.)가 이끄는 분사구문은 직독직해 시 'p.p.되어지다 <그런> S가 V하다'로 끊어 읽도록 하자. PATTERN 47

☑ 장소 명사 a Michael Jackson concert를 보충 설명하는 where 관계부사절의 시제가 과거완료 had fainted인데, 주절의 시제(went)보다 이전 시점에 일어난 일이므로 과거완료(대과거)시제가 쓰였다. PATTERN 11

☑ 명사구 the environmental factors를 형용사구 present at the concert가 뒤에서 수식하고 있는데, 이는 둘 사이에 「주격 관계대명사 + be동사」인 which[that] were가 생략된 형태로도 볼 수 있다. PATTERN 04

DAY 30

291

Those [who know themselves] are wise; those [who didn't (know)] are not (wise).

사람들은 / 자신을 아는 / 현명하다 / 하지만 사람들은 / (알지) 못하는 / (현명하지) 못하다

해석 자신을 아는 사람은 현명하지만 (알지) 못하는 사람은 (현명하지) 못하다.

☑ 일반적인 문장 구조가 아닌 생략된 어구가 있는 문장은 구조를 파악해서 빠진 말을 보충해야 해서 해석해야 한다. 생략이 일어나는 경우는 보통 ① 앞에 나온 구/절이 뒤에서 반복될 때 ② 등위접속사로 연결되어 공통 적용되는 구/절일 때 ③ 생략해도 말이 될 때 등이다. 여기서는 세미콜론(;)으로 연결된 두 문장이 know - didn't know와 are wise - are not wise로 대구를 이루기 때문에 반복되는 말을 뒤에서 생략하였다. PATTERN 63

☑ those who ~: ~하는 사람들 PATTERN 30

292

The more contact a group has (with another group), the more likely it is <that objects or ideas will be exchanged>.

어떤 집단이 더 많은 접촉을 가지면 가질수록 / 다른 집단과 / 그것은 가능성이 더 크다 / <뭐가?> 사물이나 사상이 교환될 것이라는 점이

해석 어떤 집단이 다른 집단과 더 많은 접촉을 가지면 가질수록 사물이나 사상이 교환될 가능성이 더 크다.

☑ 「the + 비교급 + S1 + V1 ~, the + 비교급 + S2 + V2 ~」는 '더 비교급하면 할수록 더 비교급한다'라는 뜻으로, 여기서는 각각 형용사 much의 비교급 the more와 형용사 likely의 비교급 the more likely가 쓰였다. PATTERN 60

☑ 주절의 it ~ that은 'it is more likely that ~'의 가주어-진주어 구문이다. PATTERN 56

293

The awesome power [unleashed (by nuclear energy)] was (first) demonstrated (in the atomic bombs) [dropped (on Hiroshima and Nagasaki)].

가공할 만한 힘은 / 핵에너지에 의해 방출된 / 처음 입증되었다 / 원자 폭탄에서 / 히로시마와 나가사키에 투하된

해석 핵에너지에 의해 방출된 가공할 만한 힘은 히로시마와 나가사키에 투하된 원자 폭탄에서 처음 입증되었다.

☑ 명사 뒤에 오는 분사(RVing/p.p.)는 「핵심어 + 수식어」의 수식 관계이다. 현재분사(RVing)는 능동/진행의 의미로 '~하는', 과거분사(p.p.)는 수동/완료의 의미로 '~된'으로 해석한다. 여기서는 각각 The awesome power unleashed ~는 '방출된 가공할 만한 힘', the atomic bombs dropped ~는 '떨어진(투하된) 원자 폭탄'이라는 수동의 의미로 명사를 수식하는 과거분사구가 쓰였다. PATTERN 53

294

Many women began realizing the role and images [forced (upon them) (by a male-
<u>S</u>   <u>V₁</u>   <u>O₁</u>

dominated society)] and started to do something (about it).
                   <u>V₂</u>   <u>O₂</u>

많은 여성들이 / 깨닫기 시작했다 / 역할과 이미지를 / 그들에게 강요된 / 남성 지배 사회에 의해서 / 그리고 뭔가를 하기 시작했다 / 그것에 대해

> **해석** 많은 여성들이 남성 지배 사회에 의해서 그들에게 강요된 역할과 이미지를 깨닫기 시작했고, 그것에 대한 뭔가를 하기 시작했다.

☑ begin과 start는 to 부정사와 동명사 둘 다 목적어로 취할 수 있는 동사이다. 목적어 자리에 온 동명사는 대개 습관적/진행 중인/과거지향적인 의미이고 to 부정사는 의도적/미래지향적인 의미이다. PATTERN 14, 54

☑ force sb/sth on[upon] sb: ~에게 ~을 (받아들이도록) 강요하다

☑ 문맥상 대명사 it이 가리키는 것은 명사구 'the role and images'인데, 이 문장에서는 '역할과 이미지'를 하나의 복합 개념으로 보아서 대명사 it으로 대신하였다.

295

His routine was to sit (in the living room) (with his legs crossed and arms extended)
<u>S</u>   <u>V</u>   <u>SC</u>   <u>전O₁</u>   <u>전OC₁</u>   <u>전O₂</u> <u>전OC₂</u>

while reading a newspaper (for a couple of hours) (in the morning).

그의 일상은 / 앉아 있는 것이었다 / 거실에 / 다리를 꼰 채 / 그리고 팔을 뻗은 채 / 신문을 읽으면서 / 아침에 두어 시간 동안

> **해석** 그의 일상은 아침에 두어 시간 동안 신문을 읽으면서 다리를 꼬고 팔을 뻗은 채, 거실에 앉아 있는 것이었다.

☑ 부대상황(동시동작)을 나타내는 「with + O + OC(형용사/RVing/p.p./부사/전명구)」 구문은 'O가 OC한 채로/OC하면서'라고 해석한다. 이때 O와 OC의 관계가 다리가 '교차된' 그리고 팔이 '뻗어진' 것이라는 수동의 관계이므로 p.p. 형태인 crossed, extended가 쓰였다. PATTERN 61

☑ while reading ~ ← while he was reading ~

296

Injuries may harm a football player (physically), but worse than the physical
<u>S₁</u>   <u>V₁</u>   <u>O₁</u>   <u>SC₂</u>   비교대상

discomfort [(that) they create] is the psychological damage [(that) they (sometimes)
          (O관·대 생략) <u>S₁</u> <u>V₁</u> <u>V₂</u> <u>S₂</u>   (O관·대 생략) <u>S₂</u>

bring].
<u>V₂</u>

부상은 / 축구 선수에게 해를 입힐지도 모른다 / 신체적으로 / 하지만 더 나쁜 것은 / 신체적 불편보다 / 그것들이 초래하는 / 심리적인 피해이다 / 그것들이 때때로 가져오는

> **해석** 부상은 축구 선수에게 신체적으로 해를 입히기도 하지만, 그러한 부상이 초래하는 신체적 불편보다 더 나쁜 것은 부상이 때때로 동반하는 심리적인 피해이다.

☑ 문장 맨 앞에 형용사가 나오는 경우는 ① 「형용사(SC) + be동사 + S」 구조로 형용사 보어를 강조하기 위해 문두로 보내 주어와 동사가 도치된 경우(형용사한 것은 S이다) ② 「형용사, S + V」 구조로 형용사 앞에 being이 생략된 형태의 분사구문일 경우(형용사하다, 그런 S가 V하다)이다. 여기서는 형용사 보어(worse)의 도치 구문으로 쓰였다.

☑ 비교 구문의 두 비교 대상은 the psychological damage they sometimes bring과 the physical discomfort they create이며, 「명사 + (that) + S + V」의 형태로 품사가 일치된 것을 볼 수 있다. PATTERN 59

297

Cooking, [which has been practiced (for thousands of years)], includes everything
S ⎯ S관·대 ⎯ V ⎯ V ⎯ O
(from simple recipes [prepared over an open fire]) (to elaborate dishes [served in fine

dining restaurants]).

요리는 / 실행되어 온 / 수천 년 동안 / 포함한다 / 모든 것을 / 간단한 요리법부터 / 모닥불을 피워 조리되는 / 정교한 요리까지 /
고급 레스토랑에서 제공되는

해석 수천 년 동안 이어져 온 요리에는 모닥불을 피워 만드는 간단한 요리법부터 고급 레스토랑에서 제공되는 정교한 요리까지 모든 것이
포함된다.

☑ 문장의 주어 Cooking을 수식하는 which 관계대명사절에 시간 부사구 for thousands of years와 함께 과거부터 현재까지 계속되는 일을
나타내는 현재완료시제 has been practiced가 쓰였다. 참고로, 「for + 기간」은 주로 완료시제와 함께 쓰이는 부사구이다. PATTERN 10

☑ 명사 everything 뒤에 범위를 나타내는 전치사구 「from A to B」가 쓰였고, 각 A와 B는 '준비되는[조리되는] 요리법', '제공되는 요리'라
는 수동의 의미로 과거분사구의 수식을 받고 있다. PATTERN 01, 53

298

Utility industry leaders, (in determining <which (of the various types of energy
S ⎯
sources) to develop>), take into account factors (such as cost-effectiveness and
V ⎯ O ⎯
environmental sustainability).

공익 산업의 지도자들은 / 결정하는 데 있어서 / 여러 가지 종류의 에너지원 중에서 어느 것을 개발할지 / 고려한다 / 요소를 / 비
용 효율성 및 환경 지속 가능성과 같은

해석 공익 산업의 지도자들은 여러 가지 종류의 에너지원 중에서 어느 것을 개발해야 할지를 결정하는 데 있어서 비용 효율성 및 환경 지
속 가능성과 같은 요소를 고려한다.

☑ 의문사는 to 부정사와 함께 「의문사 + to RV」처럼 명사구를 이룰 수 있다. 해석은 '의문사(어디서/언제/무엇을 등) + ~해야 할지'라고 한
다. (= 「의문사 + S + should + RV」) PATTERN 34

299

Education [promoting coping-skills and realistic strategies (for dealing with stress)]
 S

is important (in helping young people recognize <**that** problems can be confronted,
 V   SC   V1   O1   OC1   V2   O2   S3   V3

though (not necessarily) solved>).

교육은 / 대처 기술과 실질적인 계획을 장려하는 / 스트레스를 다루는 것에 대한 / 중요하다 / 젊은이들이 인식하도록 돕는 데 있어서 / 문제들이 맞서질 수 있다는 것을 / 비록 반드시 해결되지 않아도

> **해석** 스트레스를 다루는 것에 대한 대처 기술과 실질적인 계획을 장려하는 교육은 젊은이들이 비록 문제가 꼭 해결될 순 없어도 맞설 수는 있다고 인식하도록 도와주는 데에 있어 중요하다.

- ☑ 「S + 준동사구/부사구/관계사절 + V」처럼 주어와 동사 사이에 수식어구가 삽입되어 문장 구조가 복잡한 경우 핵심어와 수식어를 구분하는 연습을 해야 문장 구조 파악과 해석이 쉽다. 그리고 부정사, 동명사, 분사와 같은 준동사구(promoting / dealing with / helping / recognize)가 타동사의 성질을 가지고 있을 때 뒤에 목적어가 올 수 있다는 것을 염두에 두자.
- ☑ though not necessarily solved ← though they(= problems) are not necessarily solved

300

Whether we think of our trips as cultural or commercial, educational or entertaining,
          S   V   O   OC의 일종

each travel experience (invariably) offers unique opportunities (for personal growth
 S   V   O

and understanding of the world (around us)).

우리가 여기든 간에 / 우리의 여행을 / 문화적으로나 상업적으로 / 교육적이거나 오락적으로 / 각 여행 경험은 / 언제나 제공한다 / 특별한 기회를 / 개인의 성장을 위한 / 그리고 주변 세계에 대한 이해를 위한

> **해석** 우리가 여행을 문화적으로나 상업적으로, 교육적이거나 오락적으로 여기든 간에, 각 여행 경험은 언제나 개인의 성장과 주변 세계에 대한 이해를 위한 특별한 기회를 제공한다.

- ☑ 접속사 whether는 '① ~인지 (아닌지)(명사절) ② ~이든지 (아니든지) 간에(부사절)'라는 뜻인데, 여기서는 whether절이 문장의 주어/목적어/보어 역할을 하는 명사절이 아니라 주절과 독립된 하나의 절로서 주절에 양보의 의미를 더하는 부사절로 쓰였다.
- ☑ 간주 동사 「think of + A + as + B」는 5형식(A가 '전치사 + 명사'하도록 V하다)의 일종으로 보고 'A를 B로 생각하다[여기다]'라고 해석하는 것이 자연스럽다. PATTERN 20
- ☑ 「each + 단수 명사 + 단수 동사」 (cf. 「each of + 복수 명사 + 단수 동사」)

Staff

Writer	심우철
Director	강다비다
Researcher	정규리 / 한선영 / 장은영 / 김도현
Design	강현구
Manufacture	김승훈
Marketing	윤대규 / 한은지 / 유경철

발행일: 2024년 10월 21일 (2쇄)

내용문의: http://cafe.naver.com/shimson2000